GANGES

GANGES

FOTOS

PETER FREY

TEXT

GISELA BONN

OESCH VERLAG

CIP-Titelaufnahme der Deutschen Bibliothek

Ganges / Fotos Peter Frey. Text Gisela Bonn. –
Zürich: Oesch, 1991
ISBN 3-85833-412-X

NE: Frey, Peter [Ill.]; Bonn, Gisela [Mitverf.]

© by U. Bär Verlag, Zürich 1990
Alle Rechte, einschließlich derjenigen des
auszugsweisen Abdrucks und der fotomechanischen
Wiedergabe, der Übertragung auf Ton- und Bildträger
jeder Art vorbehalten.

© der deutschsprachigen Ausgabe
by Oesch Verlag AG, Zürich 1991

Gestaltung: Heinz von Arx, Zürich
Photolithos: Liton s.r.l., Milano
Satz: Jung Satz Centrum, Lahnau
Druck: B&K Offsetdruck GmbH, Ottersweier
Einband: Großbuchbinderei Spinner, Ottersweier

Printed in Germany
ISBN 3-85833-412-X

INHALT

Der Ganges
und der Himalaya 21

Der Hinduismus 29

Shiva und die Legende
von der Herabkunft der Ganga 36

Die Ganga in der
Geschichtschreibung 65

Das frühe Indien
und der Einfall der Arier 73

Die Lehre des Buddha 76

Der Jainismus 101

Die Ganges-Reiche 103

Das kulturelle Erbe 107

Die Eroberer 112

Moderne –
und religiöse Tradition 141

Rishikesh, Hardwar, Allahabad 146

Benares –
Stadt des ewigen Lichts 151

Karte 230

O MUTTER GANGA,
RUHM SEI DIR UND DANK!

Bereits in tiefer Dämmerung sind in Benares Pilger und Einheimische an die Ufer des Ganges geströmt; nun erbitten sie von der eben aufgegangenen Sonne einen gesegneten Tag.

Im milden Licht des neuen Tages waschen die Wärter ihre Elefanten im Gandak, der bei Sonpur in den Ganges mündet.

Siedlung und Felder im Strombett des mittleren Ganges, das während der Monsunzeit häufig überschwemmt wird; im Hintergrund der infolge Wasserentnahme stark geschrumpfte Fluß.

Kumbh-Mela in Allahabad. Frühmorgens im Januar kann die Temperatur noch nahe am Gefrierpunkt liegen, trotzdem hat der Strom der Pilger zu den heiligsten Badeplätzen am Zusammenfluß von Ganges und Yamuna bereits eingesetzt.

Auf der Insel Sagar im Gangesdelta findet alljährlich um den 13. Februar die Sagar Mela statt, zu der sich rund eine Million Pilger einfinden; während zwei bis drei Tagen und ein letztes Mal, bevor sich der Strom im Golf von Bengalen verliert, haben sie Gelegenheit im heiligen Ganges zu baden.

Reisbauer in Bangla Desh. In diesem unvorstellbar übervölkerten Land bedeutet eine gute Reisernte höchstens einen Aufschub des Hungers; bei gleicher Bevölkerungsdichte zählte Gesamtdeutschland rund 270 Millionen Einwohner, die Schweiz über 30 Millionen.

Sonnenuntergang über dem Hafen von Dhaka, der Hauptstadt von Bangla Desh.

DER GANGES
UND DER HIMALAYA

Über die Felsen bei Gangotri im westlichen Himalaya stürzt der Fluß in die Tiefe, dessen Schönheit seit Jahrtausenden Millionen Menschen faszinierte: der Ganges. Die Inder beten in ihrem heiligen Strom die lebensspendende Kraft der Muttergottheit, der Ganga, an. «Mata Ganga» – Mutter Ganga: sie ist Denken und Tun, Herausforderung und Ansporn, Aufruf und Botschaft, sie erweckt Hoffnung und Furcht, führt zum Glauben und zu mystischer Versenkung, verlangt aber gleichzeitig nach dem forschenden Geist und den technischen Fähigkeiten des Menschen. Die Beschäftigung mit dem Ganges hat zu großen Leistungen geführt. An seinen Ufern entstanden blühende Landschaften, bildeten sich große Reiche, wie die der Mauryas und der Guptas, deren Kulturen den Subkontinent weltberühmt machten. Der Ganges, der die Erde befruchtet, durch Kanäle, Dämme und Schleusen Wiesen und Felder bewässert und grünen läßt, machte größere menschliche Ansiedlungen erst möglich. Er schafft Kulturen und zerstört sie wieder, wenn die Regen des Monsuns ihn zu einem reißenden Strom anschwellen lassen.

Seine Gezeiten werden zum Symbol zyklischer Wandlung, wie sie Shiva Nataraja, der Gott der Schöpfung und Zerstörung, verkörpert, den die Legende unlöslich mit dem Ganges verbindet.

Nach den Vorstellungen der Hindus symbolisiert der heilige Fluß die Wasser des Ursprungs, das Ursächliche. Im Sanskrit, der uralten Sprache der Inder, werden die Urwasser «Ambhas» genannt, die Wasser, aus denen das Universum entstand.

Im erschaffenen Universum übernimmt der Fluß eine neue Rolle: als vom Glanz der Sonne erleuchtetes Sternensystem, als Milchstraße, zieht er seine Bahn an seiner Urheimat, dem Himmel, entlang. Zwischen dem Großen Bären und dem Polarstern liegt das mystische Land der Formlosigkeit, die Region des ewigen Lichts, das alles in sich aufnimmt und transfiguriert, die beseelte und die unbeseelte Welt. Hier befindet sich auch die himmlische Traumlandschaft des Gottes Vishnu, aus dessen Lotosfuß nach dem Glauben der Vishnuiten der Ganges entsprungen sein soll. Die Shivaiten sehen das anders, wiewohl sie die Größe Vishnus nicht leugnen. Wie sollten sie auch. Nach der Vorstellung der Shiva-Anhänger sind die drei bedeutendsten Götter der Hindus: Brahma der Schöpfer, Vishnu der

Bewahrer und Shiva der Zerstörer in Wahrheit eins, sind «Trimurti», die Dreiheit, das heißt, sie stellen die drei Aspekte des «Mahadeva», des Großen Gottes, des Shiva, dar, seine schöpferische, bewahrende und zerstörende Kraft. Für die Shivaiten gibt es keinen Zweifel, Mata Ganga ist das Geschöpf des Shiva, der von sich selbst sagt: «Ich bin der Anfang und das Ende der ganzen Welt, über mir gibt es nichts, an mich ist dieses All aufgereiht, wie Perlen an einer Schnur, ich bin das Leben in allen Wesen.»

Der Glaube an den himmlischen Ursprung des Ganges motiviert gläubige Hindus, Sadhus, Swamis und Gurus aus ganz Indien zu einer beschwerlichen Pilgerschaft. Sie beginnt in den dichten Wäldern bei Rishikesh, führt über schmale Saumpfade und einige Pässe durch die kahle Berglandschaft bis zum 3500 Meter hoch gelegenen Gangotri. Dort, in der Nähe des Shiva-Tempels, heben die Pilger ihre zusammengelegten Hände der Sonne entgegen. Manche berühren mit der Stirne die heilige Erde, oder verharren im Lotossitz der Meditation. Grau beschmierte Sadhus lassen sich nackt im Schnee nieder. Sie mögen ein Gelübde abgelegt haben und Buße tun. Durch vollendetes Yoga trotzen sie erfolgreich der Kälte. Viele Swamis leben im Sommer wie im Winter in Höhlen aus Eis und Schnee. Ihr Besitztum ist kärglich, eine «Mala» – Gebetskette oder Brahmanenschnur –, eine Bettdecke, ein Gewand, Kochgerät, Lebensmittel, Lampe, Opfergaben und heilige Schriften.

Täglich nehmen Pilger und Pilgerinnen ihre rituellen Bäder. In weiße Dhotis oder farbige Saris gekleidet, tauchen sie tief in den Fluß, schöpfen Wasser mit ihren Händen, lassen es wie Perlen durch die Finger rinnen. Alle Kastenunterschiede fallen, Arme und Reiche, Kranke und Gesunde verharren verzückt in den Fluten. Denn wer in diesen Wassern badet, weiß, daß er von allen Sünden reingewaschen und von allen Krankheiten geheilt wird.

Wer in Gangotri gebadet, gebetet oder meditiert hat, rüstet sich zum weiteren Aufstieg bis an die 4233 Meter hoch gelegene Quelle des Ganges.

Als schmaler Gebirgsbach entspringt der heilige Strom unter dem Namen Bhagirathi einer Eishöhle des Gangotri-Gletschers, über dem sich die blendend weißen Schneegipfel des Garhwal-Himalayas bis zu 7500 Meter hoch türmen. Das gleißende Licht der eisigen Wächter über die Jahrtausende fängt sich im glitzernden Eisteppich des Gangotri-Gletschers, durch den sich der schmale Fluß windet. Es ist ein Wunder, daß er niemals zu Eis erstarrt. Doch erst durch seine vielen Nebenflüsse wird er zum mächtigen Ganges, den Pilger beschwören und Dichter besingen. Nach der «Ganga-Sahasra-Nama-Stotra» trägt er tausend Namen. Die Broschüre «Gangastottara-Sata-Namavali» erwähnt einhundertundacht Benennungen. Beide Aufzählungen sind in jedem Basar zu kaufen. Wer die einhundertundacht Namen nicht auswendig weiß, darf sie ablesen.

Die 108 Namen des Ganges

1. GANGA
Ganges

2. VISHNU-PADABJA-SAMBHUTA
Aus dem lotosförmigen Fuß Vishnus geboren

3. HARA-VALLABHA
Die Hara (Shiva) teuer ist

4. HIMACALENDRA-TANAYA
Tochter des Herrn des Himalayas

5. GIRI-MANDALA-GAMINI
Die durch das Gebirgsland Fließende

6. TARAKARATI-JANANI
Mutter des Feindes, von Dämon Taraka

7. SAGARATMAJA-TARIKA
Befreierin der (60 000) Söhne Sagaras (die durch den zornigen Blick des Weisen Kapila zu einem Aschenhaufen verbrannten)

8. SARASVATI-SAMAYUKTA
Die mit Sarasvati Vereinigte (mit dem Fluß, von dem gesagt wird, daß er unter der Erde geflossen sei und sich in Allahabad mit dem Ganges vereinigt hätte)

9. SUGHOSA
Die Melodische (Laut)

10. SINDHU-GAMINI
Die zum Meer Fließende

11. BHAGIRATHI
Die nach dem Heiligen Bhagiratha Genannte (dessen Gebete bewirkten, daß der Ganges vom Himmel herunter kam)

12. BHAGYAVAT
Erfreute, Glückliche

13. BHAGIRATHA-RATHANUGA
Bhagirathas Triumphwagen folgend (der den Ganges führte, um die Asche von Sagaras Söhnen zu reinigen)

14. TRIVIKRAMA-PADODDHUTA
Die vom Fuße Vishnus Gefallene

15. TRILOKA-PATHA-GAMINI
Die durch die drei Welten Fließende (z. B. Himmel, Erde und Atmosphäre oder niedere Regionen)

16. KSIRA-SUBHRA
So weiß wie Milch

17. BAHU-KSIRA
(Eine Kuh) die viel Milch gibt

18. KSIRA-VRKSA-SAMAKULA
Reich an (den vier) «Milchbäumen» (z. B. Nyagrodha [Banyan], Udumbara [kugelförmiger Feigenbaum], Asvattha [heiliger Feigenbaum] und Madhuka [Bassia Latifolia])

19. TRILOCANA-JATA-VASINI
In den verflochtenen Locken Shivas ruhend

20. RNA-TRAYA-VIMOCINI
Die die Drei Pflichten Auslösende
(1. Das Studium der Veden für den Heiligen und Weisen,
2. Opfer und Anbetung der Götter für die Priesterschaft und
3. für jedermann einen Sohn als das Weiterführende zu zeugen)

21. TRIPURARI-SIRAS-CUDA
Haarschopf am Kopf des Shiva, des Feindes von Tripura.
(Tripura heißen die von Giganten besetzten 3 Burgen, die goldene, himmlische, die silberne, sphärische, und die stählerne, irdische – sie stehen als Symbol der Triloka, der vedischen Vorstellung von der Dreiwelt: Himmel, Atmosphäre, Erde. Shiva eroberte sie, um sie von den götterfeindlichen Giganten, den Asuras, zu befreien)

22. JAHNAVI
An Jahnu erinnernd (der den Ganges im Zorn ausgetrunken hatte, nachdem dieser seinen heiligen Grund überflutete; Jahnu ließ sich jedoch erweichen und erlaubte dem Fluß, aus seinem Ohr zu fließen)

23. NARA-BHITI-HRT
Die Angst Verjagende

24. AVYAYA
Die Unvergängliche

25. NAYANANANDA-DAYINI
Die dem Auge Freude Bietende

26. NAGA-PUTRIKA
Tochter des Berges

27. NIRANJANA
Die Durchsichtige

28. NITYA-SUDDHA
Die ewig Reine

29. NIRA-JALA-PARISKRTA
Mit einem Netz aus Wasser geschmückt

30. SAVITRI
Die Belebende

31. SALILA-VASA
Im Wasser wohnend

32. SAGRAMBUSA-MEDHINI
Die die Gewässer des Ozeans anschwellen läßt

33. RAMYA
Die Entzückende

34. BINDU-SARAS
Fluß, der aus Wassertropfen gebildet wurde

35. AVYAKTA
Die Nicht-Manifestierte, Unenthüllte

36. VRNDARAKA-SAMASRITA
Zuflucht des Ruhms

37. UMA-SAPATNI
Die den gleichen Geliebten (Shiva) hat wie Uma (Parvati)

38. SUBHRANGI
Die einen wunderschönen Körper hat

39. SRIMATI
Wunderschöne, Glück Verheißende, Erhabene

40. DHAVALAMBARA
Mit einem strahlend schönen weißen Kleid

41. AKHANDALA-VANA-VASA
Mit Shiva als Eremiten

42. KHANDENDU-KRTA-SEKHARA
Mit dem Halbmond als Krone

43. AMRTAKARA-SALILA
Deren Wasser eine Fundgrube an Nektar sind

44. LILA-LAMGHITA-PARVATA
Die im Spiel über die Berge hüpft

45. VIRINCI-KALASA-VASA
Die im Wassergefäß von Brahma (oder Vishnu oder Shiva) wohnt

46. TRIVENI
Dreigeflochten (d. h. aus den Gewässern der drei Flüsse Ganges, Yamuna und Sarasvati bestehend)

47. TRIGUNATMIKA
Die die drei «Gunas» besitzt (die drei Bestandteile der Urmaterie:
Sattva – Güte [hell, freundlich], die Konzentration aller Energie,
Rajas – Leidenschaft [energisch, aktiv], der Prozeß, durch welchen sich die Schöpfung in ihren unendlichen Formen in Gottes Geist abspielt,
Tamas – Finsternis [hemmend, dunkel]; durch seine Tendenz zur Auflösung, zum Sich-Aufgeben im Nicht-Sein der Ausgleich von Rajas, die Befreiung von allem, was bindet)

48. SANGATAGHAUGHA-SAMANI
Die alle Sünden von Sangata zerstört

49. SANKHA-DUNDUBHI-NISVANA
Die Geräusche wie eine Seemuschel oder eine Trommel macht

50. BHITI-HRT
Die die Angst wegnimmt

51. BHAGYA-JANANI
Die Glück schafft

52. BHINNA-BRAHMANDA-DARPINI
Die stolz ist auf Brahmas zerbrochenes Ei

53. NANDINI
Glücklich

54. SIGHRA-GA
Rasch fließend

55. SIDDHA
Vollkommen, heilig

56. SARANYA
Unterschlupf, Hilfe oder Schutz bietend

57. SASI-SEKHARA
Mit einem Mond gekrönt

58. SANKARI
Sankara (Shiva) gehörend

59. SAPHARI-PURNA
Voller Fische (besonders Cyprinus Saphore – eine Art kleiner Leuchtfische oder Karpfen)

60. BHARGA-MURDHA-KRTALAYA
Bhargas (Shivas) Kopf als Wohnsitz

61. BHAVA-PRIYA
Der Bhava (Shiva) teuer ist

62. SATYA-SANDHA-PRIYA
Von den Gläubigen geliebt

63. HAMSA-SVARUPINI
In der Gestalt von Schwänen verkörpert

64. BHAGIRATHA-SUTA
Tochter von Bhagiratha

65. ANANTA
Ewige

66. SARAC-CANDRA-NIBHANANA
Dem Herbstmond gleichend

67. OM-KARA-RUPINI
Die aussieht, wie die heilige Silbe Om

68. ATULA
Die Unvergleichliche

69. KRIDA-KALLOLA-KARINI
Die verspielt Aufwogende

70. SVARGA-SOPANA-SARANI
Wie eine Treppe zum Himmel fließend

71. SARVA-DEVA-SVARUPINI
Im Pantheon verkörpert

72. AMBHAH-PRADA
Wasser schenkend

73. DUHKHA-HANTRI
Kummer vernichtend

74. SANTI-SANTANA-KARINI
Den immerwährenden Frieden schaffend

75. DARIDRYA-HANTRI
Überwinderin von Armut

76. SIVA-DA
Glück bringend

77. SAMSARA-VISA-NASINI
Das Gift der Illusionen zerstörend

78. PRAYAGA-NILAYA
Prayaga (Allahabad) als Wohnsitz habend

79. SITA
Furche (der Name des östlichen Zweiges der vier mythischen Zweige, in die sich der himmlische Ganges angeblich nach seinem Herabfließen auf den Berg Meru aufteilt)

80. TAPA-TRAYA-VIMOCINI
Von den drei Übeln befreiend

81. SARANAGATA-DINARTA-PARITVANE
Beschützerin der Kranken und Leidenden, die ihre Zuflucht zu Dir nehmen

82. SUMUKTI-DA
Vollkommene geistige Befreiung (Erlösung) schenkend

83. SIDDHI-YOGA-NISEVITA
Mittel für die Erlangung von Erfolg oder magischen Kräften

84. PAPA-HANTRI
Zerstörerin von Sünden

85. PAVANANGI
Mit einem reinen Körper

86. PARABRAHMA-SVARUPINI
Verkörperung des höchsten Geistes

87. PURNA
Voll

88. PURATANA
Alt, ehrwürdig

89. PUNYA
Glück verheißend

90. PUNYA-DA
Wert verleihend

91. PUNYA-VAHINI
Wert besitzend (oder schaffend)

92. PULOMAJARCITA
Von Indrani (Indras Gattin) verehrt

93. PUTA
Rein

94. PUTA-TRIBHUVANA
Reinigerin der Drei Welten

95. JAPA
Murmelnd, flüsternd

96. JANGAMA Beweglich, lebendig	103. BHAVA-PATNI Bhavas (Shivas) Gattin
97. JANGAMADHARA Stütze oder Nährboden für alles, was lebt oder sich bewegt	104. BHISMA-MATR Bhismas Mutter
98. JALA-RUPA Aus Wasser bestehend	105. SIDDHA Heilige
99. JAGAD-D-HITA Freundin oder Wohltäterin für alles was lebt oder sich bewegt	106. RAMYA Entzückend, wunderschön
100. JAHNU-PUTRI Tochter Jahnus	107. UMA-KARA-KAMALA-SANJATA Aus dem Lotos geboren, der Uma (Parvati) schuf (wahrscheinlich poetische Ausdrucksweise, um sagen zu wollen, daß sie Schwestern waren)
101. JAGAN-MATR Mutter alles Lebendigen oder sich Bewegenden	108. AJNANA-TIMIRA-BHANU Licht in der Finsternis der Unwissenheit
102. JAMBU-DVIPA-VIHARINI Durch die Rosenapfelbauminsel (Indien) streifend oder sich daran erfreuend	

108mal und immer wieder von neuem wird die Anrufung wie eine Litanei wiederholt. Die Zahl 108 hat für die gläubigen Hindus eine besondere Bedeutung. Ihre Quersumme ist 9, die Quadratwurzel von 9 ergibt 3.

Die 3 gilt als heilig. Ihre Visualisierung im «Trishul», im Dreizack, einem der Attribute des Shiva, ist für die Hindus ebenso bedeutungsvoll wie ihre Bildwerdung im «Trimurti», einer Dreigestalt von Brahma, Vishnu und Shiva, die nichts anderes ist, als die in eine Erscheinung transponierte Manifestation des Göttlichen und seiner Trinität, seiner schöpferischen, bewahrenden und zerstörenden Kraft. Durch sie ist Shiva Natarja seit dem Morgen der Menschheit mit der Ganga verbunden, die von den Pilgern ohne Unterbrechung mit Mantras beschworen wird.

Der Schlund aus Eis, dem der Ganges auf 4233 Meter im westlichen Himalaya entspringt, wurde unter dem Namen «Gomukh» – Kuhmaul – bekannt. Es ist der erste sichtbare irdische Halt der Göttin Ganga auf ihrem Weg von Swarga, dem Himmel des Indra, des vedischen Gewittergottes und Königs des Universums, der im Hinduismus zum Welthüter des Ostens wird.

Erst an ihrer zweiten irdischen Station in Gangotri entwickelt die Ganga ihre majestätische Kraft. Wie das goldene Licht des Morgens bricht sich das verschwimmende, rosenrote Schimmern des Abends in Millionen sprühender Perlen, die der rasende Wasserfall emporschleudert. Die Strahlen der steigenden und sinkenden Sonne lassen die Tropfen wie Diamanten leuchten. Geblendet beugen die Pilger ihre Knie vor den tosenden

Wassern, die sie zur Göttin erhöht haben, zur Herrscherin über Leben und Tod. «O heilige Mutter Ganga», beten sie, «mit deren Wassern ich mich von allen Sünden reinige.»

Blendend blau bahnt sich der Fluß seinen Lauf von der Quelle bis nach Gangotri. Auf dem hochgelegenen Ufer über dem Strom steht, umgeben von bizarren dunkelgrünen Nadelbäumen, der kleine Tempel von Ganga Mata. Auf der Spitze des Turms weht die rote dreieckige Fahne sakraler Hindu-Stätten. Die Gläubigen bringen Sandelholz, Kampfer und schwelende Räucherkerzen in den winzigen Schrein, der die Abbilder von Ganga und Bhagiratha birgt. Geheimnisvoll blinken sie im flackernden Licht der Öllampen auf. Die murmelnden Stimmen der Pilger vermischen sich mit dem Rauschen des Wassers, das in vielen Windungen ins Tal strömt. Bündel aus strahlendem Licht durchstoßen die dunklen Wolken, beleuchten die Gipfel der Garhwal-Himalayas, jener Mauer aus Eis und Schnee, die Indien von Tibet und dem großen zentralasiatischen Hochplateau trennt. Unsichtbar für den Wanderer, der über den Gangotri-Gletscher emporklettert, erhebt sich im Osten, jenseits der Seen Rakas und Manasarovar, der Berg, den Hindus und Buddhisten gleichermaßen als Zentrum der Schöpfung und Sitz der Götter verehren: der 6714 m hohe Kailash (Kailas, Kailasha), auch Wohnung und Paradies des Shiva genannt. Hindus und Buddhisten glauben, was im *Ramayana,* dem uralten Epos der Hindus steht: «Der Mensch, dessen Körper die Erde in der Nähe des Manasarovar berührt oder der im See badet, dieser Mensch wird in das Paradies des Brahma eingehen, und wenn er gar von seinen Wassern trinkt, wird er den Himmel Shivas kennenlernen.» Nirgendwo in der Welt gibt es Berge, die denen des Himalayas vergleichbar wären, denn in ihnen befindet sich beides: Kailash und Manasarovar.

Viele Pilger ziehen über Gangotri und Gomukh hinaus zu den Wallfahrtsorten Kedarnath (3581 m) und Badrinath (3122 m). Der Weg durch die karstige und vereiste Berglandschaft ist schwierig. Die Straßen zu den heiligen Orten sind gefährdet, oftmals werden sie durch Schnee- oder Steinlawinen unterbrochen.

Der Fußpfad ist steil, der zum Shiva-Tempel Shri Kedarnathesvara bei Kedarnath emporführt. Der Tempel birgt den Jyotirlinga, den neunten der zwölf großen heiligen Shiva-Lingas, die an verschiedenen Orten Indiens in besonderem Maße verehrt werden. Im Lingam, im phallischen Symbol, beten alle frommen Hindus die schöpferische Kraft des Shiva an. «Shiva ham» – «Shiva ich bin hier», rufen die Pilger, schlagen den bemalten Gong oder läuten die Tempelglocke, ehe sie den Kedarnathesvara betreten und ihre Opfergaben, Votivfiguren, getrocknete Früchte und Papierblumen, vor dem riesigen Felsblock niederlegen, dem Lingam, in dem sich ihr Gott offenbart.

Kedarnath liegt 160 km von Gangotri entfernt, bis Badrinath muß der Pilger weitere 160 km im Bus zurücklegen. Im Gletscher über Kedarnath entspringt der Mandakini, einer der vielen heiligen Flüsse, der sich bei Badrinath mit dem Alaknanda, einem wichtigen Zufluß der Bhagirathi-Ganga, vereint. Im Tempel von Badrinath wird Vishnu-Lord Badari Narayana verehrt, der andere der Ganga durch eine Legende verbundene Gott. Dem Rhythmus einer Gebetsmühle vergleichbar, rufen die Pilger ununterbrochen den Namen ihres Erhalters.

Manche Pilger beginnen ihre Wallfahrt zu den heiligen Quellen etwa 36 km westlich von Gangotri, in Jamnotri, an der Quelle der Yamuna, des mächtigen Zuflusses, der sich bei Allahabad mit dem Bhagirathi-Ganges und dem unsichtbaren Sarasvati zum heiligen Strom vereint. Die kristallklare Yamuna, die bis Allahabad fast parallel mit dem Ganges fließt, um sich dort mit ihm zu vereinen, entspringt am 6315 m hohen Bandarpunch. Die Yamuna ist einer der «Saptasindhava», der sieben heiligen Ströme, in die sich der Ganges bei seinem Sturz vom Himmel aufspaltete: Ganga, Yamuna, Godavari, Sarasvati, Narmada, Sindhu, Kavari.

Die Pilgerschaft hier im Westen zu beginnen, um ostwärts nach Gomukh zu ziehen, bedeutet den Weg im Uhrzeigersinn, also nach rituellen Vorschriften zu gehen.

Obwohl viele Pilgerstraßen heute befahrbar sind, wählen fromme Hindus den rituellen Fußmarsch. Eine sichere Erlösung wird dem versprochen, der von den Quellen des Ganges im Himalaya bis zu seiner Mündung nahe der Sagar-Insel im Golf von Bengalen in einer bestimmten Weise wandert, nämlich sich alle paar Schritte auf den Boden wirft, mit der Stirne und den Händen die Erde berührt, aufsteht und weitergeht, um sich nach etwa zwei Metern von neuem niederzuwerfen. Der Pilger wiederholt das viele tausend Mal, ehe er die 2500 km von der Gangesquelle bis zum Ozean zurückgelegt hat. Sechs Jahre lang dauert dieser «Pradakshina», der heilige Umgang, der an die rituelle Umwandlung, an die «Pradakshina» von Tempeln und Götterbildern, erinnert.

Was sich zwischen Jamnotri, Gangotri und Gomukh, zwischen Kedarnath und Badrinath, vom Ursprung bis zur Mündung, in den heiligen Stätten an den Ufern des Ganges in Rishikesh, Hardwar, Allahabad, Benares und auf der Sagar-Insel im Golf von Bengalen abspielt, ist Teil jenes Phänomens, das Indien zusammenhält und zu einer über das Religiöse hinausreichenden Einheit verschmilzt: *the Hindu way of life.* Nirgendwo mehr als hier, in der einsamen Bergwelt des Himalaya und an den Ufern des Ganges, offenbart sich das hinduistische Indien. Eine Gedankenwelt, die in ihrer metaphysischen Rückverbindung zur Herausforderung wird. Ohne Kenntnisse vom Hinduismus, seiner religiösen, philosophischen und sozialen Verankerung, ist diese Gedankenwelt nicht zu begreifen.

DER HINDUISMUS

Vier Fünftel aller Inder sind Hindus, das heißt, sie werden mit ihrer Religion – kastengebunden – geboren.

Der Hinduismus gehört zu den asiatischen Hochreligionen, den «Religionen des ewigen Weltgesetzes», die eine gemeinsame Doktrin vertreten: Die Welt wurde nicht von einem Schöpfergott erschaffen, sie befindet sich vielmehr nach einem ihr eigenen Gesetz – dem «Dharma» – in einem ständigen Entstehen und Vergehen. «Dharma», das ewige Weltgesetz, ist die wirkende Kraft. Es bewirkt die Ordnung in der Natur, den Lauf der Sonne, das Leuchten der Sterne, den Strom der Flüsse und des Regens, das Wachstum der Pflanzen. Das «Dharma» wird auch offenbar am Lebenslauf des Menschen, der über vier große Stationen führt: Lernen und Studieren in Kindheit und Jugend, das heißt, zunächst ist der junge Mensch ein *Brahmachari,* ein Lernender. Danach übt er einen Beruf aus, gründet eine Familie, wird ein *Grihastha,* ein Hausvater, erlangt Ansehen und Wohlstand. Wenn die Kinder erwachsen und selbständig sind, geht der Vater in den Wald, in einen Ashram, er ist nun ein *Vanaprastha,* ein Mann, der in der Einsamkeit lebt. Auf der vierten, der höchsten Stufe, wird der Einsiedler, der allem Weltlichen entsagte, zum *Sannyasi,* der meditierend und transzendierend Erlösung erreichen will.

Erst durch Leiden und durch Erkenntnis der Vergänglichkeit alles Seienden wird der Mensch dazu geführt, hinter der Fülle der Erscheinungen eine andere, unwandelbare Welt zu suchen. Der Weg zu dieser Welt führt nicht nur über den Glauben, sondern auch über das philosophische Denken, über die hintergründige Spekulation. Eines haben die großen Religionen Indiens, der Hinduismus, der Buddhismus und der Jainismus, gemeinsam: der Mensch auf der Suche nach Wahrheit bedient sich eines mystischen Weges, um die Wahrheit hinter den «Mayas», den schönen Illusionen, aus denen unsere Welt gemacht ist, zu erkennen. Er versucht, in sich hineinzusehen, zu meditieren, seine gedanklichen und seelischen Kräfte so zu konzentrieren, daß sie sich nach außen abkapseln und nach innen leuchten. Er nimmt Abschied vom Körperlichen, Sinnenhaften – und wird zum Asketen.

Seit Generationen hat sich die Menschheit immer wieder mit dem Hinduismus auseinandergesetzt, ohne daß es bis heute gelungen wäre, ein ganz klares Bild von ihm zu entwerfen. Selbst für Millionen Inder bleibt der Hinduismus voller Widersprüche und Rätsel. Man kann keine einfache und verbindliche Deutung von ihm geben. Ohne Zweifel hat er ein Doppelgesicht, besser gesagt: Millionen Gesichter, denn nach Millionen zählen wir seine Götter. Gleichzeitig aber löscht der gebildete, der intellektuelle Inder alle Gottheiten in sich aus, sie sind für ihn nur die verschiedenen Erscheinungen des Einen, des «Brahman», des Urgrunds allen Seins. Anders ausgedrückt: es steht jedem Inder frei, an viele Götter, an einen oder an gar keinen Gott zu glauben. Es gibt weder Dogmen noch vorgeschriebene Riten: man darf Gott im Fetisch, im Tier, im Baum, im Bild oder im Geist verehren und sich seinen Göttern in berauschenden Zeremonien, inbrünstigen Gebeten, Blutopfern, magischen Liebesspielen und sexuellen Riten, wilden Tänzen oder als einsamer Pilger durch Askese und Meditation nähern.

Der Hinduismus ist also keine dogmatisierte Religion, sondern eigentlich ein weitgesteckter Rahmen für unzählige Glaubensformen. Nahezu 80 Prozent der Menschen des indischen Subkontinents bekennen sich zum Hinduismus – dazu kommen noch etwa zehn Millionen Hindus in Pakistan, einige Millionen in Nepal, Sri Lanka, Hinterindien, Indonesien, sowie in den Gebieten Süd- und Ostafrikas, wohin viele Inder ausgewandert sind. Im ganzen mag es heute etwa 600 Millionen Hindus geben. Aber nicht jeder Inder ist auch ein Hindu. Beide Worte, Hindu und Inder, gehen auf den Namen des Flusses Indus zurück. Als Inder oder Hindu bezeichneten Perser und Griechen die Bewohner seines Stromgebietes. Später wurden alle Bewohner des Subkontinents, mochten sie nun Hindus, Muslims, Juden, Christen, Parsen, Jain-Anhänger oder Sikhs sein, Inder genannt. Das Wort Hindu dagegen wurde nur für die Anhänger des Hinduismus verwendet.

Die Ursprünge des Hinduismus verlieren sich im Dunkeln. Man kann keine genauen, sondern nur ungefähre Daten für die Entstehung angeben. Die letzten Entdeckungen und Ausgrabungen im Industal haben bewiesen, daß der Hinduismus älter sein muß als die vedische Religion der Arier. Schon im dritten Jahrtausend, so lehren die Ausgrabungen, wurden in der sogenannten Induskultur Shiva und sein Symbol, das Lingam – der Phallus –, verehrt.

Die arischen Eroberer. Dennoch empfing der Hinduismus die entscheidenden Impulse durch die Arier, die zum erstenmal um die Mitte des zweiten vorchristlichen Jahrtausends in Nordindien einfielen. In den ersten Generationen nach der Eroberung beteten die Arier noch ihre Naturgötter an, wie etwa Varuna, den Beherrscher der Nacht und Hüter von Wahrheit und Recht, Surya, die Sonne, Agni, das Feuer, und Indra, den Donner und Regen. Gestalt und Bedeutung der einzelnen Götter haben sich im Lauf der Jahrhunderte gewandelt. Im Keim finden wir bei den Ariern auch schon den Glauben, daß ein einziges Weltgesetz über allen Göttern und Menschen steht und ihr Schicksal bestimmt.

Die weißhäutigen Arier wollten sich den braunhäutigen Ureinwohnern nicht verbinden, da sie befürchteten, ganz im besiegten Volk unterzugehen, das weit in der Überzahl war. Sie erließen daher Ehegesetze, die einer ersten Kasteneinteilung gleichkamen, auch wenn sie nicht – wie später – vorwiegend sozial, sondern ethnisch bestimmt waren.

Die Kasten. Erst allmählich hat sich aus der Gliederung der Berufe die strenge Kasteneinteilung in Indien ergeben. Es mag eine Erbschaft der heroischen Vergangenheit sein, daß zwischen 1000 und 500 v. Chr. an der Spitze der indischen Gesellschaft die *Kshatriyas,* die Krieger, standen. Brahmanen galten damals als geschwätzige Priester. Kein Kshatriya hätte einem von ihnen seine Tochter zur Gemahlin gegeben. Ja, der Krieger ließ den Brahmanen sogar bei den religiösen Zeremonien höchstens als Assistenten zu. Dem Kshatriya fiel die Rolle des Pontifex maximus zu, wie Cäsar sie später in Rom übernahm. Das heißt nicht, daß der Krieger immer verstand, was er tat.

Die Begegnung der Arier mit den kultivierten Ureinwohnern blieb nicht ohne Folgen. Es bildeten sich gemeinsame religiöse Vorstellungen, aus denen sich hochkomplizierte Opferzeremonien entwickelten. Wer als Priester amten wollte, mußte in sie eingeweiht werden. Diese Einweihung setzte ein langes Studium der heiligen Schriften voraus. Das war nicht die eigentliche Sache der Kshatriyas, sondern Aufgabe auserwählter gelehrter Brahmanen. Mit dem wachsenden Gewicht sakraler Riten ergab sich bald eine Verlagerung in der Kasteneinteilung zugunsten der *Brahmanen,* die nun, der geheimnisvollen Wege zu den Göttern kundig, Macht über die Menschen gewannen. Sie kannten alle Lieder und Opferbräuche, alle heiligen Formeln und Begehungen und behaupteten, wie Helmut von Glasenapp schreibt, daß sie durch die Beherrschung des Rituals sogar die Götter zur Erfüllung aller Wünsche zwingen könnten. Ihre Stellung war also nicht die eines Mittlers, wie etwa in den christlichen Religionen, sondern die eines wahren Hexenmeisters, der seinen großen Gegenpart im Techniker von heute gefunden hat, in diesem modernen Zauberer, der «kraft seiner Kenntnis um das Walten der Naturkräfte diese beherrscht, so daß sie für ihn arbeiten müssen».

Nach Abschluß dieser Entwicklung standen die Kshatriyas im zweiten Rang; ihnen folgten die *Vaishyas,* gewöhnliche Kaufleute, Händler und Künstler, und endlich die *Shudras,* einfache Bauern, Arbeiter und Handlanger.

Zahlreiche Probleme warfen durch die Jahrhunderte die Kastenlosen, die Unberührbaren, auf, die, als ehemalige Sklaven zur niedrigsten Arbeit verdammt, aus der hinduistischen Gesellschaft ausgestoßen waren. Schon ihr Schatten galt als unrein und durfte auf keinen Kastenangehörigen fallen. Erst Mahatma Gandhi, der sie «Harijans», Kinder Gottes, nannte, begann ihr Los zu erleichtern. Sein Werk fand Fortsetzung in dem Gesetz der neuen indischen Regierung, das die benachteiligende Behandlung der Unberührbaren verbot.

Metaphysischer Ursprung und Karma. Man wird das Kastensystem in Indien niemals begreifen, wenn man nicht auch etwas über seine metaphysische und moralische Bedeutung weiß. Schon in den Veden, den alten heiligen Schriften, heißt es, daß die vier Hauptkasten, also die Brahmanen, die Kshatriyas, die Vaishyas und die Shudras, einst der Stirne, dem Munde, den Armen und den Schenkeln des Urwesens Purusha entsprungen sein sollen. Über ihre metaphysische Einbettung gibt es also für einen überzeugten Hindu überhaupt keinen Zweifel. Zu diesen vier Hauptkasten kommen Tausende von Neben- und Unterkasten, und gerade sie spielen die Hauptrolle im Leben der Hindus. Es gibt nichts Ursachloses, lehrt ihr höchst moralisches Gesetz: Ich bin, was ich war, und werde sein, was ich bin. Das heißt: mein jetziges Leben ist eine Folge von Taten, Worten und Gedanken in meinem vergangenen Dasein und mein zukünftiges wird ein Spiegelbild meines gegenwärtigen sein. Das ist es, was die Inder unter «Karma» verstehen, Ausdruck einer höchst moralischen Weltordnung. «Karma» ist Teil des «Dharma», des ewigen Wortgesetzes, das den Makrokosmos ebenso wie den Mikrokosmos beherrscht. Unter dem «Dharma» wird der Mensch gemäß seinem «Karma» wiedergeboren.

Wiedergeburt. Seit dem Entstehen seiner Religion hat der Hindu an die Wiedergeburt geglaubt. Nur wenige Menschen werden von ihr befreit und erreichen die höchste Glückseligkeit – das Nirwana, wo es weder Sein noch Nichtsein gibt, sondern nur das Absolute: die kosmische Leere. Die Menschen, die das Absolute erreichen, sind die «Erleuchteten» und gelten als Vorbilder. Man zählt sie zu den Vollendeten. Die Wiedergeborenen aber bilden die Mehrheit. Ihre Gedanken umkreisen den unsichtbaren Träger des Lebens, das Über-Selbst des Menschen, das «nach dem Tode fortdauert und in der Seelenwanderung die Kontinuität des Ichs darstellt».

Atman und Brahman. Man kann nicht durch Studium zum innersten Kern seiner Persönlichkeit kommen, sondern nur durch unmittelbare Einsicht in sich selbst. Man muß sich nach außen wie eine Lotosblume am Abend schließen, sich von der Erscheinungswelt abkapseln, wenn man das Wirken des «Atman», des Selbst, spüren will, das durch Meditation die Vereinigung mit dem Über-Selbst sucht.

Viele Wege führen zur Einheit mit dem «Brahman», dem Urgrund des Seins, das man nicht verwechseln darf mit Brahma, dem Gott, oder dem Brahmanen, dem Priester. Das Ziel wird nicht allein durch Ritus und Kult erreicht, sondern durch ein moralisches Verhalten, das von jedem überzeugten Hindu Gewaltlosigkeit, Wahrheit und Reinheit, Selbstdisziplin, Abgeklärtheit und Toleranz verlangt.

Yoga. Neben sakralen Riten und der inneren ethischen Haltung des Menschen wird Yoga zum wichtigen Weg, der in das Anfangs- und Endlose führt. Yoga ist die Disziplinierung des Körpers und Ausrichtung von Geist und Seele auf das höchste Ziel. Menschen, die Yoga vollkommen beherrschen, es zum Lebensinhalt und zu täglicher Beschäftigung machen, es vielleicht auch lehren, werden Yogis genannt. Viele Yogis meditieren auf einsamen Höhen im Himalaya. Sie sitzen stundenlang unbekleidet im Schnee, Wärme aus ihrem Inneren erzeugend. Sie sollen ihren Körper bis zum Herzschlag, den sie für eine Minute aussetzen können, vollkommen beherrschen. Die ungeheuer anstrengenden Übungen sind nur Mittel zum Zweck des «Entsinkens ins Körperlose», Mittel der Meditation. Es gibt verschiedene Arten von Yoga: Karma-Yoga, den Weg des rechten Tuns; Bhakti-Yoga, den Weg der hingebenden Liebe; Raga-Yoga, den Weg der Körperbeherrschung; Dhyana-Yoga, den Weg der Einsicht, der Versenkung, der Meditation.

Wer Yoga betreibt, muß über drei Stufen gehen. Beherrschung des Körpers bis zum letzten Muskel, Beherrschung und Bewußtwerdung des Geistes und die Fähigkeit zur Meditation, das heißt: sich ganz in sich zurückzuziehen, in sich hineinzugehen, schwebend zu werden und dadurch Verbindung mit dem All-Einen zu bekommen, dem alle Menschen angehören. Meditation ist die höchste Form des Yoga. Als hohe Form des Yoga gelten auch rituelle rhythmische Bewegungen und die Gesten, die «Mudras» der sakralen Tänze.

Durch vollendeten Yoga kann man schließlich der Wiedergeburt entrinnen. Ein wichtiges Mittel ist die Askese, die, von den Hindus als Kontrapunkt gegen die starke Bindung an den Eros zum Ideal eines durchgeistigten Menschen erhoben wird. Die Zahl derer, «die entsagt haben», die Menge der «Sadhus», ist ungeheuer groß. Sie bevölkern die indischen Feste. Zu den großen Melas, den Jahrmärkten an den Ufern der Flüsse und Seen, kommen sie zu Tausenden, nackt und mit heiligen Zeichen bemalt. Ihre Weisheit ist die Abkehr von dieser Welt. Sehr wohl unterscheiden muß man die echten von den falschen Sadhus, die aus der Heiligkeit Show und Geschäft machen.

Seelenwanderung und Nirwana. Es mag eine Antwort auf das Unabänderliche des Alterns gewesen sein, daß mit der Lehre von «Atman» und «Brahman», mit der Idee der Einheit von Menschenseele und Weltseele, gleichzeitig der Glaube an die Seelenwanderung und die endgültige Erlösung im Nirwana, im wunschlosen Nicht-mehr-wiedergeboren-werden-Müssen, entstand.

Die Wiedergeburt war an Grundsätze geknüpft, wie sie nur ein sittlich hochstehendes Volk aufstellen kann. «Karma» ist die schicksalhafte Verknüpfung mit der Tat. Gemäß seinem «Karma» wird der Mensch in einer niederen oder höheren Kaste wiedergeboren.

Als Hindu gilt, wer zu einer der von den Hindus anerkannten Kasten gehört. Man kann sich nicht zu ihr bekennen – nach dem Gesetz des «Karma» kann man nur in sie hineingeboren werden und muß sich streng an ihre Vorschriften über die Ehe, das Essen und Trinken, die religiösen Riten und die Reinigung halten. Der großen Freizügigkeit im Kultischen und im Glauben steht das festgefügte Kastensystem gegenüber, das seit Jahrtausenden für alle Hindus verbindlich war. Nicht im Glauben, sondern in der sozialen Ordnung finden wir das Band, das alle Hindus eint. Ihre Feste feiern sie unter sich: es sind Wege zu ihren Göttern.

Die Götter der Hindus. Das Puranische Pantheon – der in den *Puranas*, den heiligen Schriften, beschriebene «Tempel der Götter» – setzt sich aus 330 Millionen männlichen und weiblichen Gottheiten zusammen, die von der Dreieinigkeit Brahma, Schöpfer, Vishnu, Bewahrer, und Shiva, Zerstörer, angeführt werden.

Brahma, ursprünglich das allbeherrschende, schöpferische Prinzip, von vielen Indern der oberste Herr der Welt genannt, konnte die Stellung als höchster Gott nicht halten. Wenn der Vierköpfige auch für viele Hindus der Weltbaumeister blieb, gibt es heute nur noch einen einzigen Schrein, wo er verehrt wird: in Pushkar.

Vishnu, der Welterhalter, ist bedeutender als Brahma, er wird bereits in den Veden, den heiligen Schriften der Arier, erwähnt, die im zweiten Jahrtausend v. Chr. in den Subkontinent einfielen.

Wenn der Menschheit Gefahr droht, erscheint Vishnu, um sie zu bewahren, in Tier- oder Menschengestalt – unter anderem als Löwe, Eber, Rama, Krishna oder Buddha. Neunmal ist er schon auf die Erde gekommen, ein zehntes Mal wird er erwartet.

Vishnus Gemahlin ist Lakshmi, die Göttin der Schönheit, des Glücks und des Reichtums, aus dem Schaum geboren, zu dem die Götter den Ozean quirlten. Lakshmi wird hauptsächlich während des Divali-, des Lichterfestes, angebetet. In manchen Gegenden des Subkontinents wird sie außerdem durch regionale Kulte geehrt.

Shiva, auch «Mahadeva», der Große Gott, genannt, ist im Laufe der Jahrhunderte zum dominierenden Gott der Hindus geworden. Wie viele mythische Gestalten und Gottheiten trägt er ein Doppelgesicht, er verkörpert gleichzeitig die schöpferischen wie die zerstörerischen Kräfte im All. Er hat zwei Ahnen: den vedischen Bogenschützen Rudra, der Krankheiten hervorruft oder heilt, und einen vorarischen Naturgott, der sich im Zeichen des Lingam, des Phallus, als Symbol der Schöpfer- und Zeugungskraft, offenbart.

Der tanzende Gott. Shiva ist ein unerschöpfliches Thema der Legendenerzähler. Es verdichtet sich im Mythos von der Manifestation des Absoluten im Shiva Nataraja, im Gott, der die Welt tanzend erschaffen hat.

Seine Bühne ist der Kailash, der heilige Weltberg Meru, das Zentrum der Schöpfung, der Sitz der Götter im Himalaya. Im Schatten der höchsten Gipfel der Welt schlägt der vierarmige Gott jeden Abend im Zwielicht die Rhythmen der Ewigkeit auf eine kleine, zum Stundenglas geformte Trommel, die er in seiner oberen rechten Hand hält. Wenn der Gott beginnt, Körper und Glieder nach dem Trommelschlag zu bewegen, nimmt die Erde allmählich Gestalt an. Im Wirbel des kosmischen Allegro wird der Wind zum Sturm, das Licht zum Feuer, und Shiva tanzt bis die Welt, vom pulsierenden Rhythmus seines Tanzes erfüllt, vollendet ist. Innerhalb des Flammenkreises, der ihn umgibt, steigt der Körper des Gottes wie die Achse der Welt über den niedergeworfenen Dämon der Unwissenheit empor. Graziös hebt Shiva den linken Fuß. Mit anmutigen Gesten umschreibt der Gott den Lebensraum der Menschen, nimmt sie in seinen Schutz. Er tanzt zur Musik der Götter, er tanzt bei den großen Festen, die ihn feiern, aber er tanzt auch auf dem Schlachtfeld, auf den Friedhöfen und an den Stätten der Verbrennung. Er tanzt für Parvati oder mit der dunklen Göttin Kalî. Er tanzt Liebe und Haß, Sanftmut und Zorn. Er tanzt das Leben und tanzt den Tod, Entstehen und Vergehen. Was er am Abend in der Dämmerung geschaffen hat muß der Gott, dem Gesetz der Wandlung unterworfen, am Morgen wieder zerstören. Das Ineinanderspiel von Schöpfung und Zerstörung wird durch Trommel und Flamme symbolisiert. Die beiden oberen Hände, die sie tragen, stellen das Gleichgewicht im Universum dar, symbolisieren die fundamentale Einheit aller Gegensätze, die Einheit des Geschaffenen und Ungeschaffenen, die Auflösung und Wiedererzeugung von Polaritäten, Shivas Tanz zerstört alle Illusionen, die den Menschen an diese allzu irdische Welt fesseln. Er schafft das Gute und vernichtet das Böse. Er ist die Manifestation des Universums, der fünf Elemente: Feuer, Erde, Wasser, Luft und Äther, die sich in ihm verdichten, wie immer er dargestellt wird: in Stein gemeißelt, aus Bronze gegossen oder in die Felsen der Höhlen und Tempel graviert.

SHIVA UND DIE LEGENDE VON DER HERABKUNFT DER GANGA

Shiva und Ganges bilden eine heilige Einheit. Was sie miteinander verschränkt, wird seit Jahrtausenden von Mund zu Mund weitergetragen. Es findet seine Transponierung in jenen Shiva-Statuen, die den Gott mit wehenden Locken darstellen, und auf zahlreichen Reliefs, die uralte Märchen erzählen. Zu den schönsten gehören: «Die Geburt der Ganga» in Mahabalipuram und das Hochrelief «Gangadharamurti», «Die Herabkunft der Ganga», in den Höhlen von Elephanta.

Die Herabkunft der Göttin Ganga vom Himmel auf die Erde wurde zur populärsten Legende Indiens. Von ihr existieren mehrere Fassungen, fast jede Generation hat die klassische Darstellung aus den großen Volksepen *Ramayana* und *Mahabharata* durch Hinzufügung oder Weglassung geändert. Am tiefsinnigsten ist die Urfassung, die von jenen indischen Weisen und Asketen erzählt, die ihr Leben in Meditation verbringen, um Gott zu erreichen, das heißt, die höchste Wirklichkeit zu erfahren.

Seit Jahrtausenden sind solche Suchenden in ihrer Meditation durch grimassenschneidende Dämonen gestört worden. Die bösen Geister versuchten seit eh und je, die Menschen abzulenken, sie zu quälen, sich über sie lustig zu machen, durch ihre Seelen zu tanzen, sie am Fuße oder an der Nase zu kratzen. Die Dämonen quälten ihre Opfer um so mehr, wenn sie bemerken mußten, daß der eine oder andere der frommen Männer seinem Ziel, der Erleuchtung, näherrückte und gleichzeitig zu entdecken begann, daß die Dämonen nur Spiegelungen seiner Seele sind. Solche Erkenntnisse allerdings waren flüchtig. Die durch Einsicht vertriebenen bösen Geister nahmen Zuflucht im Ozean und kamen am nächsten Tag doppelt so mächtig zurück. Mönche und Asketen wehrten sich mit aller Kraft gegen sie. Einem der Weisen gelang es, durch Buße, Entbehrung und Abtötung aller Leidenschaft übernatürliche Kräfte zu entwickeln. Er schien in der Lage, was immer sich aus dieser Welt ihm in den Weg stellte, zu verschlingen. Der Kreis der Asketen beschloß, ihren weisen Bruder zu überzeugen, den ganzen Ozean mit allen Dämonen, die im Wasser Zuflucht gesucht hatten, zu verschlucken. Der Büßende tat, was die anderen befahlen, er trank das ganze Meer. Die Folgen waren katastrophal. Die Erde begann auszutrocknen, die Blätter fielen von den Bäumen, Weizen und Früchte verdorrten, denn es gab keinen Ozean mehr, dessen feuchte Winde Regen brachten und die Natur erfrischten. Die Sonne brannte alles aus, das Leben verließ die Erde. Die Gebete der Menschen, die um Regen flehten, blieben unbeantwortet. Als die Not unerträglich wurde, entschloß sich König Bhagiratha, der gleichzeitig einer der großen Weisen seines Landes war, einen Appell an Brahma, den Schöpfer, zu richten. Der Herr der Welt empfahl dem König Buße, Askese und tiefe Meditation. Es geht die Sage, daß Bhagiratha 1000 Jahre lang meditierte, ehe ihm Brahma – gerührt von so viel Demut und Ausdauer – erschien und verkündete, er gewähre ihm einen Wunsch. Der entsagungsvolle König zögerte nicht eine Sekunde, er bat Brahma flehentlich, die Wasser des Himmels, die Ganga, auf die Erde zu schicken, damit das Land wiedergeboren werde. Der Schöpfer war bereit; aber nun erkannten alle eine große Gefahr: das Heilmittel konnte zum Teufel werden. Der Himmelsfluß, die Ganga, war die Tochter des Riesen Himalaya, sie verspürte keine Lust, auf die Erde hinabzusteigen, um die Menschen zu retten. Im Gegenteil, das Ansinnen erweckte ihren Zorn. Wäre sie aber zornig – und dann mit zehnfacher Kraft vom Himmel gestürzt, hätte eine furchtbare Sintflut die ganze Erde zerstört, so wie das göttliche Licht, das unvorbereitet das Herz und den Geist eines Menschen treffen mag, ihn vernichten muß.

Brahma war nicht in der Lage, das Problem der Herabkunft zu lösen, – das würde nur einer können: Shiva, der göttliche Yogi, der seit unendlichen Zeiten auf einem Gipfel im Himalaya in tiefer Meditation saß. Aber mit Shiva in Verbindung zu treten, der in mystischer Versenkung die höchste Leere zu erfahren suchte, war, wenn nicht unmöglich, so doch eine Aufgabe von Jahrhunderten oder gar Jahrtausenden. Bhagiratha nahm sie unerschrocken auf sich. Er stieg in das hohe Gebirge empor und verpflichtete sich zu den schwersten Bußen. Auf einem Bein stehend, seine Hände über dem Kopf zusammengelegt, lebte er von nichts als der Luft. Er konzentrierte seinen Geist auf das höchste Sein, das sich nicht verkörpern läßt. Nach langer Zeit gelang es ihm, mit Shiva in Verbindung zu treten, der – angerührt von der Reinheit und Ausdauer des Weisen – seine Bitte, der Erde und ihren Menschen das Leben wieder zu schenken, zu erfüllen versprach. Shiva befahl der Ganga, auf die Erde zu fließen und zwar durch seine lockigen Haare, die den rasenden Sturz des Flusses aufhalten sollen. Die Ganga glitt vom Haupte des Shiva sanft über die Hänge des Himalaya, breitete ihr Wasser wie einen Fächer über die weite Ebene aus, und die Erde erwachte zum Leben, wo immer der heilige Fluß sie berührte. In ganz Indien, vom Himalaya bis zum Kap Comorin, von der Wüste Thar bis in die Dschungel von Arunachal Pradesh danken die Menschen täglich ihrem heiligen Strom: «O Mutter Ganga, Ruhm sei Dir und Dank.»

In den Ganges zu tauchen, heißt, im Himmel zu baden.

Was ist der Sinn dieser Legende? Sie will den Menschen lehren, nicht als selbstverständlich hinzunehmen, was die Natur ihm schenkt; es gilt, das Gegebene zu hüten. Ist es ambivalent, wie das Elixier des Lebens, das Wasser, das die Erde befruchten oder zerstören kann, wird der menschliche Geist herausgefordert, der Schöpfung hinzuzufügen, was sie bewahrt und nutzbar macht. In den *Puranas* steht eine andere Fassung der Herabkunft der Ganga. Nach ihr wurden die 60 000 Söhne des Königs Sagara ausgeschickt, um das gestohlene heilige Pferd wiederzufinden, das zum Opfer dargebracht werden sollte, um dem König die Tore ins Paradies zu öffnen. Die 60 000 Prinzen durchzogen die ganze Welt. Sie stiegen auf die Gipfel der Berge und hinab in die Unterwelt. Schließlich erreichten sie einen einsamen Ashram in der Nähe des Meeres. Dort fanden sie Rishi Kapila in tiefer Meditation. In seiner Nähe graste das zum Opfer bestimmte Pferd. Die Söhne des Sagara stürzten sich auf den Heiligen, um ihn zu bestrafen und das Pferd an sich zu reißen. Kapila aber erhob sich und schleuderte mit seinen Augen Blitze, deren Feuer die Söhne des Königs zu Asche verbrannte. Die Schreckensnachricht wurde dem Herrscher durch seinen Enkel Anshuman überbracht, der abgesandt worden war, um die Prinzen zu finden. Mit der Todesnachricht brachte er das Versprechen des Rishis, die Toten zu erlösen, wenn die Wasser der Ganga vom Himmel gebracht würden, um die Asche rituell zu reinigen.

Es gelang weder Sagara noch Anshuman noch vielen anderen Nachkommen, die Ganga vom Himmel zu holen. Nach vielen Zeitaltern wurde endlich ein Sohn der königlichen Familie, Bhagiratha zum König gewählt. Er war vom Schicksal zum Retter ausersehen. Tiefgläubig, wie er war, überließ er sein Königreich seinen Ratgebern, zog sich in den Himalaya zurück, wo er Askese praktizierte. Immer wieder trug er den Göttern seinen Wunsch vor, die Ganga möge zur Erde kommen, um seine ruhelosen toten Verwandten zu retten. Überwältigt von seinem Opfermut, willigten die Götter ein, seinen Wunsch zu erfüllen. Und selbst Shiva stimmte zu, den Fluß in seinen Locken zu fangen, damit er nicht mit der Gewalt seiner Wasser die Erde zerstören würde. Shiva stand auf dem Kailasa, als er dem Fluß befahl, über ihn zur Erde zu strömen. Die stolze Göttin Ganga rief: «Wer ist dieser Gott, der mir befehlen kann? Ich will ihn hinwegfegen.» Sie umströmte den Mond und stürzte sich auf Shiva. Shiva, durch die Hybris der Göttin aufgebracht, fing ihre Wasser in seinem gelockten Haar auf, das so dicht wie ein Urwald war. Die Ganga versuchte, die Locken zu durchdringen, konnte aber keinen Ausgang finden. Bhagiratha schaltete sich ein und erreichte die Befreiung des Flusses, der in den See Manasarovar floß und sich in sieben Ströme teilte. Jeder Hindu, der ein rituelles Bad in den heiligen Orten des Ganges nimmt, wird die sieben Ströme anbeten, in denen jener sich gleichzeitig offenbart:

‹O heilige Mutter Ganga,
O Yamuna, o Godavari,
Saraswati, Narmada,
Sindhu, Kavari.
Möge jeder von Euch glücklich sein, daß er sich in
diesen Wassern manifestiert,
in welchen ich mich von allen Sünden reinige.›

Der Ganges folgte Bhagiratha auf seiner langen Reise von den Bergen, durch die weiten Ebenen Indiens, vorbei an den heiligen Orten Rishikesh, Hardwar, Allahabad und Kashi, durch die Dschungel des Deltas, bis zum Ashram Kapilas auf der Insel Sagar im Ozean, der das Ende und den Anfang der Welt bedeutet. Das Wasser des heiligen Flusses strömte über die Asche der Söhne des Sagara, erlöste die Toten und öffnete ihnen den Weg zum Paradies.

Seither gilt Sagar, der legendäre Ort des Geschehens, als heilig. Ein winziger Punkt in der Bucht von Bengalen liegt die Insel im Schatten des großen, 56 000 Quadratkilometer umfassenden Deltas, das sich zwischen Ganges und Brahmaputra gebildet hat. Im Gewirr der hochgewachsenen Mangrovendschungel des Schwemmlandes leben Tiger und Alligatoren, Affen, wilde Pfauen und Giftschlangen. Sie sind, wie Millionen Hindus glauben, die Begleiter von Dämonen und Geistern, die auf der Insel Sagar ihr Unwesen treiben. Um sie versöhnlich zu stimmen, werden ihnen – wie der Ganga, die 60 000 Prinzen von der ewigen Verdammnis errettete – täglich feierliche Opfer gebracht.

Der Sinn dieser Erzählung offenbart sich allen Gläubigen, sie erkennen hinter den Naturerscheinungen eine Kraft, die stärker ist als der Wille des Menschen. In der Geschichte von der Herabkunft der Ganga wird sie durch Shiva symbolisiert. Er bestimmt den Kreislauf von Werden und Vergehen. Er ist das Unsichtbare, die metaphysische Kraft, die Realitäten schafft. Nur durch Shiva kann sich der Himmelsfluß Ganga als irdischer Strom verwirklichen, zu einer realen Größe werden, die hohe Anforderungen an den Geist, die Vorstellungsfähigkeit und die Arbeitskraft des Menschen stellt.

Shiva, der Gott der Schöpfung und Zerstörung, bleibt die unsichtbare Realität, das nur im Innern zu Erfahrende, das metaphysische Phänomen, die Kraft, die sich immer wieder zur Materie verdichtet und bei deren periodischem Zerfall überlebt.

Auf über 4000 m Höhe in Gomukh am Gangotri-Gletscher entspringt der Ganges; nur die zähesten Pilger dringen bis in diese eisige Höhe vor.
Nächste Doppelseite: Eine Gruppe von Pilgern auf dem Rückweg von Gomukh; der 6543 m hohe Shiveling (rechts) ist dem Gotte Shiva geweiht und einer der schönsten Berge des Garhwal-Himalaya.
Übernächste Doppelseite: Terrassenlandschaft in einem Seitental des oberen Ganges zwischen Tehri und Uttarkashi; diese Gegend wurde erst vor kurzem von Nepalis und Tibetanern urbar gemacht.

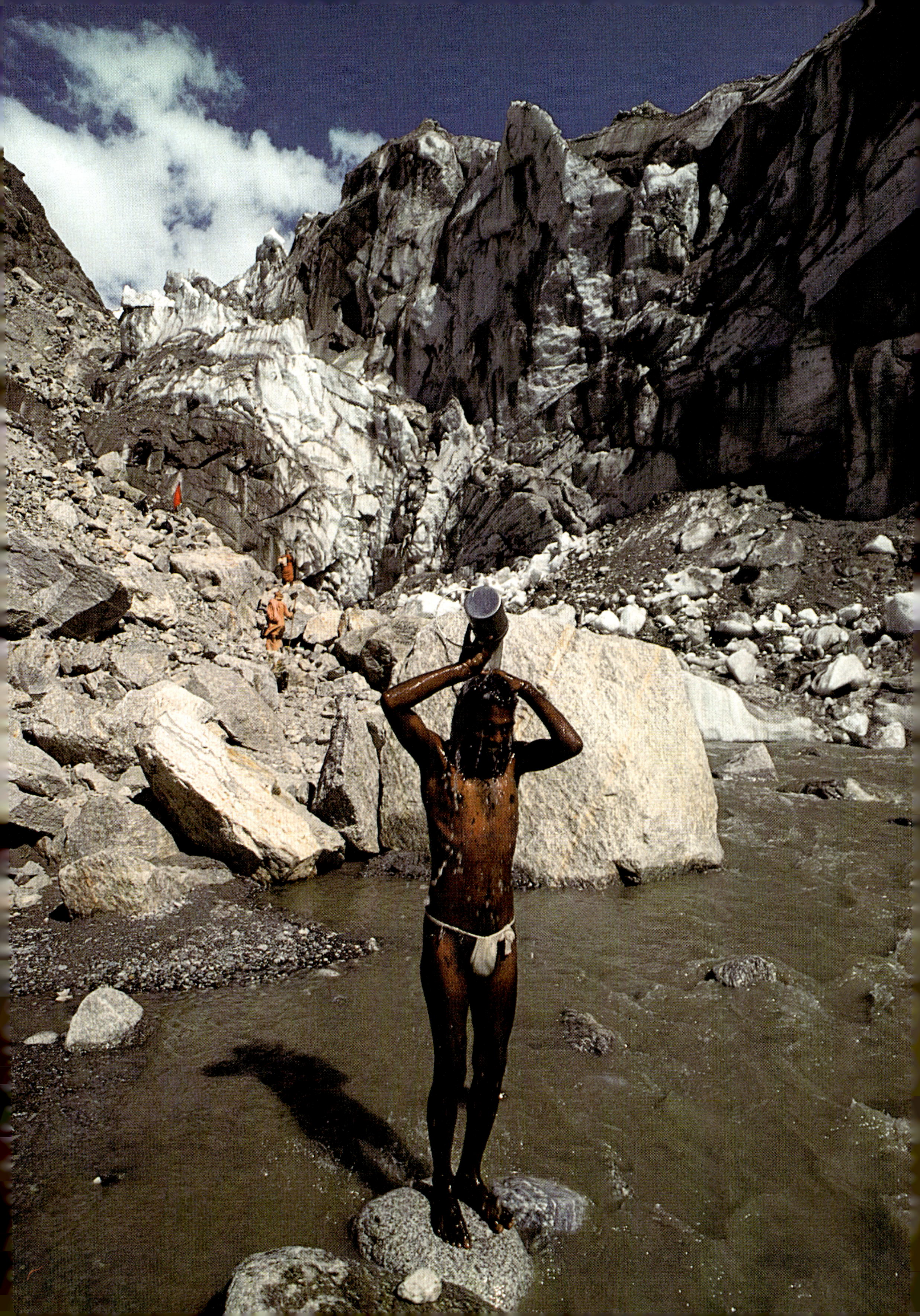

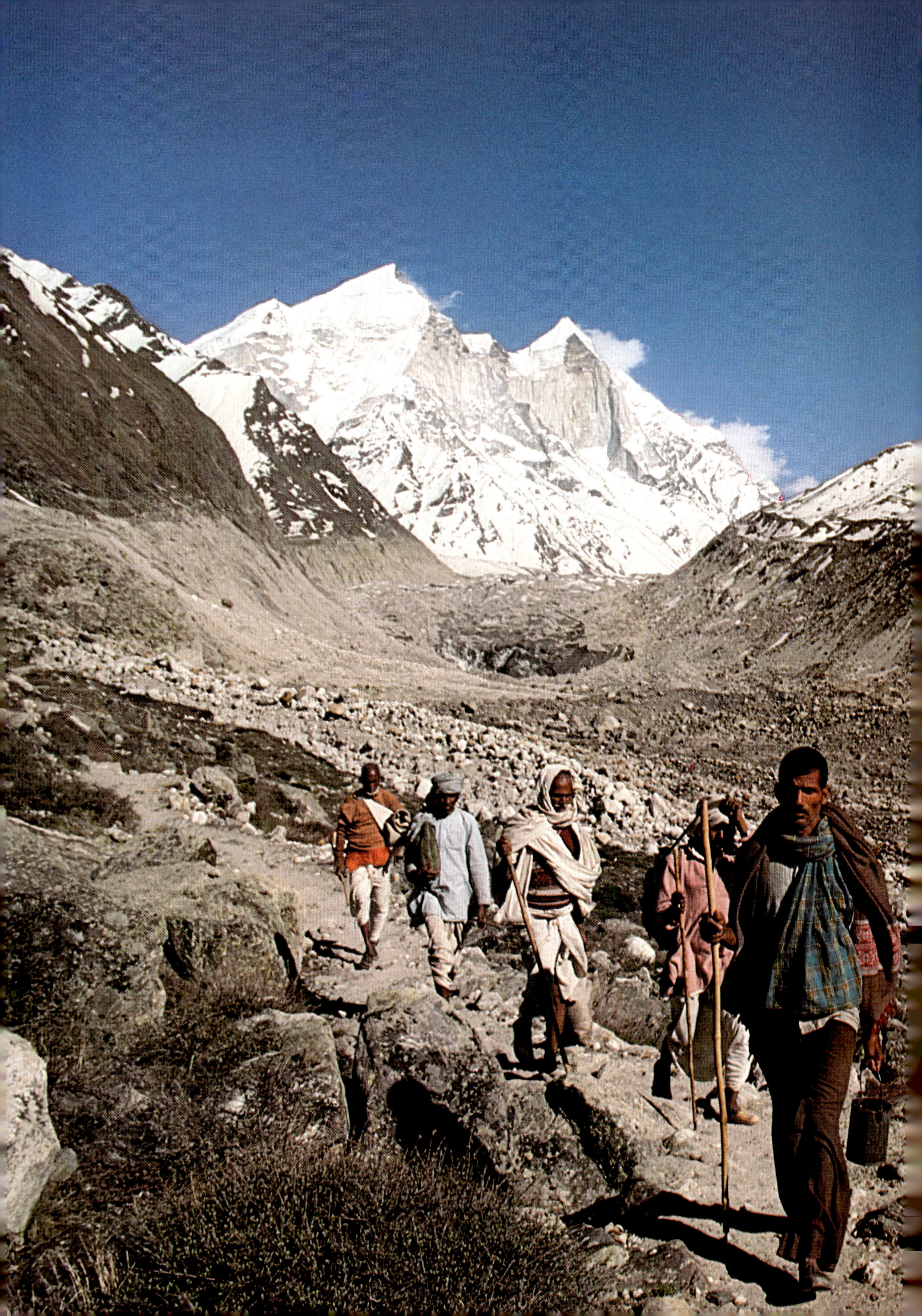

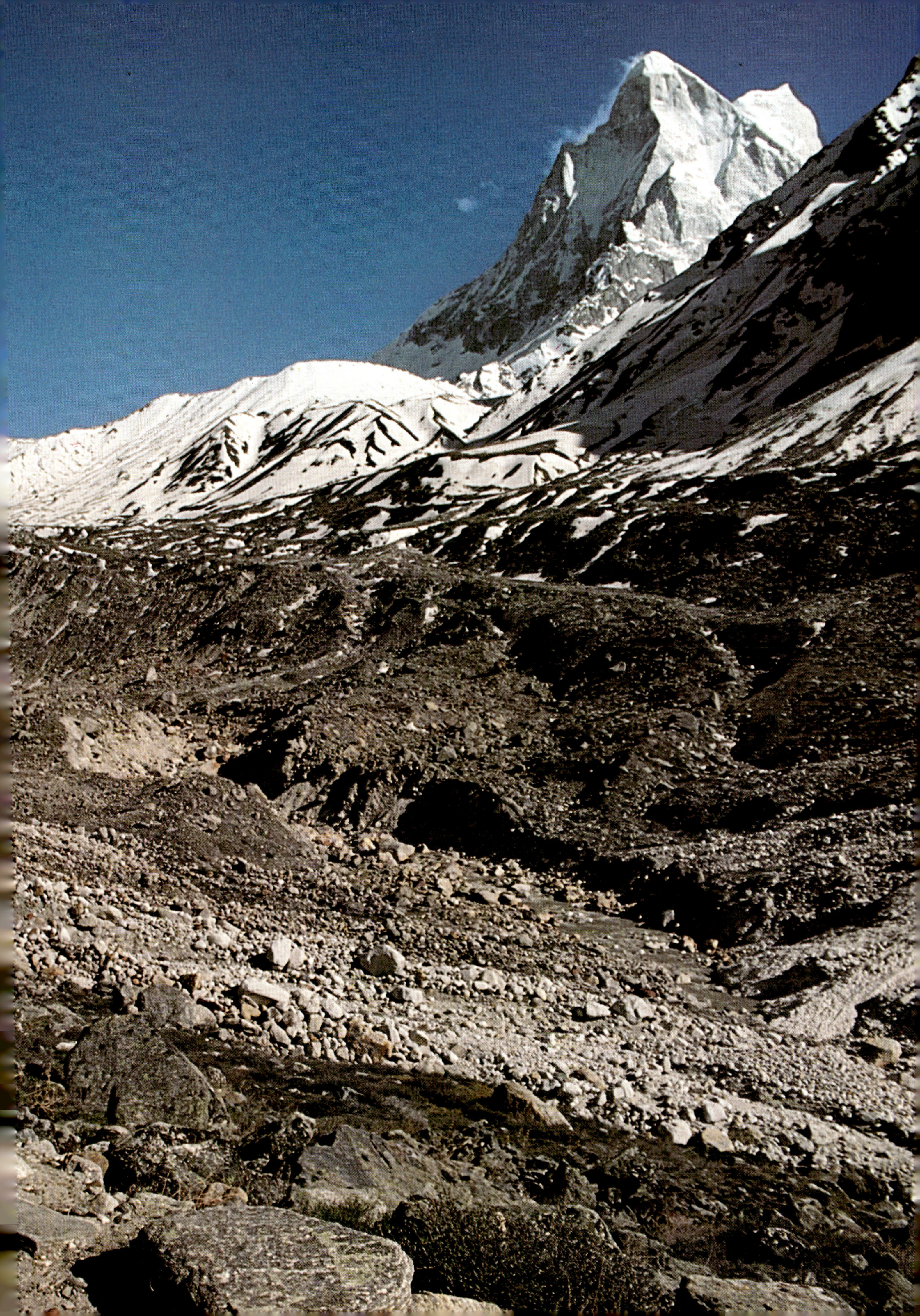

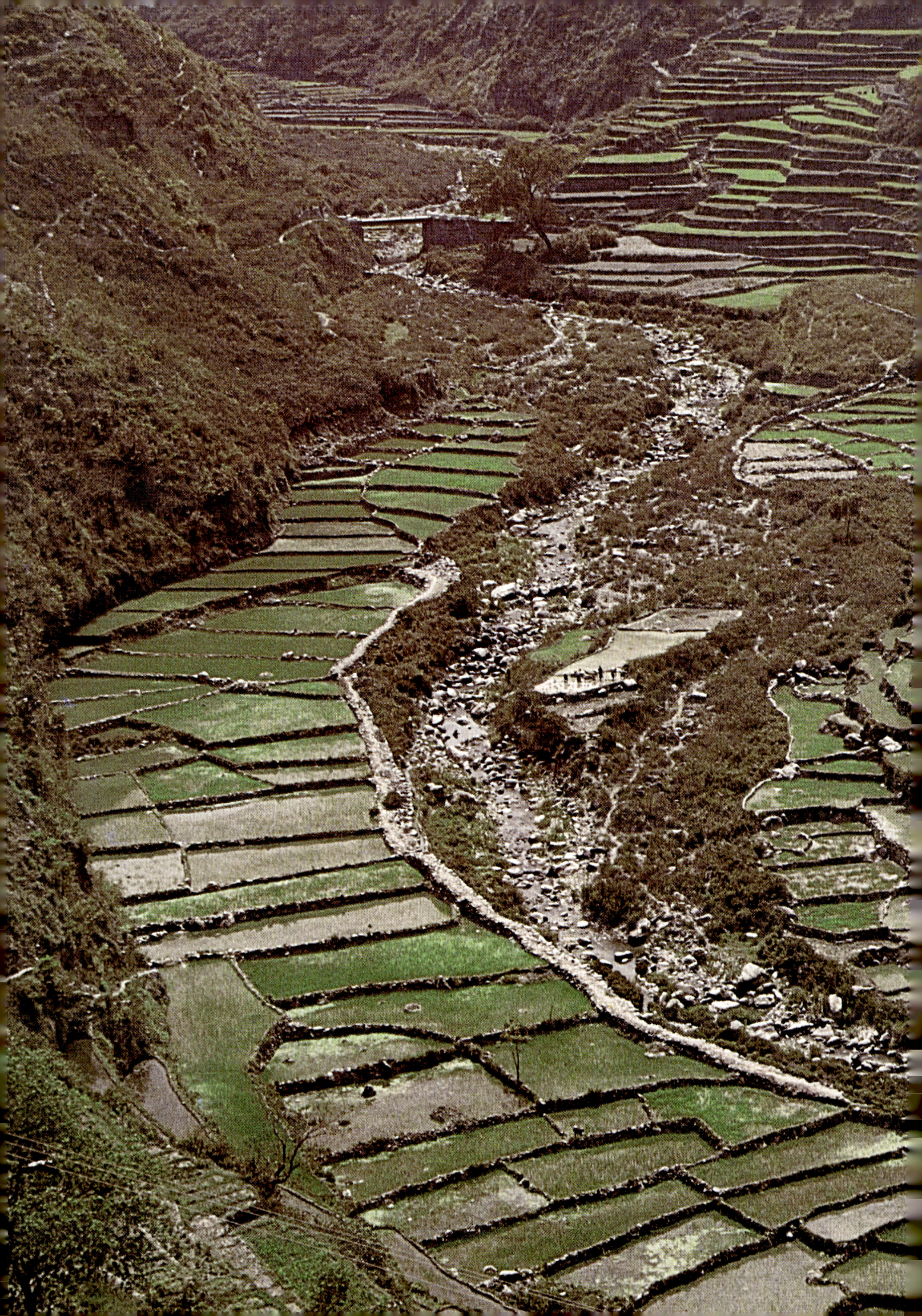

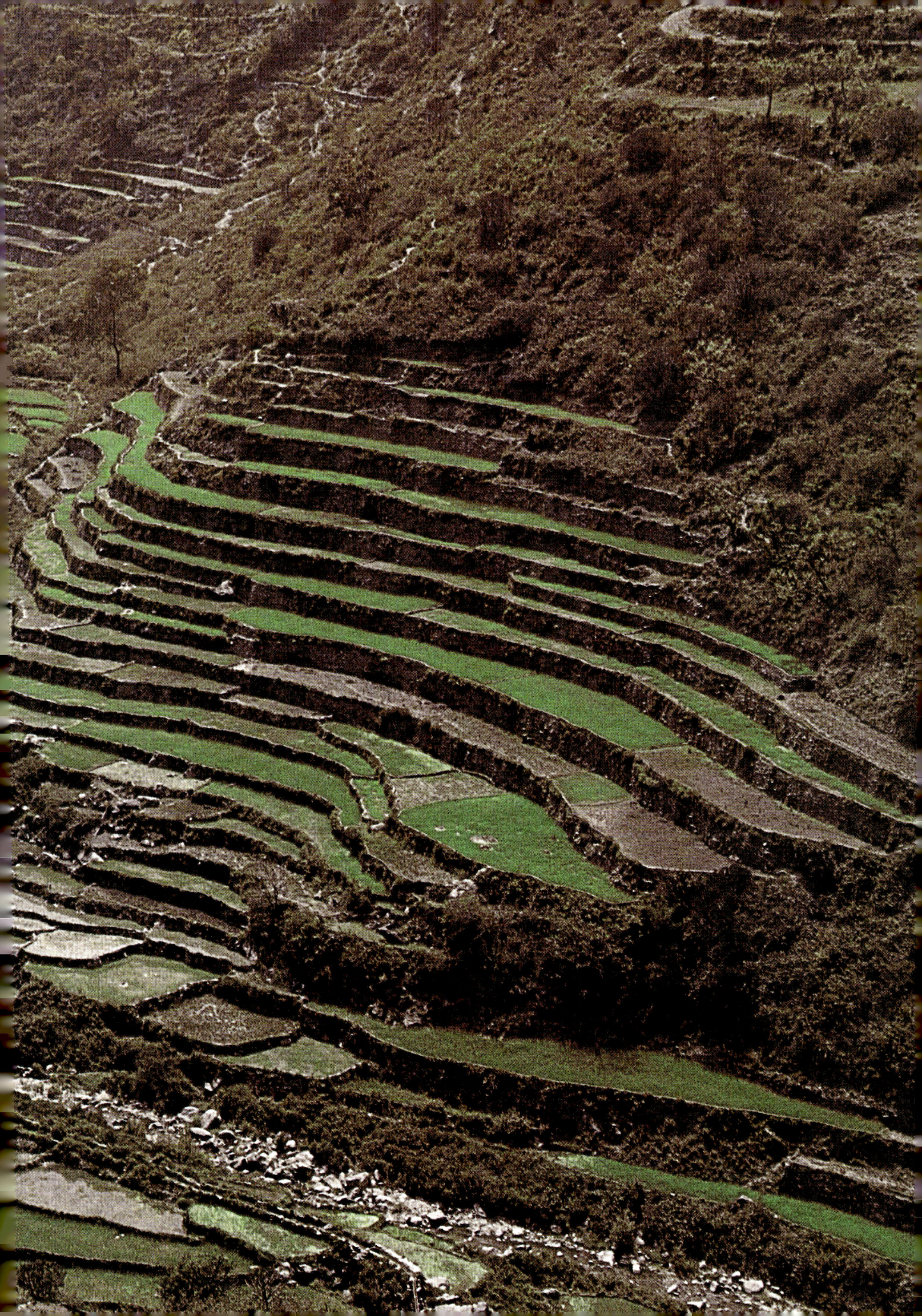

Im ganzen Quellgebiet des Ganges trifft der Reisende auf meditierende Einsiedler, Sadhus, Babas und Yogis; selbst der Winter vertreibt sie nicht aus ihren Höhlen und Felsklüften.
Betende Frauen nahe Rishikesh. Seit die Beatles in den sechziger Jahren Maharishi Mahesh Yogi besuchten, reißt der Strom der Westpilger nicht ab; heute reiht sich in diesem alten Pilgerort Betonblock an Betonblock.
Nächste Doppelseite: Pflügender Bauer oberhalb Rishikesh.

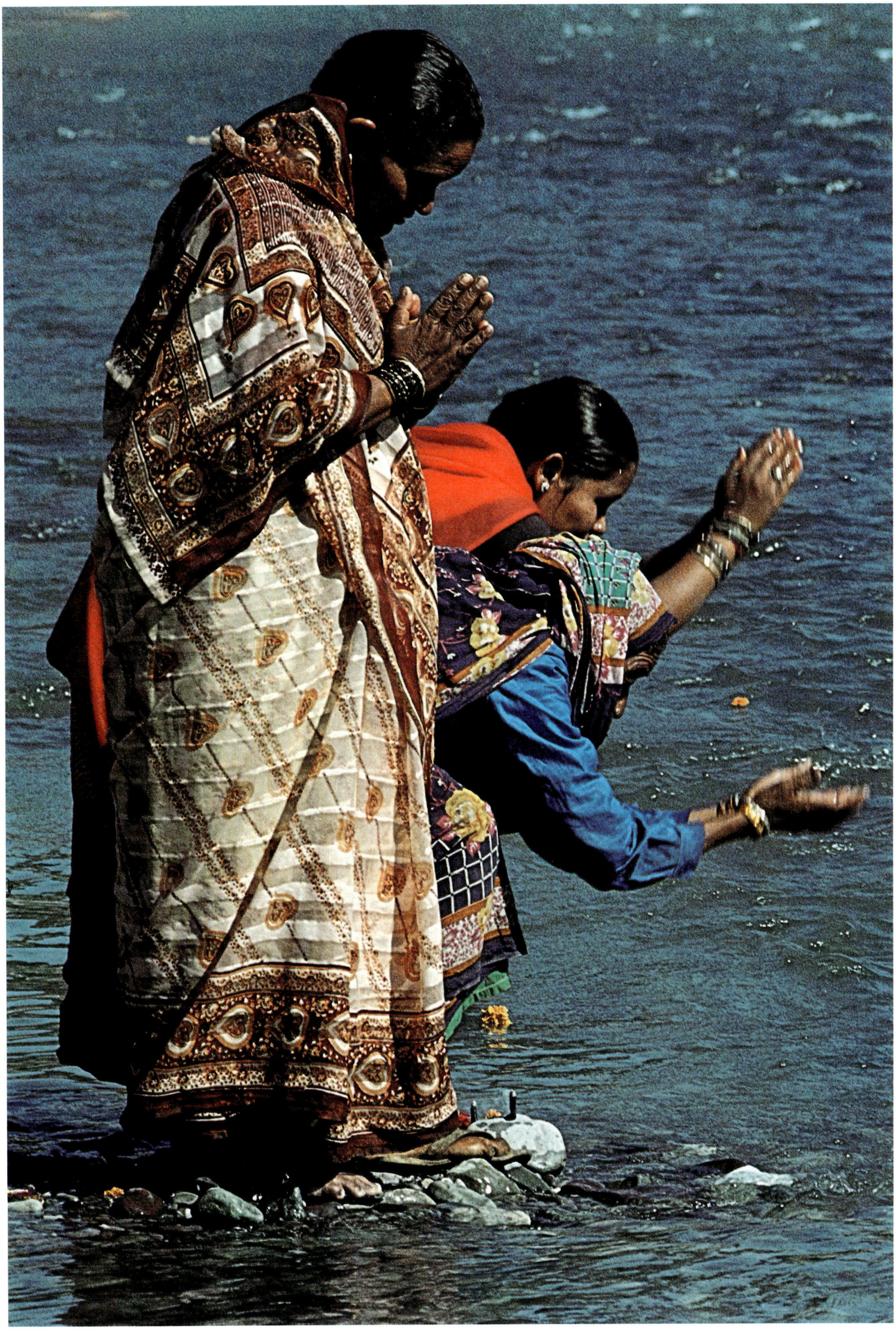

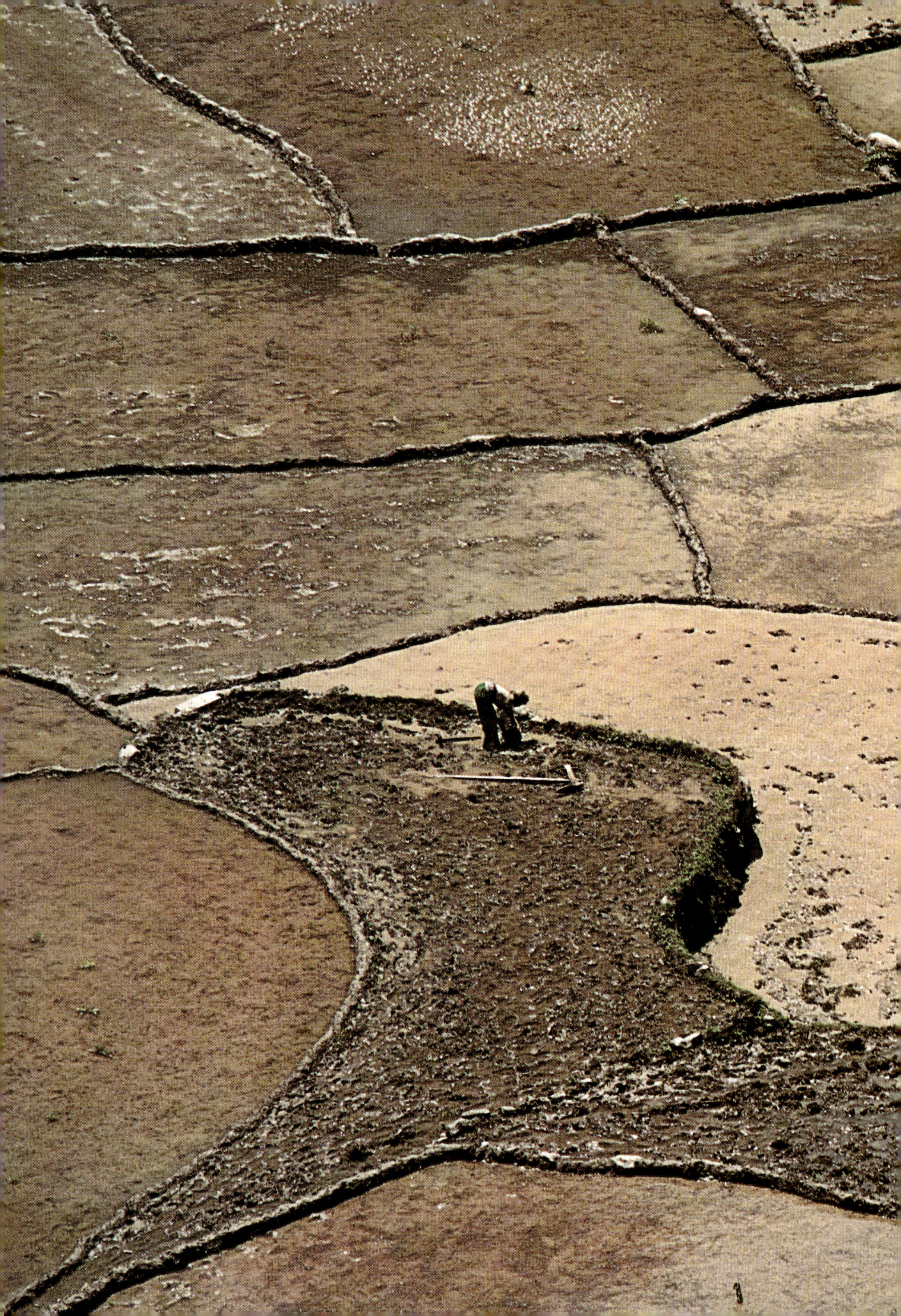

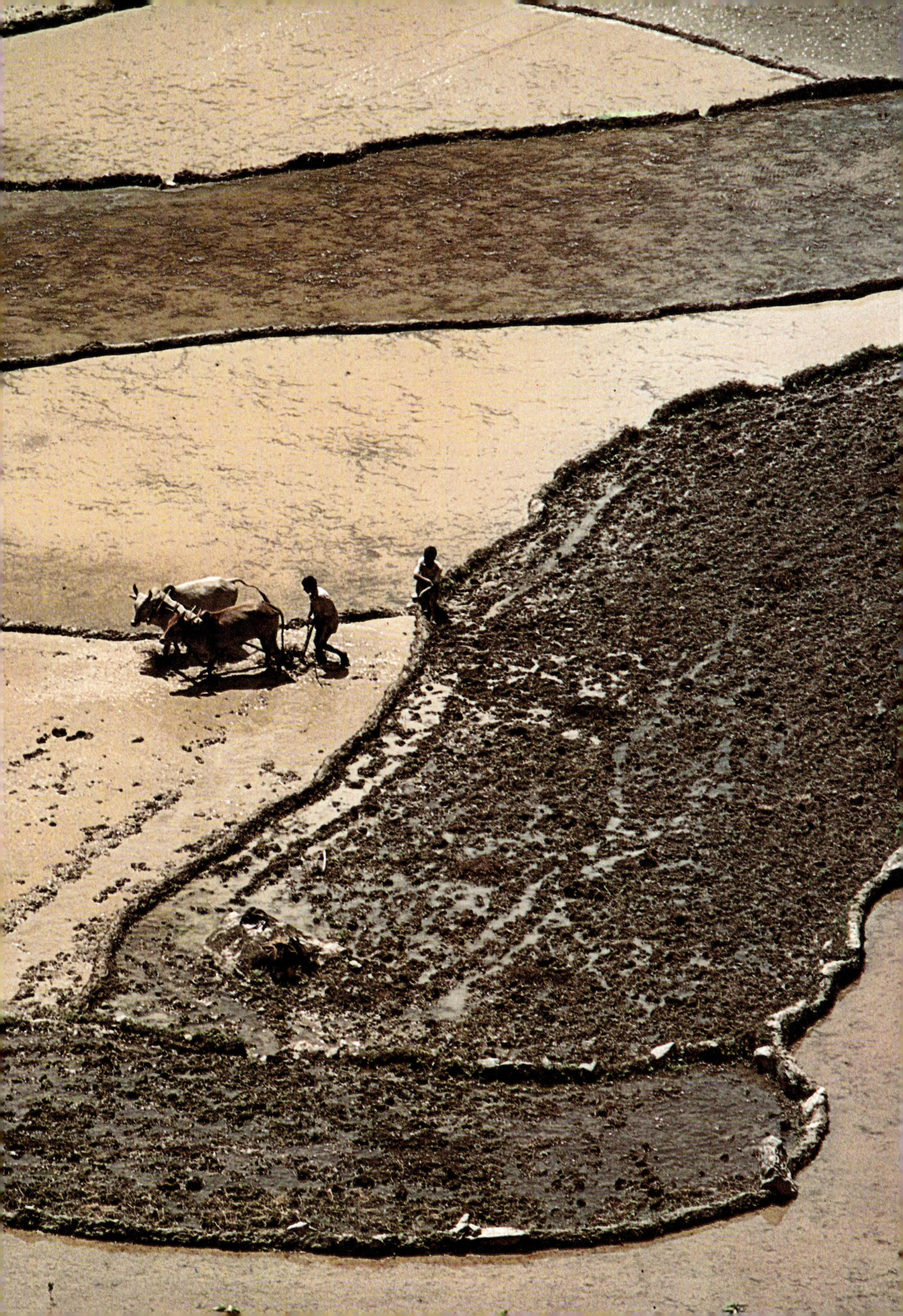

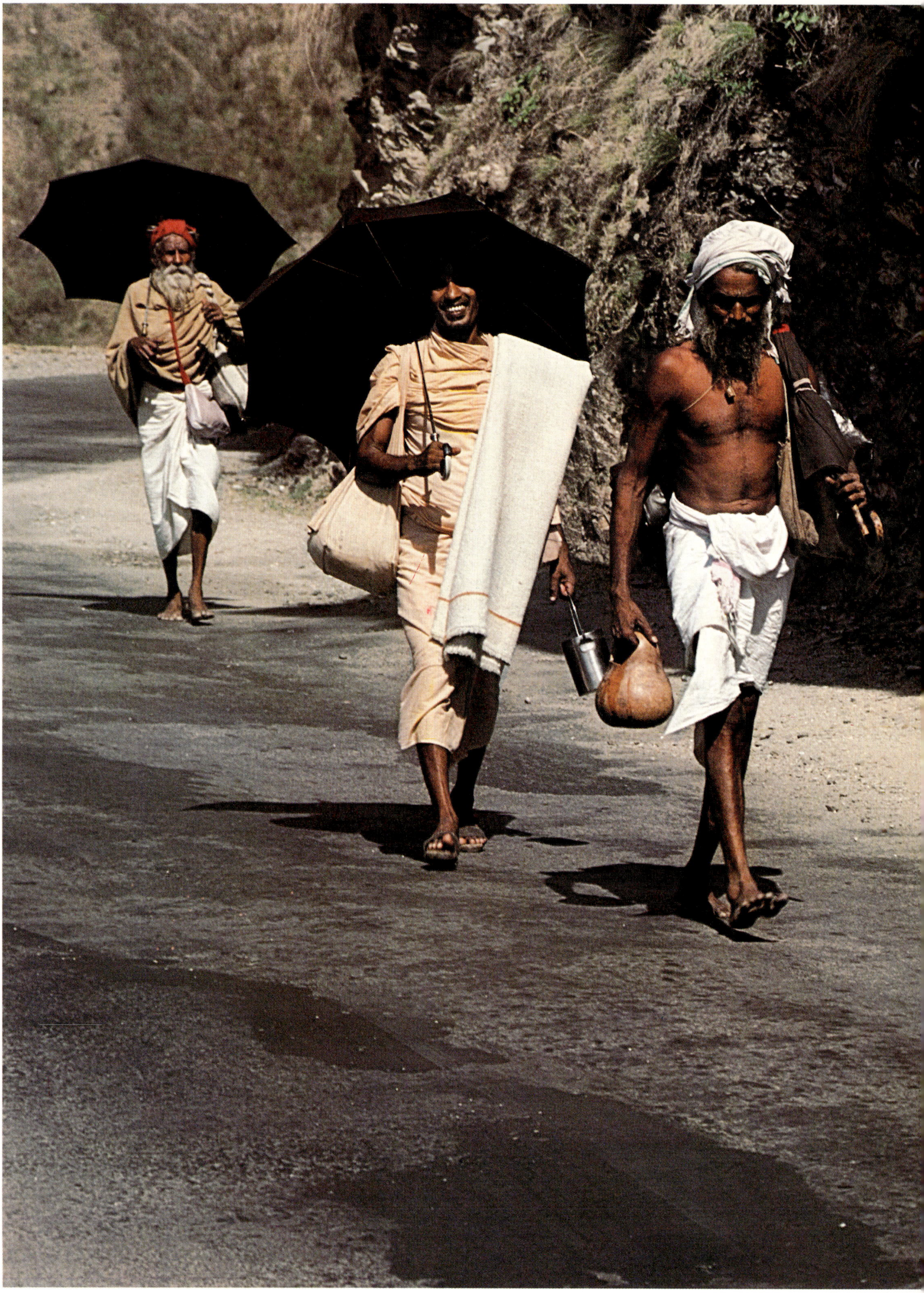

Vier Sadhus auf dem Weg nach Gangotri, in der einen Hand das Wassergefäß für die tägliche Waschung, in der andern den Schirm als Symbol der Lehre.

Nächste Doppelseite: Hardwar – der Ganges tritt in die Ebene ein; der Tempel rechts markiert die Stelle, wo der Gott Vishnu seinen Fuß auf die Erde setzte. Alle zwölf Jahre finden sich hier Millionen von Gläubigen ein, um die Kumbh-Mela zu feiern. Hardwar ist Ausgangspunkt der Pilger nach Rishikesh, Gangotri, Jamnotri, Badrinath und Kedarnath.

Übernächste Doppelseite: Naga-Prozession am Tag des «Hauri Pauki» in Hardwar unterwegs zum Bad an der durch Vishnus Fuß geheiligten Stelle. Die Nagas (= Schlangen, Nackte) beschützten früher wandernde Sadhus und Prediger vor Wegelagerern und feindlichen Glaubensgemeinschaften. Nach dem Bad reiben sich die Nagas mit reinigender Asche ein.

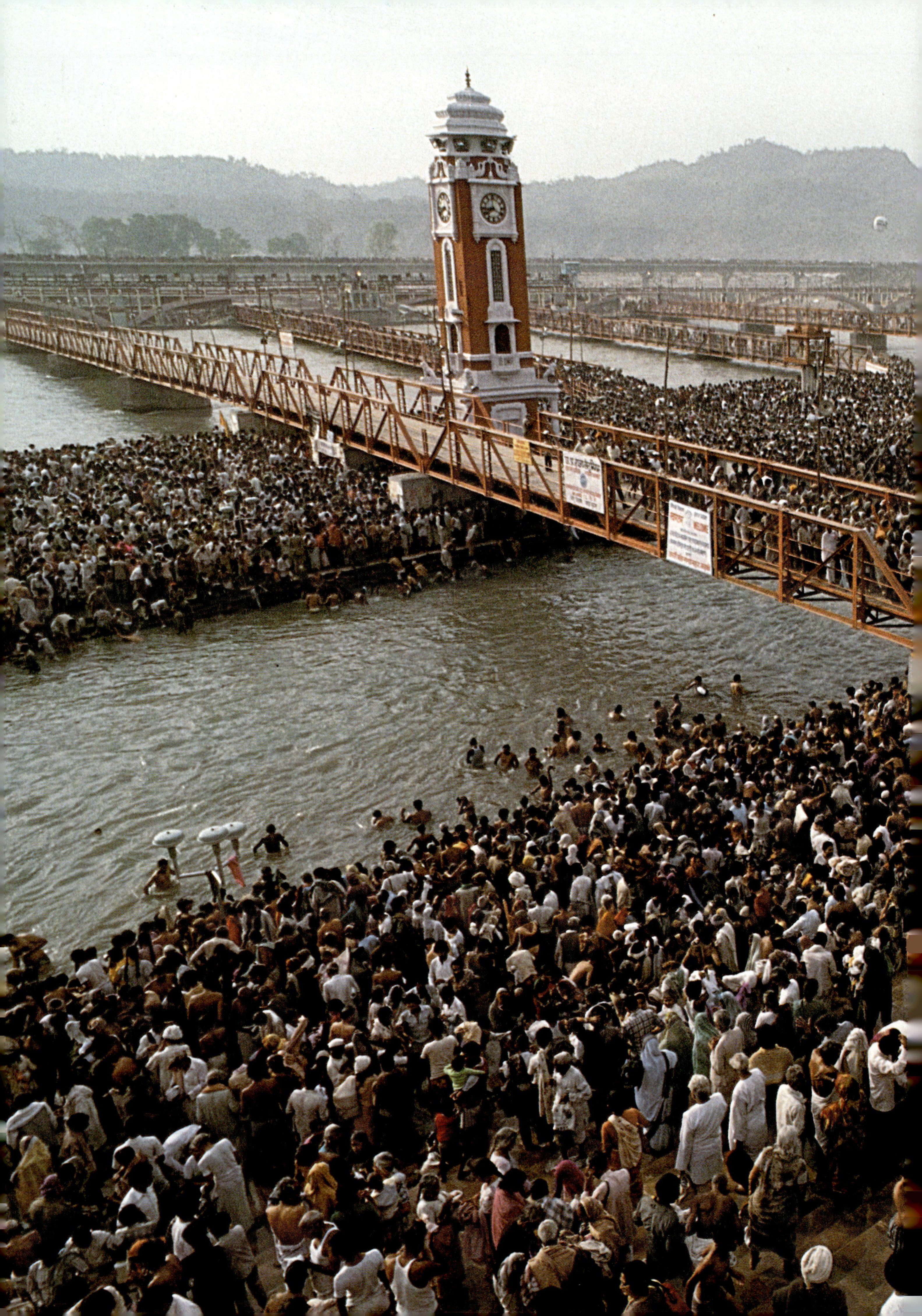

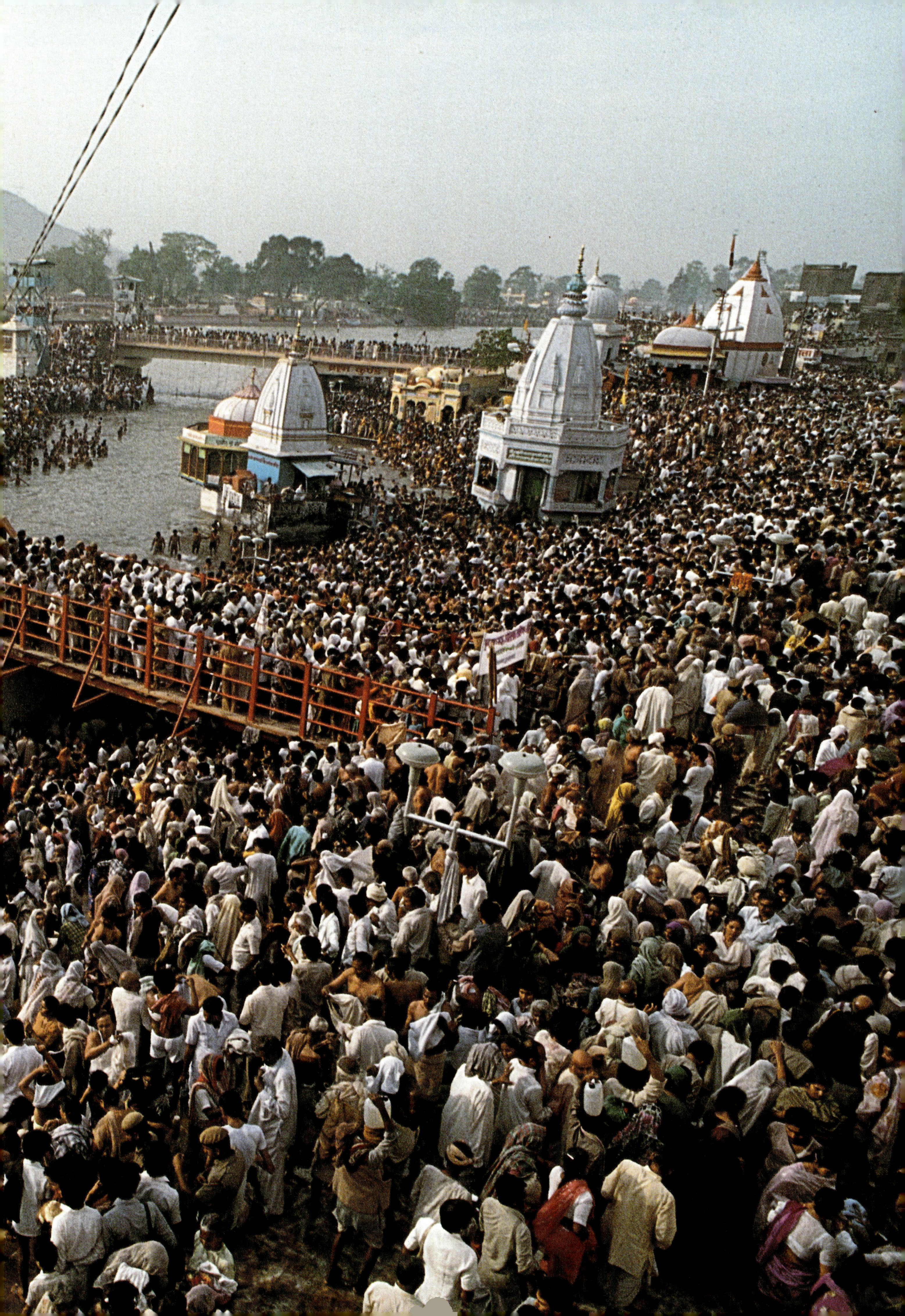

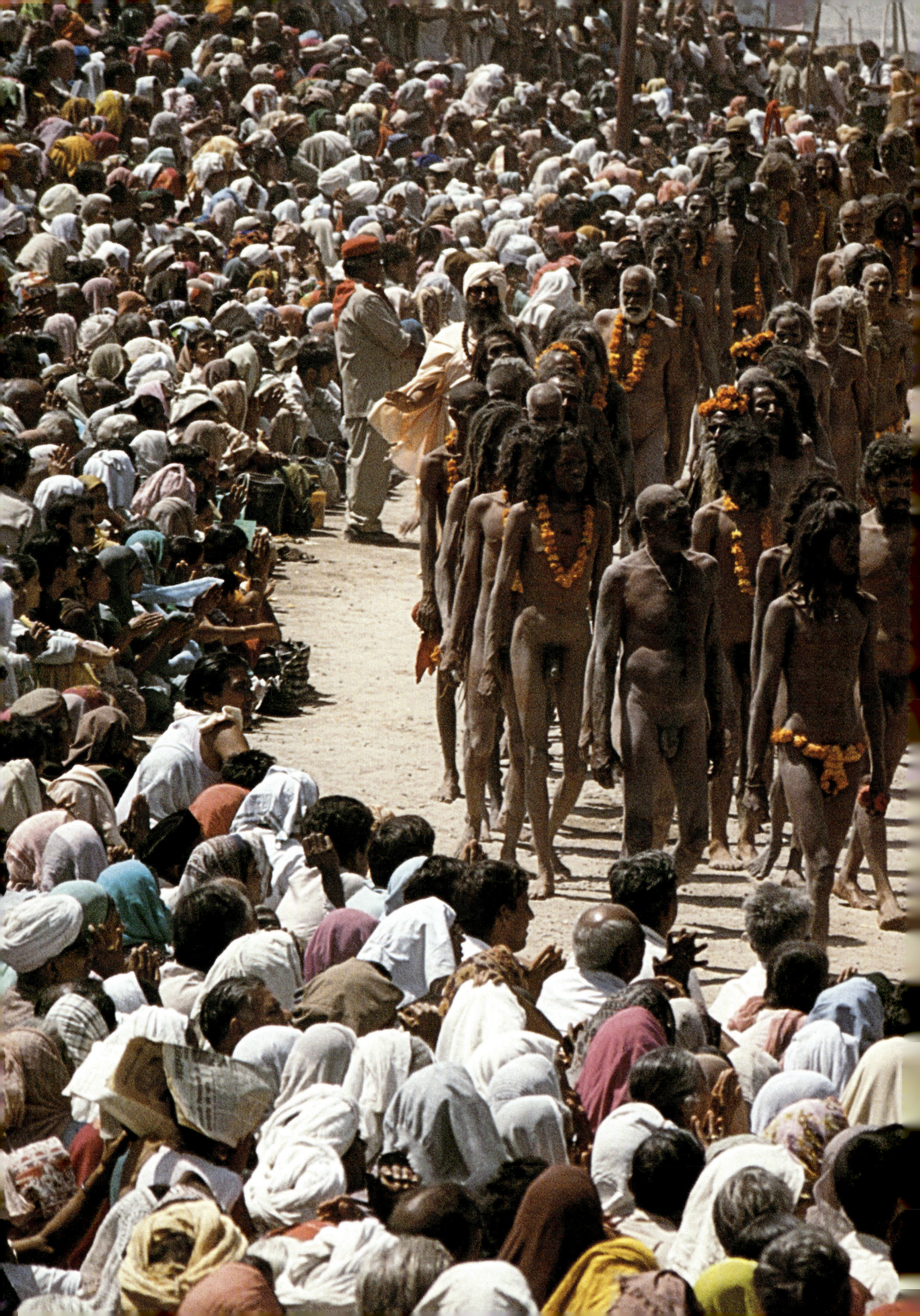

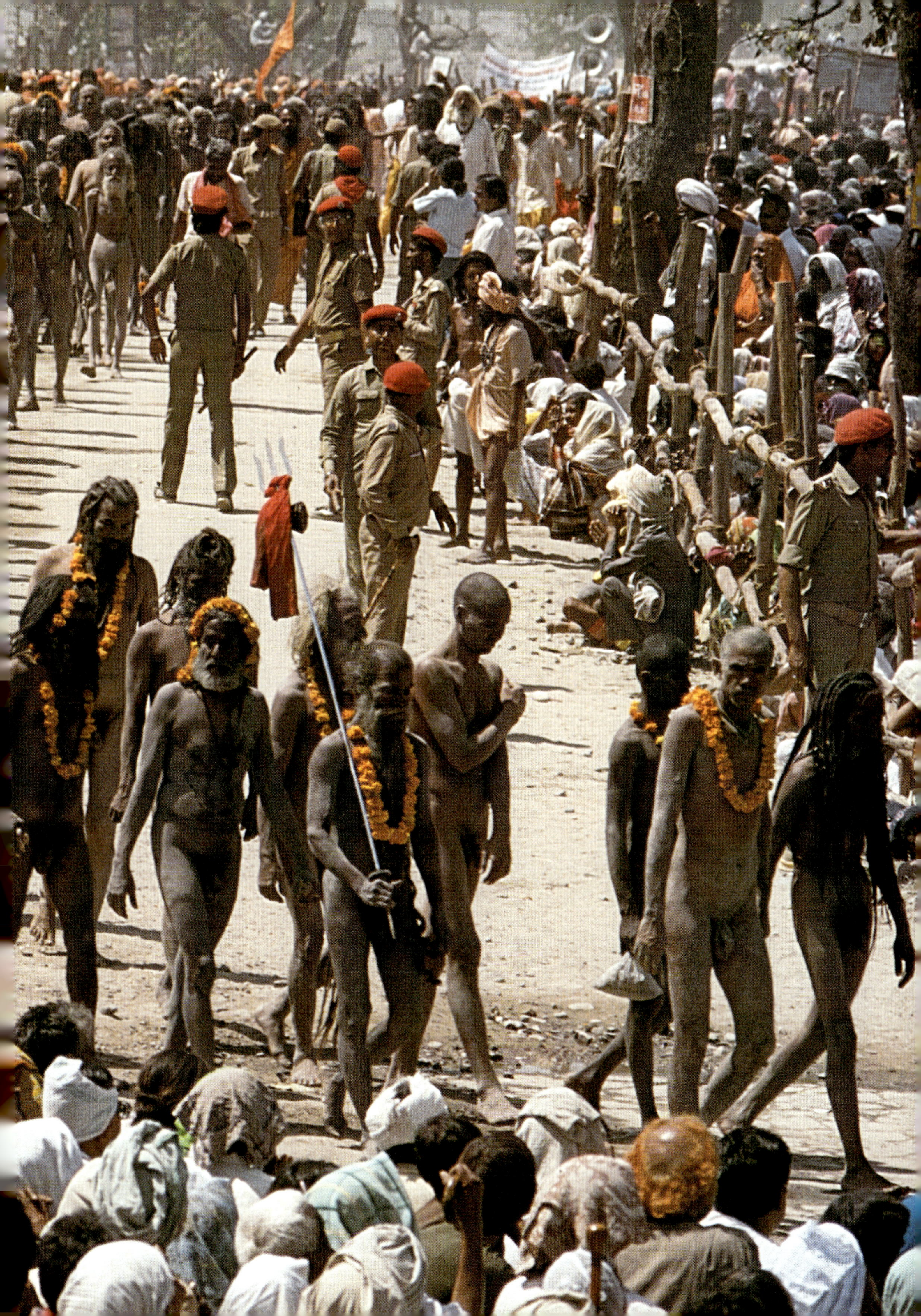

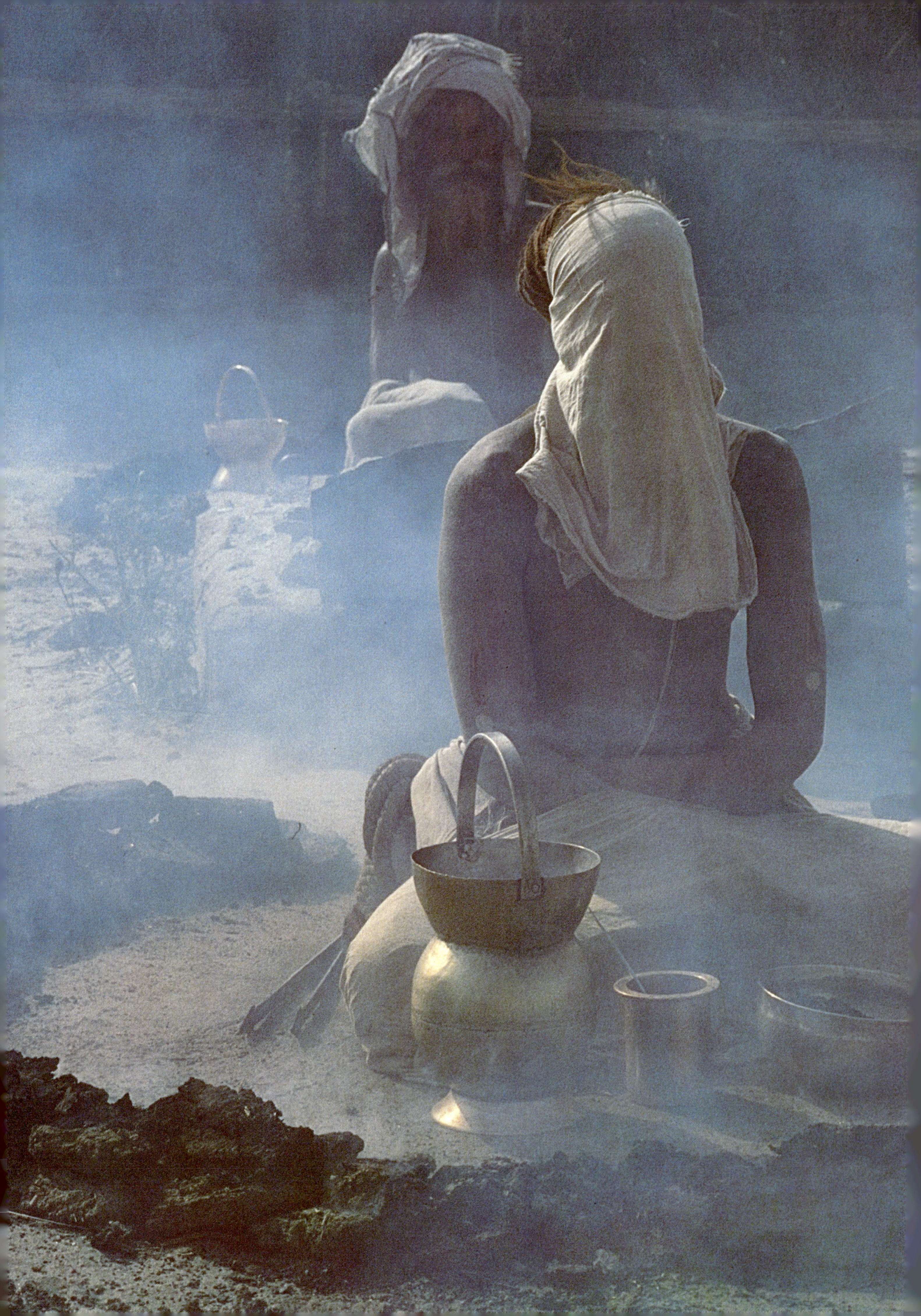

Nagas kasteien sich zu Ehren ihres Gottes und um ihre Glaubensinbrunst unter Beweis zu stellen; zur Mittagszeit sitzen die Angehörigen einzelner Bruderschaften während einer Stunde in einem Ring von qualmendem Kuhdung, so reinigen sie sich, meditieren und bringen sich ihrem Gott dar.

Gottgeweiht leben heißt seine Begierden abtöten: als Zeichen seiner sexuellen Enthaltsamkeit und des Verzichts auf die Zeugung eines Sohnes hat dieser Sadhu seinen Penis gefühllos gemacht.

Nächste Doppelseite, links: Die vertikalen Linien auf der Stirne dieses Sadhus weisen ihn als Vishnu-Verehrer aus; rechts: Die aufgebundenen Haare, die Halsketten mit Malas (Samen von Bäumen des Himalayas) und die waagrechten Stirnlinien zeichnen den Mann als Shiva zugehörig.

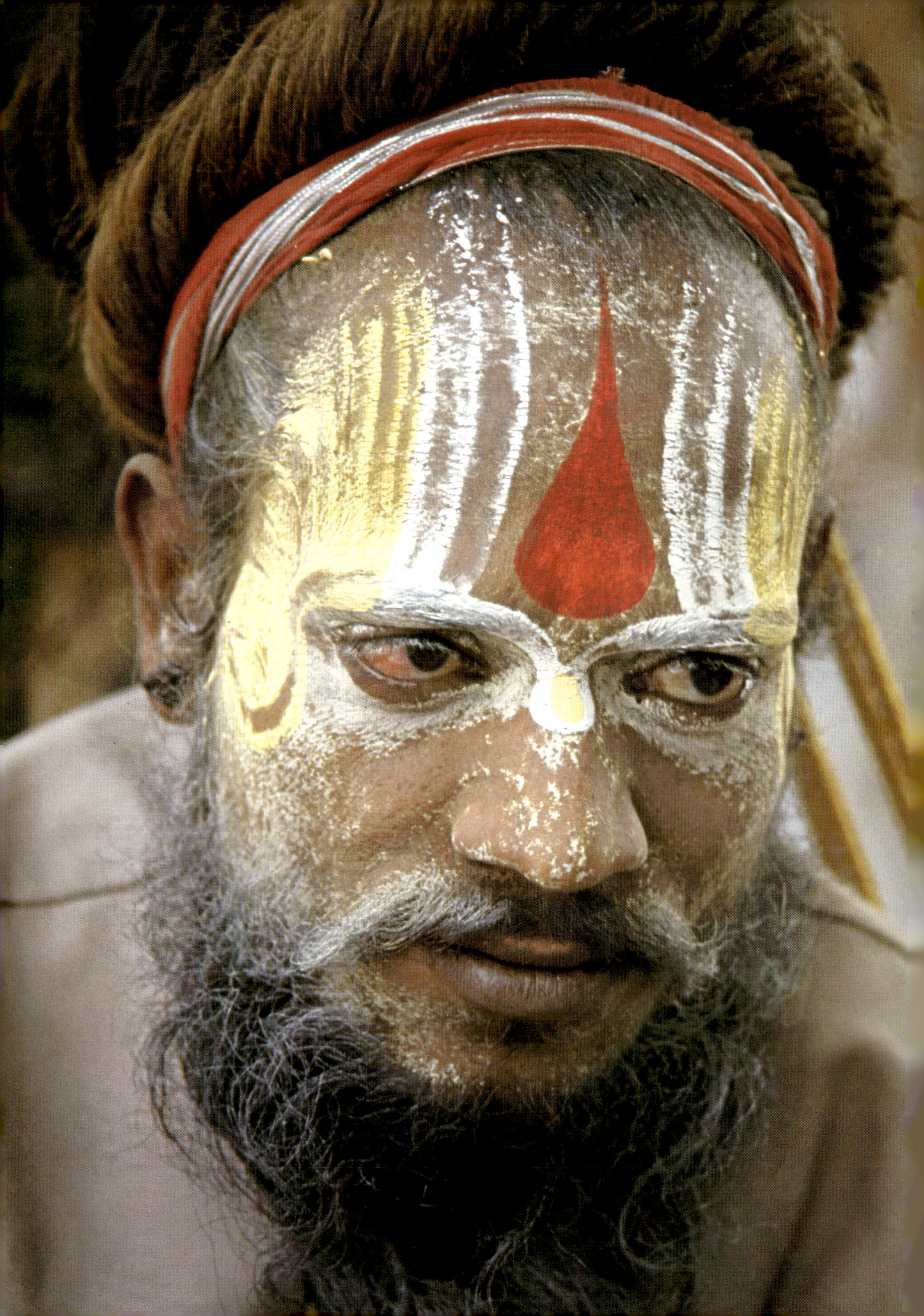

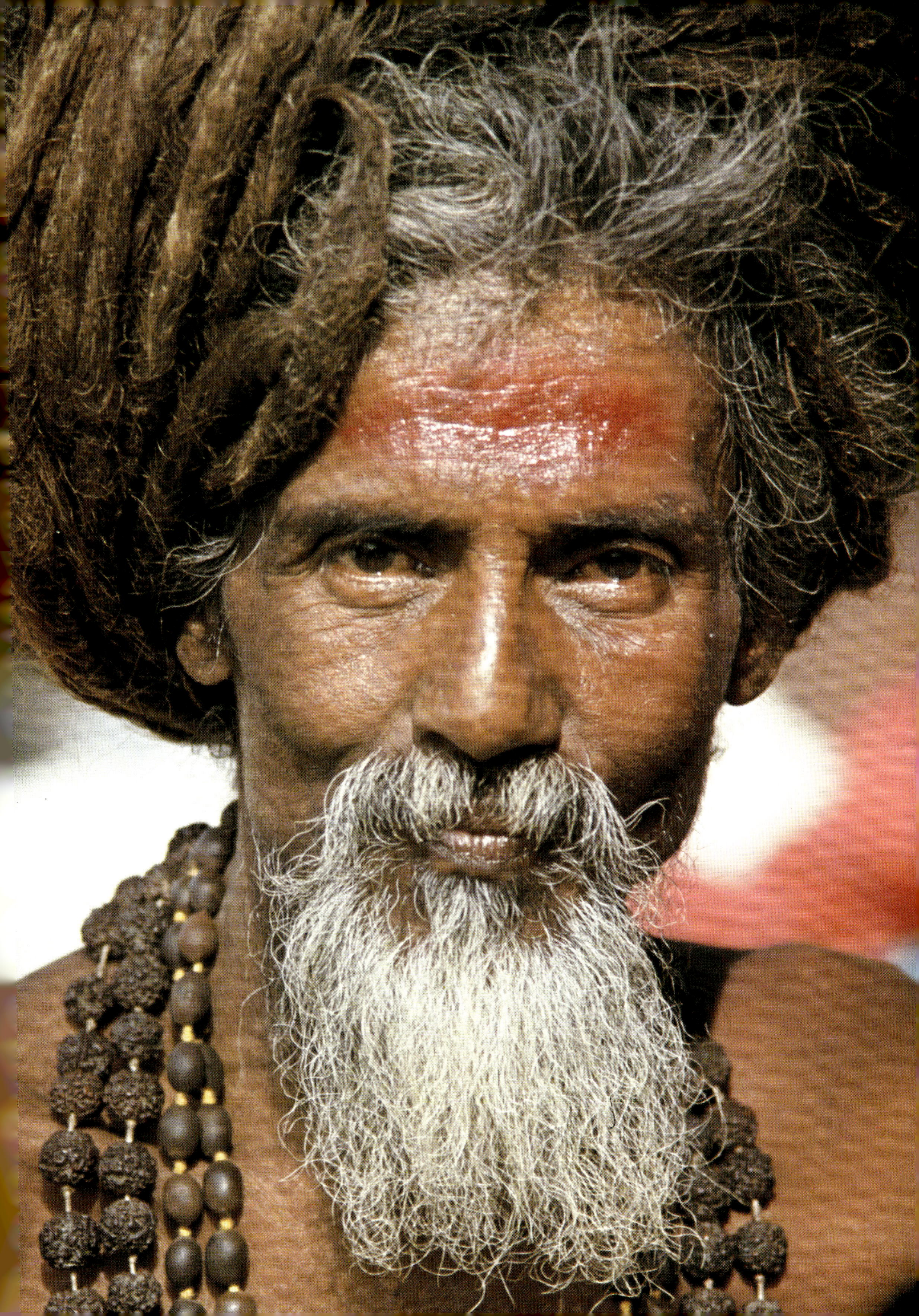

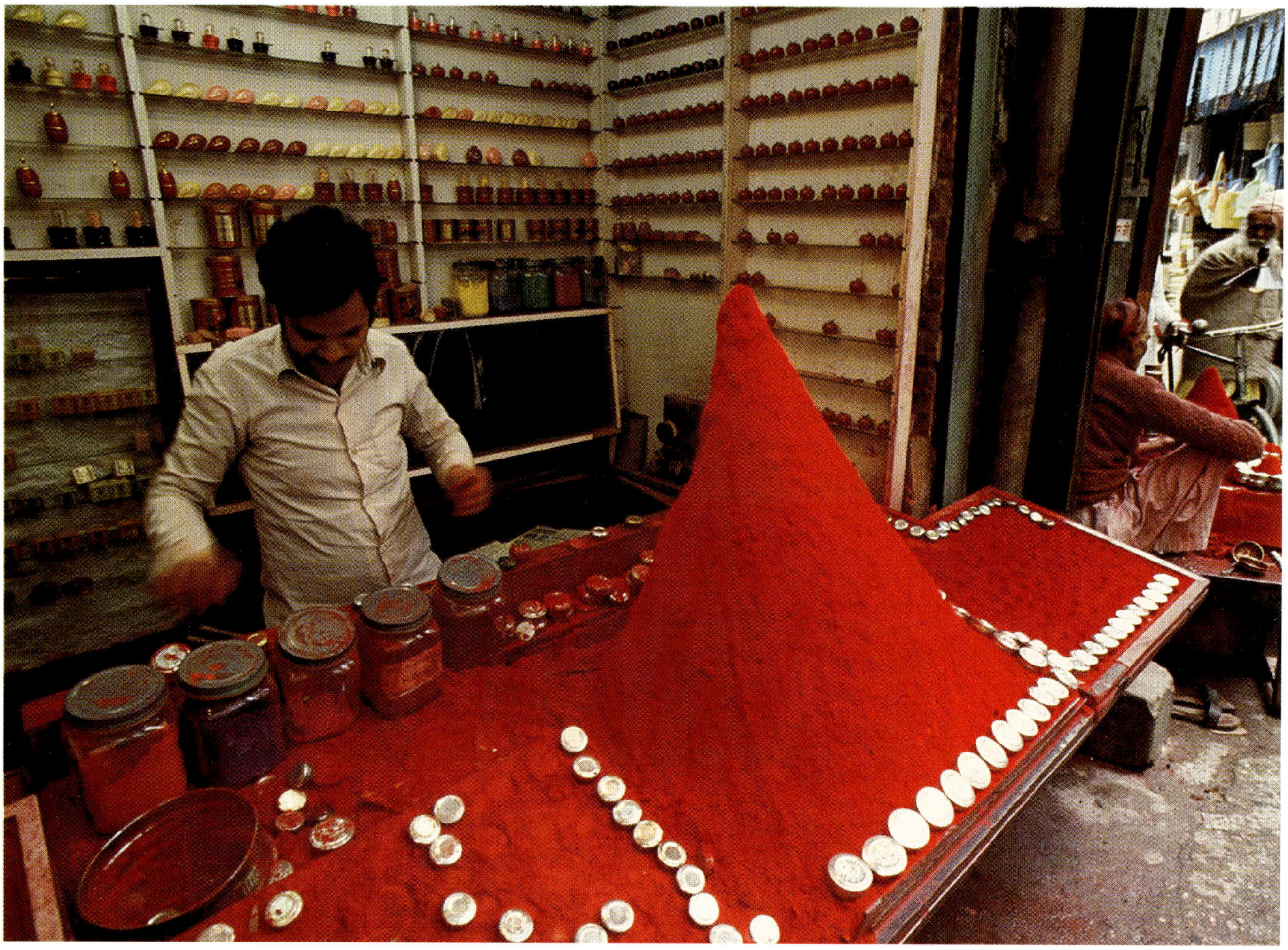

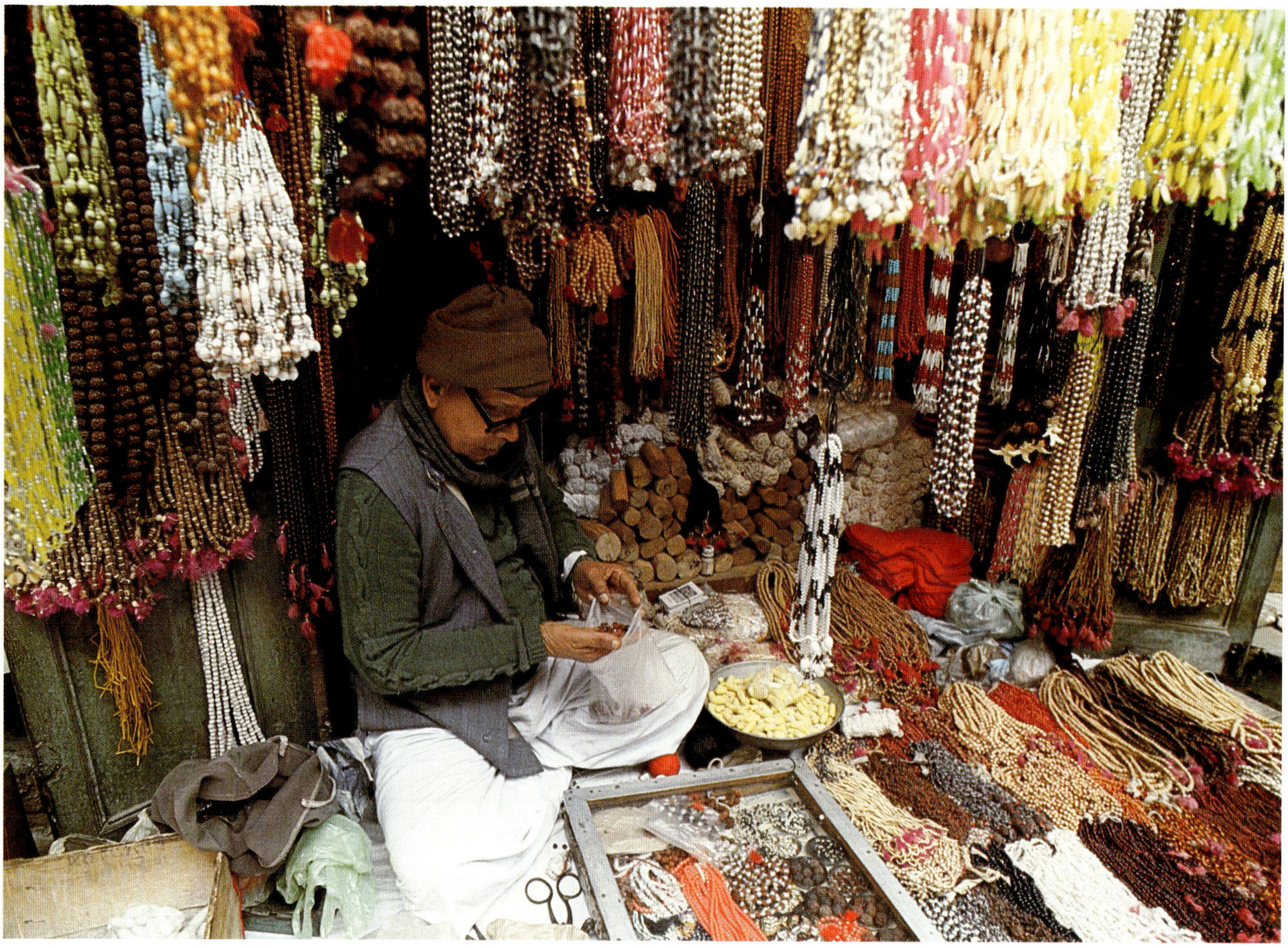

Verkaufsstände in der Altstadt von Hardwar: Halsketten, Armbänder und roter Puder für rituelle Zwecke. Zahlreiche Inder beschließen ihr weltliches Leben als meditierender Sadhu; es wundert daher nicht, daß viele Sadhus akademisch gebildet sind und fließend Englisch sprechen.

Nächste Doppelseite: Tagelange Anreisen, stundenlanges Warten – beides gehört zum Alltag der indischen Feste.

Letztes Bild: Die Nagas bleiben während der ganzen Dauer der Kumbh-Melas – bis zu zwei Monaten – am Ort; am heiligen Feuer – Zentrum ihres Lebens und ihrer Geselligkeit – empfangen sie die Spenden der Gläubigen.

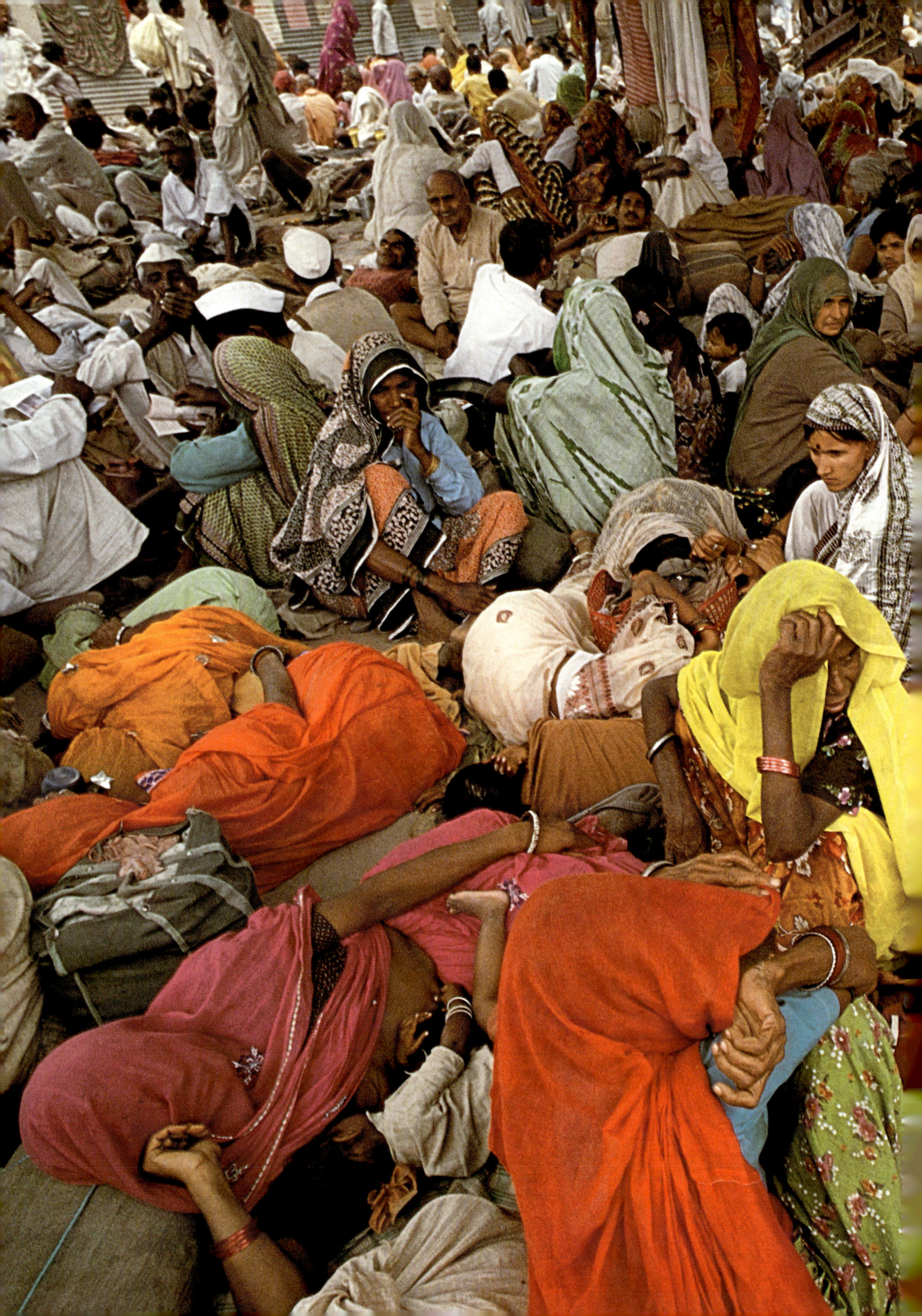

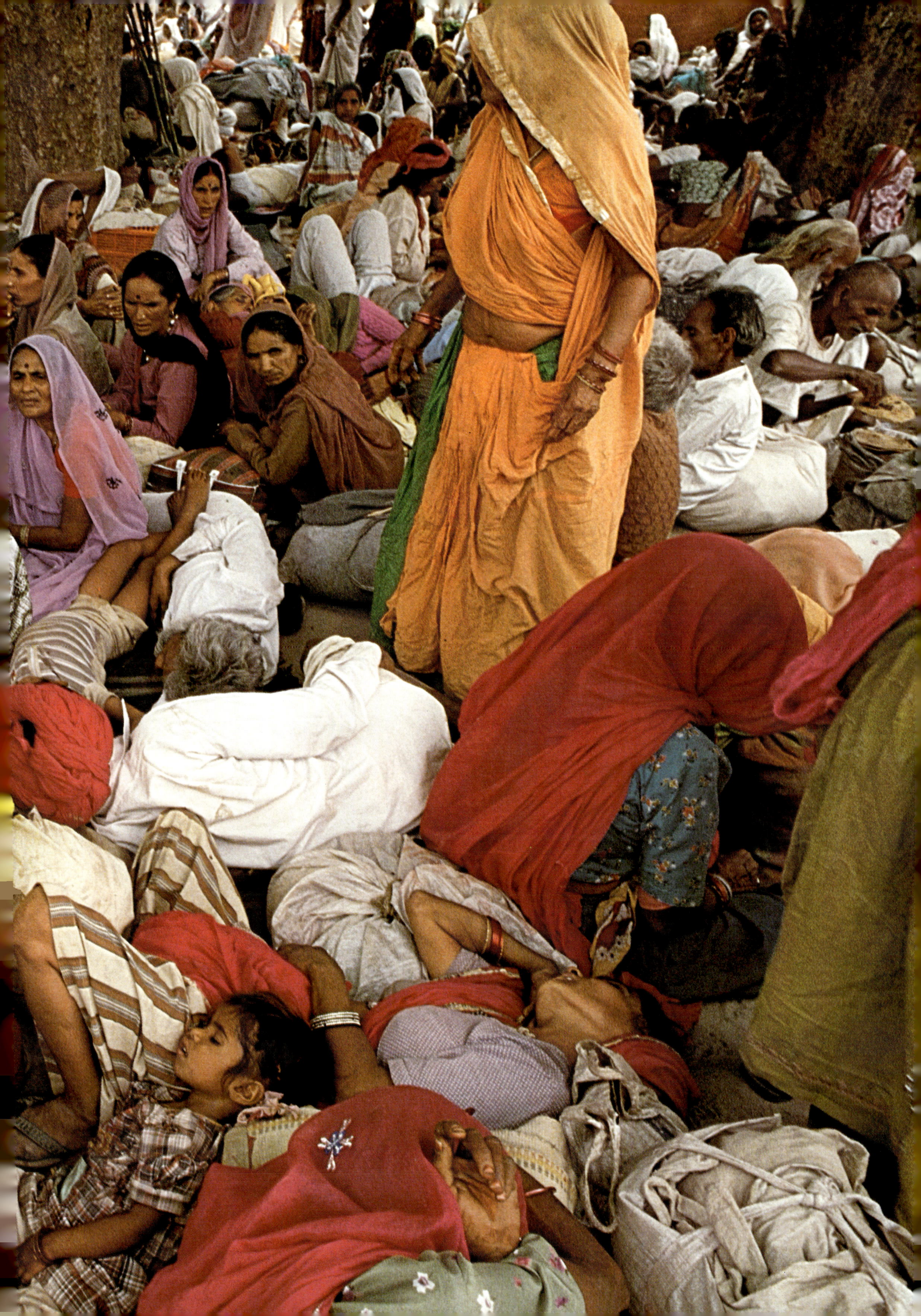

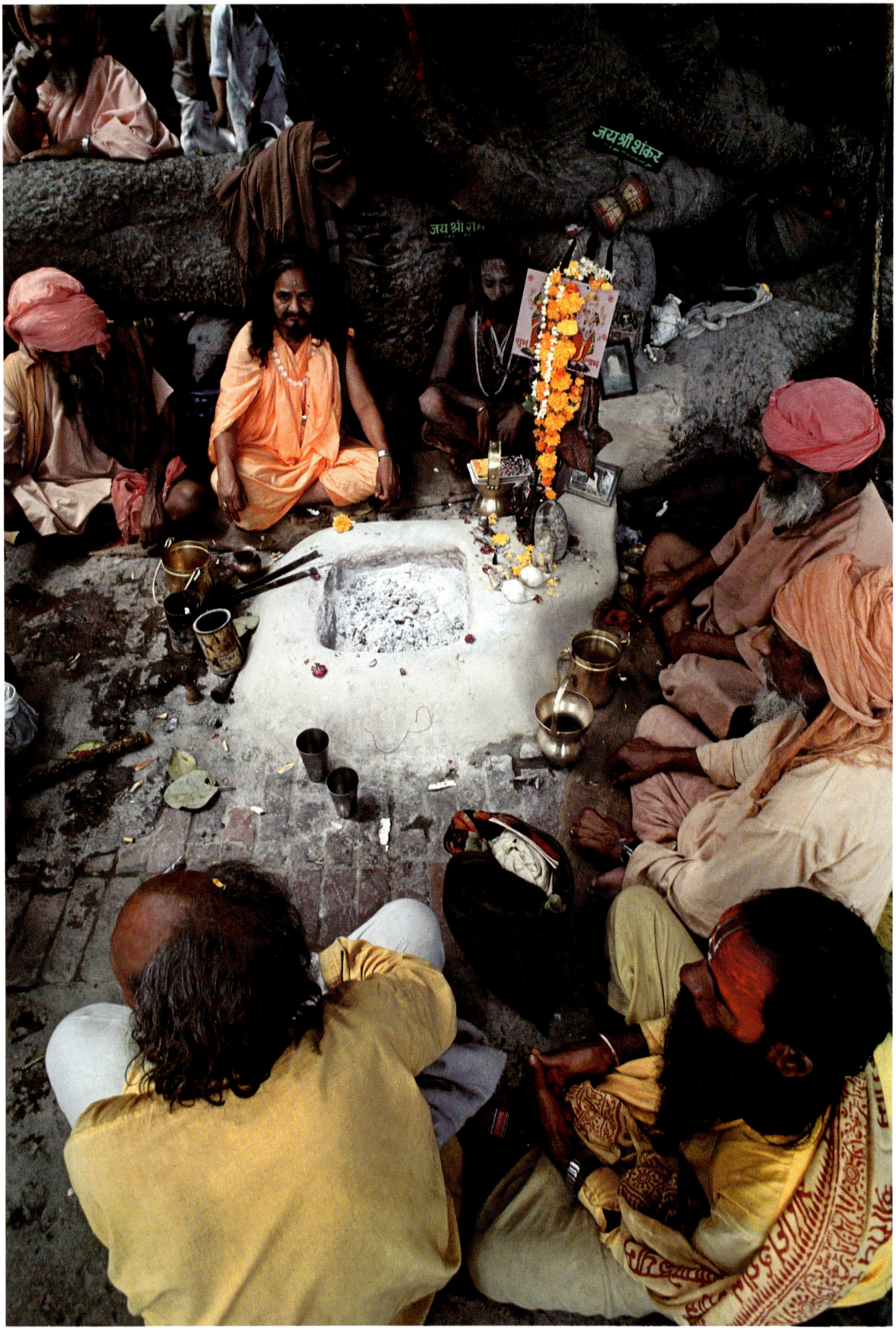
जयश्री शंकर

DIE GANGA IN DER GESCHICHT- SCHREIBUNG

Nicht nur die Legende, die von Mund zu Mund weitergetragen wurde, beweist die Faszination der Menschen durch den Ganges, die Geschichtschreibung hat sich seiner bemächtigt. Sie begann mit dem Griechen Megasthenes um 302 v. Chr. und endet in unserer Zeit mit dem neuseeländischen Mount-Everest-Bezwinger Sir Edmund Hillary, der 1977 eine Expedition mit Schnellbooten den Ganges hinauf unternahm.

Seit mehr als 2000 Jahren haben Reisende aus allen Ländern der Welt Berichte über den Ganges verfaßt. Sie entwarfen ein umfassendes Bild der Flußlandschaft, ihrer Flora und Fauna. Sie beschrieben die Siedlungen, ihre Bewohner, die sozialen Strukturen und die gesellschaftlichen Sitten, Religionen und Philosophien, Tempel, Schreine, Moscheen und Paläste, Pilgerorte, Jahrmärkte und Feste.

Aus den Schilderungen erkennt der Leser, wie der Ganges die materielle Zivilisation, das religiöse und kulturelle Leben des Landes prägte. Der Grieche Megasthenes, der 302 v. Chr. als Botschafter von Seleukos I. – Herrscher von Westasien nach Alexanders Tod – an den Hof des Kaisers Chandragupta Maurya nach Pataliputra entsandt wurde, gilt als der Klassiker der Ganges-Literatur, wenn sein Werk auch nur in Fragmenten erhalten blieb. Aber diese Fragmente waren von einem solchen Gewicht, daß sie zur Grundlage für die Berichte der Schriftsteller späterer Jahrhunderte geworden sind. Der römische Geograph Strabo (63 v. Chr. −23 n. Chr.) und der griechische Historiker Arrian (96–180 n. Chr.) haben Megasthenes eifrig studiert und zitiert.

Früh wurde die Vergöttlichung der Ganga erkannt, dieses wichtige Phänomen, das in den religiösen Vorstellungen der Inder, in ihrer Philosophie, in Literatur und bildender Kunst eine so große Rolle spielen sollte.

Nach Megasthenes, so schreibt Jagmohan Mahajan in seinem Buch: *The Ganga Trail,* beten die Inder den Regengott Indra, den Ganges-Fluß und lokale Götter an.

Alle Klassiker der Ganges-Literatur beschreiben den heiligen Strom als den größten, längsten und breitesten aller Flüsse der Welt. Wenn diese geographische Notierung auch nicht stimmt, so läßt sie doch interessante Schlüsse zu. Vielleicht ist sie Ausdruck für ein anderes Phänomen, für die religiöse und materielle Herausforderung, die der Ganges für Anwohner und Besucher seit der Antike darstellt. Ehe James Herbert, ein junger englischer Soldat, im Sommer 1870 die Quelle des Ganges entdeckte, gab es nur Mutmaßungen. Bis in die jüngste Zeit glaubten viele Forscher, Reisende und Pilger, der heilige Strom entspringe in Gangotri, wo er sich in einem rasenden Wasserfall entlade.

Ohne die Quelle gefunden zu haben, zeichnete der berühmte griechische Astronom und Geograph Ptolemäus (2. Jh. n. Chr.) eine Landkarte, die den Himalaya als Quelle des Ganges markiert, der in südöstlicher Richtung zum Meer fließt. Wie Mahajan schreibt, war Ptolemäus der erste, der Begriffe wie «India intra Gangem» und «India extra Gangem» für die Gebiete westlich und östlich vom Ganges verwendete. Diese Gebietsbezeichnungen hielten sich bis in die Mitte des 18. Jahrhunderts.

Der Ganges war nicht nur ein Thema für Historiker und Geographen; viele Dichter machten den heiligen Strom zu ihrem Thema. Vergil (70 v. Chr.–19 v. Chr.) weist in seiner *Aeneis* auf den Ganges hin, um eine andersartige Landschaft zu charakterisieren: «Wie der Ganges, der mit seinen sieben ruhigen Strömen stolz durch das Schweigen emporsteigt.» Auch der Römer Ovid (43 v. Chr.–17 n. Chr.) erwähnt den Fluß im Zusammenhang mit Alexander, «dessen Eroberungen im Orient, wo das lohfarbende Indien durch den Ganges bestimmt wird, berühmt sind». Der Grieche Dionysios Periegetes (3. Jh. n. Chr.) schrieb in einem Gedicht, das sich, lateinisch übersetzt, in vielen Schulbüchern findet: «Immer wieder hörte ich vom sanft dahinfließenden Ganges als einem wunderbaren Strom, der heilig ist und angebetet wird.»

Die Bewunderer des Ganges aus der Antike regten die Phantasie europäischer Künstler des Mittelalters an. Im frühen 14. Jahrhundert spricht Dante in seiner *Göttlichen Komödie* vom Ganges als einem «orientalischen Saphir». Er besingt die Nacht, die über den Ganges emporsteigt.

Die bildenden Künstler blieben nicht unberührt von dem großen Thema. 1651 schuf der italienische Bildhauer Gian Lorenzo Bernini (1598–1680) den Brunnen der Vier Flüsse. Er steht auf der Piazza Navona in Rom und stellt die Donau, den Nil, den Ganges und den Rio de la Plata in menschlicher, männlicher Gestalt dar. In Indien findet die Ganga in einer schönen Frau ihren symbolischen Ausdruck.

Die poetischen Schilderungen wichen einer nüchternen Betrachtung, etwa derjenigen des buddhistischen chinesischen Pilgers Hsüan Tsang (Xuan Zang), der 630 nach Indien kam. Ihm verdanken wir die ersten sachlichen Beschreibungen des Lebens an den Ufern des Ganges. Hsüan Tsang war der berühmteste unter den chinesischen Pilgern, die zwischen dem 5. und 7. Jahrhundert in das Gangesreich kamen, um den Buddhismus, seine Schriften und seine Kunstwerke zu studieren und – wenn möglich – nach China mitzunehmen. Hsüan Tsang war 26 Jahre alt, als er über Zentralasien den Subkontinent erreichte, zwei Jahre in Kashmir lebte, um sich dann 633 an den Ganges zu begeben. Wie Megasthenes und andere vor ihm, erkannte Hsüan Tsang sofort, mit welcher Hingabe die Hindus den Fluß anbeteten: «Sein Wasser ist blau wie der Ozean und seine Wellen rollen so weit aus, wie das Meer. Es gibt viele Schuppentiere, aber sie sind nicht gefährlich. Das Wasser schmeckt süß und angenehm. Feinster Sand säumt die Ufer. Im Volksmund wird der Strom ‹Foshwui›, Fluß von religiöser Bedeutung, genannt, der zahllose Sünden wegwischt. Diejenigen, die lebensmüde sind und ihre Tage in ihm beenden, werden in den Himmel, ins glückliche Nirwana getragen. Wenn ein Mensch gestorben ist, und seine Gebeine in den Fluß geworfen werden, so ist das kein Fall ins Unglück. Während starke Wellen die sterblichen Überreste davontragen und der Tote von den Menschen vergessen wird, gelangt seine Seele in die andere Welt, die ihn bewahrt.»

Hsüan Tsang machte keinen Hehl aus seiner Meinung, daß es sich bei den Riten, die er am Ganges beobachtete, um einen zu bekämpfenden Aberglauben handelte, der selbstverständlich nicht vereinbar war mit den Lehren des Buddha, die er studierte.

Nachdem Hsüan Tsang Bengalen und Südindien durchreist hatte, nahm er die Einladung des Kaisers Harsha von Kanauj an. Er wohnte am Hofe in Kanauj (80 km oberhalb Kanpur am Ganges), der Hauptstadt des gleichnamigen Reiches, das nach einem Interregnum zum Nachfolger des Gupta-Imperiums geworden war und zwischen 606 und 1000 die Geschicke am Ganges bestimmte. Kaiser Harsha galt als Intellektueller und war ein guter Gesprächspartner des chinesischen Buddhisten. An einer vom Kaiser organisierten öffentlichen Diskussion zwischen den Anhängern des Buddhismus und den Vertretern verschiedener Hindu-Sekten nahm Hsüan Tsang teil. 1113 Jahre waren vergangen, seit der große Reformator, Denker und Religionsstifter Siddharta Gautama Buddha das Nirwana erreichte. Der Buddhismus war in seinem Ursprungsland vom Erlöschen bedroht. Seit die Guptas um 350 das Gangesreich übernommen hatten, erlebte der Hinduismus eine Renaissance. Ihre Auswirkung konnte Hsüan Tsang auf seiner Reise den Ganges entlang immer wieder beobachten. Besonders bei den sakralen Festen in den heiligen Städten wie Hardwar und Prayag (Allahabad), die alle 6 beziehungsweise 12 Jahre die berühmte Kumbh Mela feiern. Hsüan Tsang erzählt von der alten Sitte des Almosengebens, wie es von vielen Königen während der Kumbh Mela praktiziert wurde. Zu Harshas Zeiten fand das Fest von Allahabad alle fünf Jahre statt. Auf dem Festgelände wurde die «Arena der barmherzigen Opfergaben» eingerichtet. Die Pilger glaubten, was die Brahmanen ihnen sagten, daß ein Pfennig, in Prayag am Ganges gegeben, verdienstvoller sei, als woanders tausend Pfunde zu spenden. Im wesentlichen bestand die «Arena der barmherzigen Opfergaben» aus den Lagerhäusern des Königs. In ihnen waren die Gaben aus der königlichen Schatzkammer gespeichert, die 75 Tage lang vom Herrscher und seinen Edelleuten geopfert wurden. Wer immer hierher kam, erhielt eine Einladung zum Gabenfest. Er konnte mitnehmen, was er wollte, Gold, Silber und Perlen, seidene Saris und baumwollene Gewänder. Der König wohnte mit seinem Troß in Strohhütten innerhalb eines abgeschlossenen Gebietes. Für rund eine halbe Million Menschen gab es Unterkunft und Nahrung. Die Feier der Almosen endete damit, daß der König selbst seine Kleider, Halsketten, Ohrringe, Armbänder und den juwelengeschmückten Kopfschmuck den Pilgern schenkte.

Nach Hsüan Tsangs Reiseberichten dauerte es fast vierhundert Jahre, bis im 11. Jahrhundert wieder ein berühmter Ausländer indischen Boden betritt: Abu Rihan Al-Biruni. Er war einer der vielen Gelehrten und Schriftsteller, die mit den muslimischen Eroberern über die schwierigen Pässe des Hindukuschs kamen. In seinem Buch *Tarikh-ul-Hind* berichtet er mit großer Sachkenntnis über den Stand der indischen Literatur und Wissenschaft zu Beginn des 11. Jahrhunderts. Heilige Schriften wie die *Puranas* muß Al-Biruni sorgfältig studiert haben. Die Legende von der Herabkunft der Ganga hat er fast wörtlich übernommen. Wie alle Schriftsteller vor ihm und nach ihm, wird er vom Leben am Ganges angezogen und verwirrt. Über die Bußübungen in Prayag schreibt er: «Die Hindus quälen sich selbst mit den verschiedensten Arten der Folter, wie sie in den Büchern über religiöse Sekten beschrieben sind.» Al-Biruni hat also auch hierzu die einschlägige Literatur studiert, ehe er sich äußerte.

«Ein anderer berühmter Reisender», schreibt Mahajan in *Ganga Trail,* «Ibn Batuta – ‹Der Reisende des Islam› –, berichtet auch von diesen Praktiken. Ibn Batuta beobachtet die Pilger bei ihren Totenriten und erzählt, wie sie die Asche ihrer Verstorbenen in den Strom streuen, den die Hindus den Fluß des Paradieses nennen.» Als erster Fremder stellt Ibn Batuta fest, daß Ganges-Wasser bei den Muslims wegen seiner Süße, Heilkraft und Haltbarkeit sehr beliebt ist.

Der Ganges blieb das große Thema vieler Schriftsteller, die im 16. und 17. Jahrhundert zur Blütezeit des Mogulreiches nach Indien reisten. Mahajan erwähnt Namen, wie Thomas Roe, William Finch, Thomas Coryat, Edward Terry, Jean-Baptiste Tavernier, François Bernier, Niccolao Manucci, Ralph Fitch und Nicholas Withington; fast alle schreiben über die Bedeutung, die das Gangeswasser für die Muslims besaß. Selbstverständlich beteten die Anhänger Allahs es nicht an, aber sie – wie Akbar der Große – hielten das Gangeswasser hoch in Ehren. Im *Ain-i-Akbari* (Akbars Vorschriften), dem Buch, das Abdul Fazal, Freund und Biograph des Kaisers, schrieb, heißt es über den Ganges: «Seine Majestät nennt diese Quelle des Lebens das Wasser der Unsterblichkeit. Zu Hause und auf Reisen trinkt er nur Gangeswasser. Einige vertrauenswürdige Diener werden an den Ufern postiert, um das Wasser von dort in versiegelten Gefäßen fortzutragen. Solange der Hof in Agra und Fatehpur Sikri residierte, wurde das Wasser aus dem nächstgelegenen Ort aus dem Distrikt von Sarun geholt. Nachdem Fatehpur Sikri nicht mehr die Hauptstadt des Mogulreiches war, und Akbar zumeist im Punjab residierte, schickten seine Höflinge ihre Diener, um das Wasser aus der heiligen Stadt Hardwar zu holen.» Nach Akbar haben es alle Mogulkaiser so gehalten. Das Gangeswasser war für sie unerläßlich geworden. Der flämische Geograph Joannes de Laet schreibt in seinem 1631 erschienenen Buch *De Imperio Magni Mogolis:* «Die Wasser des Ganges werden als angenehm und gesund angesehen, daher läßt der Kaiser diese in Flaschen an den Hof bringen.» Ähnliches schreiben der französische Arzt François Bernier, der Indien während der Regierung des Kaisers Aurangzeb zwischen 1656 und 1668 bereiste, der Franzose Jean de Tevenot und der Holländer Philip Baldäus. Selbst nach dem Zusammenbruch des Mogulreiches sollen muslimische Fürsten das Gangeswasser weiterhin bevorzugt haben. Ohne Zweifel müssen seine medizinischen Qualitäten erforscht gewesen sein, als Walter Hamilton 1820 sein Werk: *Eine geographische, statistische und historische Beschreibung von Hindustan* veröffentlichte. «Viele Muslims», so betont er, «trinken das hochgeschätzte Gangeswasser wegen seiner medizinischen Wirkung.» Alle Beobachter von damals wissen, welche Rolle dieses Wasser im Leben der gesamten Bevölkerung spielte. «Aber vor allen Dingen», schreibt Jean-Baptiste Tavernier, «wünschen die Brahmanen leidenschaftlich, vom Wasser des Ganges zu trinken, weil sie glauben, es würde, kaum genossen, von allen Sünden heilen. Jeden Tag gehen unendliche Mengen von diesen Brahmanen dorthin, wo der Fluß am klarsten ist. Sie schöpfen das Wasser und füllen es in irdene Gefäße, die zum Oberpriester getragen werden, der befiehlt, ihre Öffnung mit drei- bis vierfach gefalteten feuerfarbenen Tüchern zu bedecken, die von ihm versiegelt werden. Einmal nach Hause getragen, spielt das heilige Wasser eine wichtige Rolle bei Hindu-Zeremonien wie zum Beispiel bei den Hochzeitsriten.» Tavernier beschreibt sie: «Für jeden Gast werden am Ende des Mahls drei bis vier Gläser ausgeschenkt. Je mehr der Bräutigam den Gästen vom Gangeswasser zu trinken gibt, desto mehr wird er als großzügig angesehen und geachtet.»

Mit dem einsetzenden Verfall des Mogulreiches Ende des 17. Jahrhunderts sank die Zahl der ausländischen Besucher. Erst gegen Ende des 18. Jahrhunderts, als sich die britische Herrschaft zu konsolidieren begann, strömten die Reisenden wieder nach Indien. Den Schriftstellern folgten die Maler wie William Hodges (1780), Thomas Daniell und sein

Neffe William Daniell (1786). Sie alle haben Indien und vor allen Dingen den Ganges mit seinen fruchtbaren Reis-, Getreide- und Baumwollfeldern, die Dörfer und die heiligen Städte wie Rishikesh, Hardwar, Allahabad, Benares, Patna und Sagar in reizvollen Zeichnungen, Aquarellen und Gemälden dargestellt. Die Daniells blieben sieben Jahre, zeichneten und malten. Zwischen 1795 und 1808 veröffentlichten sie ihr Werk *Oriental Scenery*. Es enthält in sechs Teilen 144 Bilder von hohem künstlerischen Wert. 1824 erhielten sie mit dem Buch von Oberst Forrest *A picturesque Tour along the Rivers Ganges and Jumna* einen ebenbürtigen Konkurrenten. Leutnant White, Captain Skinner, Honoria Lawrence, Emma Roberts beobachten unter anderem die Bootsfahrt auf dem Ganges, die Tempel, Schreine, Moscheen und Paläste an den Ufern, die Ghats, die heiligen Treppen, die zum Ganges führen. Reginald Heber, Bischof von Kalkutta, war besonders fasziniert von den Rajmahal-Bergen in der Nähe des heutigen Farakka-Damms: «Sie steigen aus der flachen Ebene von Bengalen wie aus dem Meer. Ein breiter Wasserfall, der in mehreren Kaskaden in die Tiefe stürzt, ist von oben her zu sehen.»

Bischof Heber hat in seinem Buch *Narrative of a Journey through the Upper Provinces of India from Calcutta to Bombay* (1824–25) eine der lebendigsten Beschreibungen einer Reise durch Indien hinterlassen. Sie führte ihn im frühen 19. Jahrhundert flußaufwärts von Kalkutta über Rajmahal, Colgunj, Janghira, Patna, Buxar, Ghazipur bis nach Varanasi (Benares): «Der Fluß fließt majestätisch dahin und das ihn begrenzende Land ist von großer Fruchtbarkeit und von einer ruhigen Schönheit, so wie ich sie niemals zuvor sah. Obwohl es hier weder Berge, noch Wasserfälle, noch Felsen gibt, nichts von alledem, was wir in England als landschaftlich schön empfinden, besitzt er eine unvergleichliche Schönheit. Der breite Fluß mit seiner schnellen Strömung, durch die schmale pittoreske Kanus gleiten, bietet in rascher Folge Bilder einer heiteren Landschaft, wie ich sie hier nicht erwartet hatte. Der Ganges windet sich durch Felder von wehendem Korn, durch natürliche Wiesen, auf denen Rinderherden weiden, durch Baumwoll- und Zuckerplantagen. In jener kleinen Bucht sind Ankermasten zu sehen, im Hintergrund stehen, wenn auch nicht so dicht, wie an den Ufern des Hooghly, prächtige Feigenbäume, Bananen- und Bambusstauden und Kokospalmen. Von Zeit zu Zeit erhebt sich neben den uralten Dörfern ein schönes europäisches Haus, das von dichten Hecken umgeben ist. Oft sahen wir nichts als eine riesige Wasserfläche, das gegenüberliegende Ufer war kaum erkennbar. Die Ganga bot sich in ihrer stolzen Herrlichkeit. Sie streckte ihren Hauptarm weit nach Nordwesten aus. Sie gleicht einem Meer mit vielen Segeln. Als wir einen hohlen und abschüssigen Teil des Ufers passierten, durch den der Wind die Wellen trieb, klang es in meinen Ohren genauso, als ob die Flut über den Strand von Bengalen rollte.» Interessiert betrachtet Heber das Land: «...sehr bevölkert und hervorragend kultiviert.» Er sieht Bauern, die Indigo schneiden, «welches sie zu großen Bündeln packten und auf Boote luden». Heber fährt an einer Indigo-Fabrik vorbei, die neben einem sehr hübschen Haus steht. Er lobt, was er an Maschinen entdeckt. Die nackten Arbeiter, deren Körper und Glieder mit der blauen Farbe bedeckt sind, empfand er als äußerst seltsam. Benares ist für Heber eine sehr bemerkenswerte Stadt, östlicher als alles andere, was er je in Bengalen gesehen habe. «Die Straßen liegen beträchtlich tiefer als die Erdgeschosse der Häuser, die mit Arkaden versehen sind, hinter denen sich kleine Läden befinden. Reich verzierte Veranden, Galerien, Erkerfenster mit überhängenden Dächern fallen jedem Besucher auf. Von erheblicher Schönheit sind die geschnitzten Stützbalken. Die Anzahl der Tempel ist kaum festzustellen. Es sind zumeist kleine, aneinandergeklebte Schreine in den Ecken der Straßen, oder im Schatten hochragender Häuser gelegen. Ihre Formen sind nicht unelegant. Viele Wände sind ganz und gar mit schönen, kunstvoll gearbeiteten Schnitzereien, mit Blumen, Tieren und Palmzweigen verziert. Sie gleichen in ihrer Ausarbeitung und in ihrem Reichtum den besten Beispielen der gotischen und griechischen Architektur.» Vom Gangesgebiet schreibt Heber: «Das ist in der Tat das reichste und eindruckvollste Land.»

Zum interessanten Thema wird die ständige Änderung des Gangeslaufs – das Flußbett wandert. Major R. H. Colebrooke, der eine Vermessung des Ganges vornahm, schildert in seinem 1803 in «Asiatic Researches» veröffentlichten Bericht dieses Phänomen: «Die Topographie, ich möchte fast sagen, die Geographie großer Gebiete des Landes hängt von der ständigen Schwankung, das heißt von der konstanten Änderung des Flusses ab. Nicht nur das Antlitz der Landschaft wird geändert, auch die Dörfer müssen oft von dem einen auf das andere Ufer verlegt werden. Manche werden vollkommen zerstört, und neue Siedlungen entstehen an anderen Orten.»

Ähnlich ergeht es den vielen kleinen Inseln im Ganges. Der Maler Hodges schreibt als Augenzeuge: «Ich kannte eine Insel von 6,4 km Länge, auf der einige Dörfer standen, die in einer Saison durch die Flut völlig weggefegt wurden. Gleichzeitig bildeten sich in einiger Entfernung andere Inseln aus dem Sand, der von der Flut emporgeschleudert wurde.»

Colebrooke erklärte, daß er die drei Felsen von Colganj, die heute am Ganges zu sehen sind, bei seinem ersten Besuch weit weg vom Ufer, umgeben von der ausgetrockneten Ebene, habe stehen sehen. So auch Forrest: «Die Felsen von Golganj verdanken ihre heutige Lage einer graduellen Veränderung der Natur. Früher standen sie im Landesinneren, heute befinden sie sich inmitten des mächtigen Ganges, und die Tiefe des Wassers in der Nähe des größten Felsens beträgt etwa 20 Meter.»

«Aber der größte Anblick von allen war Benares», schreibt Lady Canning 1858. «Ich fühlte, daß ich Indien gesehen hatte.» Wie sie, haben zahlreiche Reisende empfunden, die nach ihr Benares, die religiöse Hauptstadt der Hindus, besuchten: Emma Roberts, Mark Twain, Edward Lear, Richard Lannoy.

Die Beobachtungen des deutschen Denkers und Philosophen Hermann Graf Keyserling unterscheidet von den anderen, daß er seine Begeisterung für die Stadt metaphysisch zu erklären versucht. In seinem *Reisetagebuch eines Philosophen* nennt er Varanasi den «Brennpunkt aller religiösen Gedanken, die mit dem Ganges verbunden sind. Und diese Tatsache verleiht der Stadt ihre einzigartige heilige Macht... Wie die Pilger am Ganges möchte ich jeden Morgen vor ihm meditieren, aus leidenschaftlicher Dankbarkeit für das Unermeßliche, was er mir gegeben hat. Hier fühle ich mich – was ich vorher niemals erlebte – dem Herzen der Welt nahe. Hier fühle ich jeden Tag aufs neue, daß ich bald die Gnade der höchsten Offenbarung erfahren werde.»

Ähnliche Gefühle mögen Edmund Hillary bewegt haben, der nach dem Engländer Eric Newby *(Slowly Down the Ganges)* die über 2000 km lange Strecke zwischen Hardwar, dem heiligen Ort, wo der Strom aus dem Himalaya tritt, bis zu seiner Mündung in Gangasagar bezwang. Allerdings unternahm Hillary mit einem indisch-neuseeländischen Team die Expedition in umgekehrter Richtung, von der Bucht von Bengalen, von Gangasagar, nach Hardwar. Ja, er fuhr mit seinen speziell konstruierten Schnellbooten noch 275 km über Hardwar hinaus, bis tief in die Region des Himalayas, eine sportliche Leistung, die vor Hillary, das heißt in den letzten 2000 Jahren überlieferter Geschichte, kein Reisender zustande brachte. Hillary hat sein Abenteuer in einem Bericht *From the Ocean to the Sky* (Vom Meer bis zum Himmel) beschrieben. Der Titel läßt eine symbolische Deutung zu. Könnte er nicht heißen: «Von den Wassern des Ursprungs über das Leben bis in die Regionen der höchsten Glückseligkeit, bis ins Nirwana?»

Was der ehemalige Diplomat Jagmohan Mahajan ein Leben lang studierte, alte Reiseberichte, Aquarelle, Zeichnungen und Gemälde, hat er in seinem Buch *The Ganga Trail* veröffentlicht. Ein Werk ist entstanden, auf dessen Lektüre kein Gangesreisender verzichten sollte. Alle alten Dokumente, die Mahajan durchlas, beweisen, welch einzigartige Stellung der Ganges im Vergleich zu allen anderen großen Strömen der Welt hat. Die Gangesebene ist die wahre Mitte des Subkontinents, die Wiege großer Reiche und hoher Kulturen. An den Ufern des Ganges beginnt die politische Geschichte Indiens.

DAS FRÜHE INDIEN UND DER EINFALL DER ARIER

Älter als die Geschichte der Ganges-Ebene ist die Kultur, die an den Ufern eines anderen großen Flusses des Subkontinents entstand, am Indus. Sie trägt seinen Namen.

Der Name Indus hat sich aus dem Eingeborenenwort «Sindhu», Fluß, über das persische «Hindu» und das griechische «India» entwickelt. Die Perser bezeichneten Nordindien als «Hindustan», das Land der Ströme. Religion und Lebensart seiner Bewohner wurden später Hinduismus genannt.

Wie am Nil und am Euphrat verbargen sich die Überreste der *Indus-Kultur* unter dem Schlamm der Jahrhunderte. Der Engländer Sir John Marshall hat sie mit seinen indischen Assistenten zwischen 1921 und 1924 in *Mohenjodaro* am westlichen Ufer des unteren Indus und im 640 km weiter nördlich gelegenen *Harappa* ausgegraben. Was sie entdeckten war sensationell, an etwa 60 Stellen fanden sie Überreste von 4 bis 5 übereinanderliegenden Städten, von mehrstöckigen Häusern, von öffentlichen Bädern und Marktplätzen. Die Funde datierten aus dem 4. und 3. vorchristlichen Jahrtausend: Schön geformte Töpfe, Kupfergeräte, Gold- und Silberwaren und Kunstwerke von hohem Rang, wie die berühmte kleine Tänzerin und der Kopf des alten Mannes, viele kleine Terrakottafiguren, Fetische und Opfergaben, darunter auch Modelle von Wagen, die wohl zu den ältesten Zeugnissen von mit Rädern versehenen Fahrzeugen gehören. Wir dürfen heute annehmen, daß die Bewohner von Mohenjodaro und Harappa nicht nur ein Volk von Ackerbauern, sondern auch Kaufleute waren, für die geographische Entfernungen keine Schwierigkeiten bedeuteten. An den Fundstätten in Mesopotamien entdeckte man Gegenstände der Induskultur und im Industal mesopotamische Erzeugnisse.

Als Cheops um 2520 v. Chr. in Ägypten die große Pyramide baute, stand Mohenjodaro bereits auf dem Höhepunkt seines geistigen und wirtschaftlichen Lebens, aber ob es die älteste aller Kulturen ist, wie Marshall glaubt, steht noch nicht fest. Andere Wissenschaftler halten es für möglich, daß unter der Stadt Mohenjodaro sich die Reste einer älteren Zivilisation befinden. Nirgendwo aber gibt es Spuren, die etwas über die Bewohner von Mohenjodaro und Harappa aussagen. Verschwanden Sie? Wurden sie vom Erdboden verschlungen? Haben sie Nachfahren in unserer Zeit? Sind sie etwa den Ureinwohnern des geschichtlichen Indiens, den Drawiden, verwandt, die von den einfallenden Ariern nach Süden zurückgedrängt wurden?

Im Gegensatz zu den gleichaltrigen Stromkulturen am Nil, am Euphrat, am Huang Ho, war es der Induskultur nicht beschieden, zu überleben. Sie ist untergegangen. Ob durch Naturgewalten oder durch die einfallenden arischen Eroberer zerstört, ist ungeklärt.

Niemand weiß genau, woher die *Arier* kamen. Stammten sie vom Kaspischen Meer oder aus den weiten Steppen Asiens? In drei Wellen, die jeweils mehrere Jahrhunderte dauerten, drängten sie seit der Mitte des 2. Jahrtausend v. Chr. über Zentralasien in den Nordwesten des indischen Subkontinents. Die erste Welle (1500 bis 1000 v. Chr.) erfaßte eigentlich nur das Fünfstromland, den sogenannten Punjab. Mit der zweiten Invasion von 1000 bis etwa 500 v. Chr. erreichten die Arier die Ganges-Ebene. Erst mit der dritten Welle, die um 520 v. Chr. begann, stießen die Arier auch nach Süden vor, dem Zug aller Eroberer der Geschichte folgend. Jedenfalls blieben sie bei der zweiten Invasion nicht am Indus, sie zogen weiter nach Osten und gründeten ihre Reiche am Ganges. Als es gelang, die vielen kleinen arischen Staaten zu einen, entstanden die großen Gangesreiche, durch die der Subkontinent berühmt wurde.

Das Erbe, das diese Reiche der Welt hinterließen, beruht auf einer Synthese zwischen arischen und vorarischen religiösen Vorstellungen. Aus ihnen entstand in der zweiten Hälfte des 1. Jahrtausends v. Chr. an den Ufern des Ganges der Hinduismus. Wer die Entstehung und Entwicklung des Hinduismus historisch und geistig richtig einordnen will, muß das Erbe der Arier studieren. Die heiligen Schriften, die von ihrer Religion berichten, sind die *Veden.* Das Wort bedeutet heiliges Wissen. Wir finden es wieder in «videre», sehen, erkennen, und «wisdom», Weisheit.

Das «heilige Wissen» offenbarte sich in Götterliedern und Opfersprüchen, in philosophischen und religiösen Erkenntnissen, die von Mund zu Mund weitergegeben wurden. Die erste schriftliche Festlegung erfolgte wahrscheinlich um Christi Geburt. Nach den Veden heißt die Religion der Arier die vedische, womit oft auch die ganze erste Periode der indischen Geschichte bezeichnet wird. Auf sie folgte das zweite Stadium der indischen Religionsgeschichte, der Brahmanismus, genannt nach den Brahmanen, den mächtigen Priestern, die von sich behaupten, dank ihrer Zauberformeln und Geheimriten Einfluß auf die Götter und damit Macht über die Menschen zu haben.

Über die dritte Phase der Entwicklung der indischen Religion nach der arischen Eroberung, über den Hinduismus, gibt es verschiedene Theorien; die einleuchtendste scheint seine Definition als Neo-Brahmanismus.

Beim Einfall der Arier war das Gangestal noch überwiegend von dichten Wäldern bedeckt. Als Viehzüchter waren die nomadisierenden Kshatriyas (Krieger) aus dem indo-arischen Stammesadel, die seßhaft werden wollten, zu Rodungen gezwungen, um das anbaufähige Land zu erweitern. Es war übrigens nicht menschenleer. Auf einem verhältnismäßig kleinen Teil des Landes, der bereits dem Dschungel oder den Sümpfen abgerungen war, lebte die ackerbautreibende ansässige Bevölkerung wahrscheinlich in Dörfern. Die viehzüchtenden Arier dürften keine Siedlungsformen mitgebracht haben. Das nordindische Dorf geht auf die vorarische Zeit zurück. Schon damals wurde – wie heute – neben verschiedenen Getreidesorten auch Reis, Zuckerrohr und Baumwolle an den Ufern des Ganges angepflanzt. Die Stämme, die in Dorfgemeinschaften lebten, waren im Durchschnitt arm, aber es gab auch reiche Gruppen, wie die «panis», die sich wohl vom Viehhandel ernährten. Daß auch ein Handwerkerstand existierte, ist durch gut gearbeitete Werkzeuge belegt. Das Stammeswesen war vorzüglich organisiert. Viele Stämme hatten sich in vorarischer Zeit bereits unter einem Häuptling oder einem Fürsten geeint. Von vielen Stämmen wird behauptet, daß sie kein Oberhaupt hatten, sondern vom Thing, von der Gemeinschaft der Freien, regiert wurden. Auf Zeit gewählt, waren die Häuptlinge absetzbar.

Das galt vor allem für die von den Ariern überrannten Vorsiedler im nördlichen Bihar, für die Vrijjis, zu denen die berühmten Clans der Licchavis, Mallas und Sakyas gehörten. Sie hatten bereits vor den Ariern ein unabhängiges, kulturell hohes Niveau erreicht. Nie unterworfen, überlebten sie in einer gesellschaftlichen und kulturellen Synthese, die sie mit den Eroberern eingingen. Aus ihren Reihen sind nach der ersten Begegnung mit den Ariern wenige Jahrhunderte später zwei geniale Denker und Religionsstifter hervorgegangen: Buddha und Mahavira.

Eine Umschichtung in der indo-arischen Gesellschaft war unvermeidlich. Die Kaste der Kshatriyas, der arischen Krieger, mußte ihre führende Rolle an eine andere Kaste abtreten, an die der Brahmanen, der Priester. Die brahmanischen Priester erwiesen sich bald als geschickte Machtpolitiker. Ihr wirtschaftlicher Aufstieg ergab sich aus ihrer Tätigkeit: Sie vollzogen die vedischen Opferriten, versprachen Gnade der Götter durch ihre Vermittlung und nahmen dafür Geld. Der wachsenden Macht und Herrschsucht, ja dem Terror der Brahmanen trat die sanfte Lehre des Prinzen Siddharta Gautama Buddha aus dem Geschlecht der Sakyas entgegen, das sich mit den arischen Eroberern arrangiert hatte.

DIE LEHRE DES BUDDHA

Über 2500 Jahre sind vergangen, seit Prinz Siddharta – nach seiner Erleuchtung Buddha genannt – um 560 v. Chr. in Kapilavastu, im heutigen Nepal, geboren wurde. Es ist richtig, ihn als den großen Reformator des götterfreudigen Hinduismus zu bezeichnen, als jenen Religionsstifter, der die Macht der Brahmanen brach.

Siddharta Gautama Buddha lebte 80 Jahre. In dieser Zeit hat er durch sein Vorbild, seine Lehren und Predigten, sein religiöses und soziales Gedankengut, durch seine Philosophie, seine Moral und sein Ethos die Grundlage zu einer heute noch gültigen Weltreligion gelegt.

Die Lehre des Siddharta Gautama Buddha wurde in den 2500 Jahren ihrer Geschichte immer wieder verwandelt. Im Prinzip erfuhr sie im Laufe der Jahrhunderte eine beträchtliche Ausweitung. Was unverändert blieb, war die Hoffnung auf Nirwana, auf Erleuchtung und Erlösung, auf Überwindung des allem Leben immanenten Leidens. Fest hielten die Buddhisten auch an der Doktrin vom «Karma», nach dem der Mensch unter dem Gesetz von Ursache und Wirkung wiedergeboren wird.

Was sich Siddharta Gautama Buddha in Bodh Gaya in mystischer, innerer Schau plötzlich eröffnete, war die Vergänglichkeit und Verflochtenheit aller Erscheinungen. Mensch und Welt sind Kombinationen von Empfindungen, von Körperhaftem, von Vorstellungen und Wahrnehmungen, von Triebkräften und Bewußtseinsakten. Aber auch diese Verbindungen sind nicht unvergängliche letzte Faktoren, auch sie haben nur eine vorübergehende Dauer, sie entstehen und vergehen. Die All-Einheit, aus der alles entsteht und in die alles zurückfließt, wie es die *Upanishaden,* die ältesten indischen Weisheitsbücher, beschreiben, existierte für Buddha nicht. Während die Hindus an eine unveränderliche Geistmonade glauben, die von Körper zu Körper wandert, lehrt Buddha eine Reinkarnation, mit der sich ein ständiger Strom von Einzelfaktoren fortsetzt. Das ist «Samsara», die ununterbrochene Wiederkehr und Wandlung. «Samsara» wird sein, solange Lebensdurst, Gier, Haß und Neid im Individuum nicht erloschen sind. Werden und Vergehen aber sind nicht zufällig, sondern einer strengen Gesetzlichkeit, dem «Dharma», dem ewigen Weltgesetz, unterworfen. Es manifestiert sich in der natürlichen Ordnung, im Sprießen der Pflanzen, in der Bahn der Sterne, im Lauf der Flüsse. So wie das

Wasser des Stroms, der an uns vorbeizieht, immer wieder als das gleiche erscheint und doch niemals dasselbe Wasser sein kann, so ist das Leben des Menschen in allen seinen Wiedergeburten ein ständig dahinfließender, sich immer wieder erneuernder Strom von Daseinsfaktoren. Auch der Tod wird ihn nicht unterbrechen, denn die geistigen, moralischen und natürlichen Kräfte wirken weiter und sammeln sich in einem neuen Individuum, dessen Leben nach dem «Karma», nach den guten und bösen Taten des Dahingeschiedenen, ausgerichtet wird. Denn der Mensch ist, was er war, und wird sein, was er ist.

Nach der Lehre des Buddha ist alles Leben leidvoll, nicht nur weil es Schmerzen bringt, sondern weil es vergänglich ist. Ziel der buddhistischen Erlösungsidee ist die Überwindung des Leidens. Sie setzt die Kenntnis der «Vier Edlen Wahrheiten» voraus, der «Hohen Wahrheit vom Leiden», des «Ursprungs des Leidens», der «Heilung des Leidens» und der «Hohen Wahrheit vom Weg», der zur Aufhebung des Leidens führt, vom «Edlen Achtfachen Pfad». Er wird charakterisiert durch rechtes Sehen, rechte Gesinnung, rechtes Reden, rechte Tat, rechtes Leben, rechtes Streben, rechtes Überdenken und rechtes Sichversenken. Nur dieser Weg führt ins Nirwana, ins Nicht-mehr-wiedergeboren-werden-Müssen, wo es weder Sein noch Nichtsein gibt, sondern nur das Absolute, die Leerheit. Vorstufen zu diesem Zustand höchster Glückseligkeit sind Verhaltensweisen: Keuschheit, Wahrhaftigkeit, hohe Moral, Genügsamkeit, Askese. Dieses sittliche Verhalten hat aber nur vorbereitende Bedeutung. Um bis an die tiefsten Kräfte des Menschen vorzudringen, bedarf es der Versenkung, der Einkehr in das Allerinnerste der Psyche. Sie bildet den Kern buddhistischer Frömmigkeit, Meditation ist das Gebet der Buddhisten.

Auf dem Pfad des rechten Sich-Versenkens entstand das Ideal des «Arhat», des weisen Mönchs, der weltabgewandt in der Einsamkeit meditiert und in der Meditation die persönliche Erfahrung der Transzendenz sucht. Der «Arhat» ist eine typische Erscheinung der reinen, originellen, strengen, puritanischen Lehre des Hinayana-Buddhismus. Er hat der farbigen Götterwelt früherer Religionen und aufwendigen Kulten abgeschworen. An die Stelle eines inbrünstigen Glaubens setzt er die kühle Ratio, die von Erkenntnis und Wissen diktiert wird. Sein Ziel ist die Erlösung vom Kreislauf der Wiedergeburten, das Eingehen ins Nirwana. Den Weg hat Buddha gewiesen: Überwindung aller Begierden, aller Wünsche, der Unwissenheit, des Neides, der Lust und des Hasses.

Als Siddharta Gautama erreichte, was er predigte, hatte ihn das kalte Licht dieser letzten Vollendung schon zu einem von der Welt distanzierten, einsamen Propheten gemacht. «Ich allein habe die Erkenntnis erlangt», rief er aus, «wessen Anhänger sollte ich mich nennen? Ich habe keinen Lehrer, ich selbst bin der unvergleichliche Lehrer.»

Als ein «Gott gegen seinen Willen, als Atheist», wurde Siddharta Gautama Buddha zum Stifter einer der fünf großen Weltreligionen. Viele Gelehrte und asiatische Philosophen bezeichnen sie als die wahre Religion des Atomzeitalters, da sie nicht Glauben, sondern Erkenntnis verlangt. Sie könnte wissenschaftlich genannt werden, wenn in der Meditation, die sie pflegt, nicht so viel vom ewigen Mysterium des Menschen läge. Die frühen Buddhisten leugnen die Götter und verwerfen ihren Beistand. Sie glauben nicht, sie haben erkannt: sie wissen.

Die strenge, auf philosophischen Spekulationen beruhende Lehre erfuhr durch Buddhas Tod und den Orden der Mönche eine ständige Verwandlung. Auch der «Große Lehrer» und Meister vom Himalaya entging dem Schicksal der Vergöttlichung nicht, und der Buddhismus geriet auf den Weg der Mythologisierung. Am Anfang unserer Zeitrechnung geschahen jene Veränderungen, die im Gegensatz zur ursprünglichen Lehre «Hinayana» – das «Kleine Fahrzeug» – nun «Mahayana» – das «Große Fahrzeug» – genannt werden. Die Lehre erhält einen gewissen Überbau und zahlreiche Ausschmückungen. Buddha wird zu einem überhöhten, omnipotenten Wesen. Neben die Erkenntnis tritt nun auch der Glaube an eine All-Einheit. Neue, dem Laien verständlichere Heilswege werden empfohlen, um Nirwana – das Kernidee aller buddhistischen Richtungen bleibt – zu erlangen. Es kommt zur Aufnahme von Göttern aus dem wiedererstarkenden Hinduismus.

Eine Vertiefung im Sinne einer esoterischen Philosophie erfährt der gewandelte Buddhismus durch die Gedankenwelt des Philosophen Nagarjuna, der im 2. Jahrhundert n. Chr. gelebt haben soll. Nagarjuna, auch «Vater des philosophischen Mahayana» genannt, leugnet die Realität aller Erscheinungen. Der deutsche Indologe Helmut von Glasenapp versuchte in seinem 1952 erschienenen Buch *Die fünf großen Religionen,* das Gedankengut des indischen Religionsphilosophen zu deuten: «Wirklich ist nur das, was weder entsteht, noch vergeht, weder räumlich, noch zeitlich, noch begrifflich, noch kausal begrenzt werden kann.»

Nach gleichen Vorstellungen schuf Nagarjuna den Begriff der «Leere» als das einzig «unverrückbar Bleibende in der Flucht, der sich ununterbrochen ablösenden Erscheinungen». Leere ist also nach der Doktrin vom «Mittleren Weg» des Nagarjuna nicht nur ein anderer Name für die Vergänglichkeit alles Seienden, die der ältere Buddhismus auch mit «Leerheit» umschrieb. Die Leere des Nagarjuna läßt sich nicht durch etwas Anschaubares interpretieren, sie ist ein gestalt- und zeitloser Zustand, aber sie kann nicht als Nirwana bezeichnet werden, denn Nirwana steht mit dem Gedanken der Erlösung aus dem Zyklus von Geburt, Tod und Wiedergeburt in Beziehung zur Welt. Die Leere kennt keine Beziehung – sie ist das Fortgehen aus der Illusion von Raum und Zeit.

Der Buddha von Sarnath. Museum Sarnath.

Um zu erfassen, was dieser schwierige Satz bedeutet, bedarf es unter der Leitung eines initiierten Meisters einer bewußtseinserweiternden Übung, die zum größten geistigen Abenteuer führen kann, zur Überwindung aller mentalen Grenzen durch Meditation. Dann stellt sich ein, was Buddha erreichte: die Große Erfahrung – sie ist der mystische Weg ins Nirwana.

Der Buddhismus verfolgte auch irdische Ziele. Millionen Menschen haben sich seiner Botschaft des Mit-Leidens, der Toleranz, des Friedens geöffnet. Als eines der großen Gedankengüter der Menschheit wurde der Buddhismus zum Träger fernöstlicher Kulturen und Künste. Millionen Buddhas aus Stein und Bronze lächeln verklärt in den stillen Tempeln von Kambodscha bis Sri Lanka, von Tibet bis Japan, in den Museen zwischen Sarnath und Kalkutta, Paro und Lhasa. Chinesische und japanische Kultur sind ohne den Einfluß des Buddhismus nicht erklärbar. Die indische Lebensart verdankt ihm entscheidende Impulse, die indische Kunst ihre schönsten Werke, die «Family of Man» eine noch immer andauernde Revolutionierung des Denkens.

Frühmorgens am Kumbh-Mela in Allahabad; es ist Januar und bitter kalt; aus dem Nebel tauchen vermummte Gestalten auf, die über die kilometerlange Sandbank hin zum heiligsten Punkt, dem Zusammenfluß von Ganges und Yamuna mit dem mystischen Unterweltsfluß Sarasvati, wandert, um dort zu baden.
Nächste Doppelseite: Ein kleiner Ausschnitt aus dem Gewimmel des Kumbh-Mela in Allahabad. Rechts wälzt sich der Ganges gemächlich die letzten vier Kilometer, bis sich die Yamuna am Horizont mit ihm vereinigt. Während der rund zwei Monate Dauer des Festes strömen etwa 30 Millionen Menschen auf den Sandbänken der beiden Flüsse zusammen; ein Heer von Polizisten regelt die Fußgängerströme.

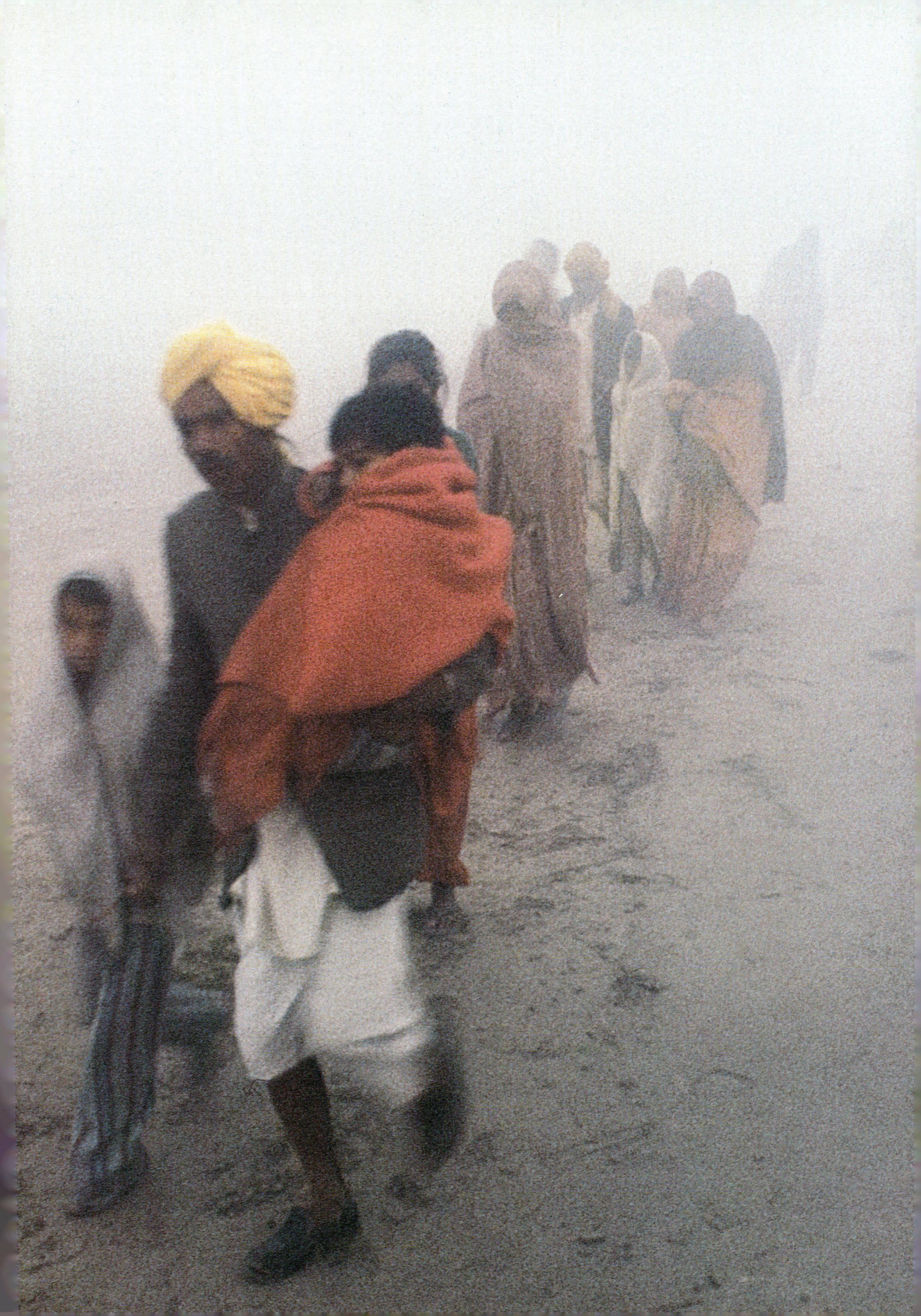

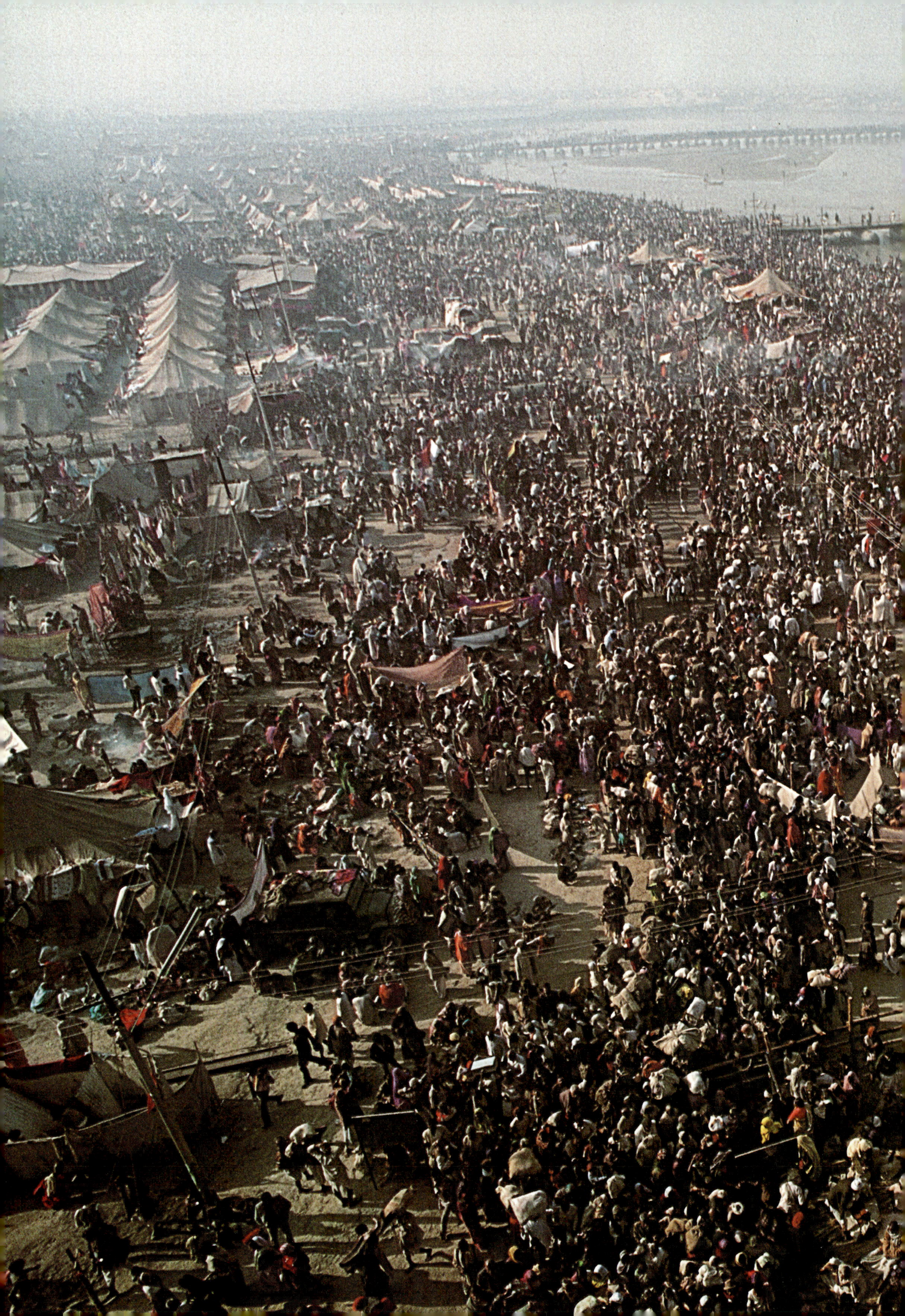

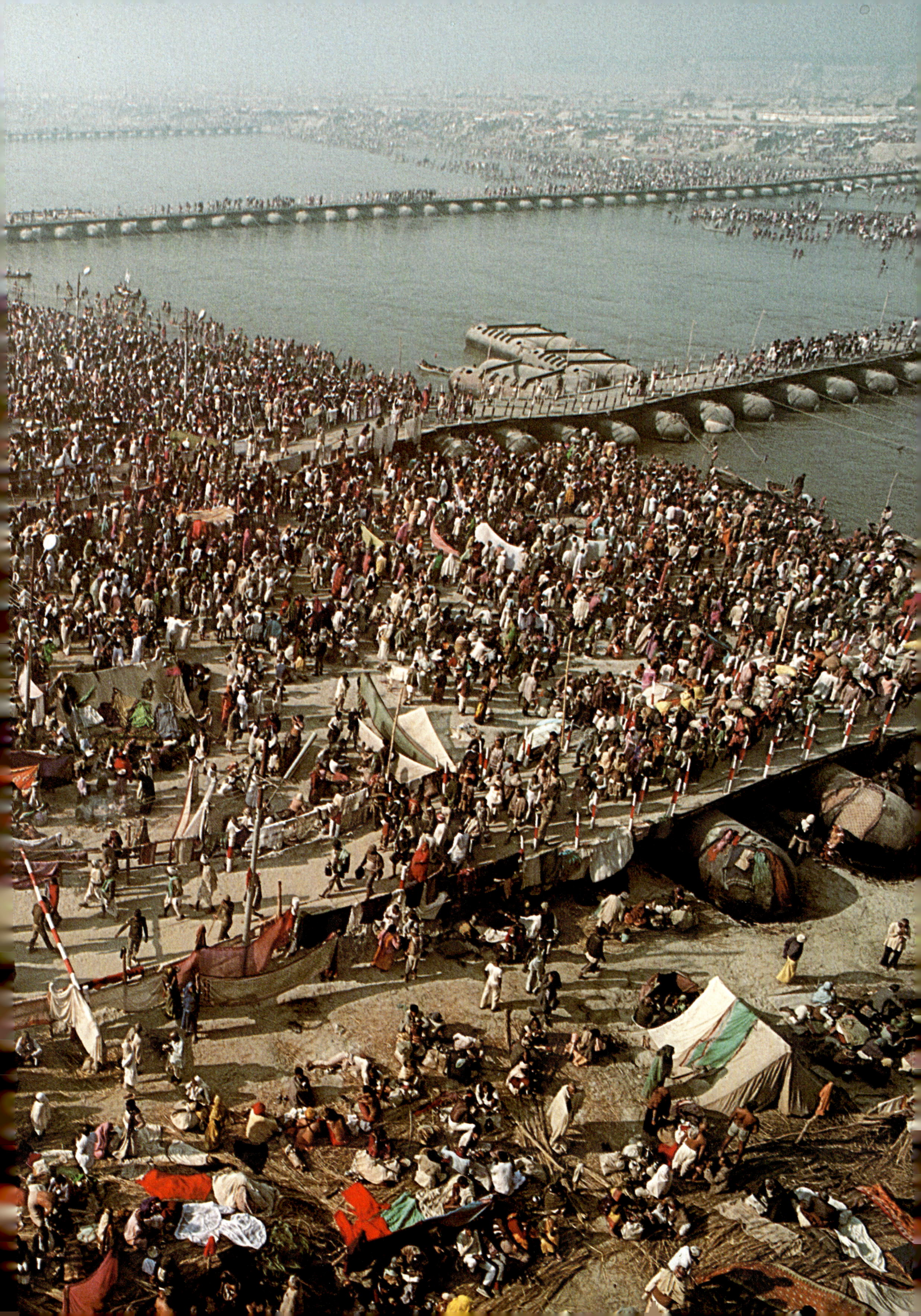

An hohen Festtagen ziehen die wichtigsten «Akharas» (Orden der Sadhus) mit ihren geistigen Führern an der Menge vorbei, um am «Sangam», der äußersten Landzunge beim Zusammenfluß der drei heiligen Ströme, zu baden; die Prozessionen dauern jeweils stundenlang, und hin und wieder kämpfen die «Akharas» um die Rangfolge.
Nächste Doppelseite: Vor dem Fort Akbars des Großen und der Engländer – sonst militärisches Sperrgebiet – stehen die Pilger Schlange, denn im Innern liegt ein Vishnu-Tempel; nur an einzelnen Festtagen ist gewöhnlichen Sterblichen der Zutritt erlaubt.

श्री मने रामानन्दाय नमः   श्री मन्त्र बल्लभानन्दाय नमः
ॐ श्री १००८ श्रीमहन्त जगदेव ~~~~~~~~ शस्त्राचार्य जी महराज
                         ~~~~~~

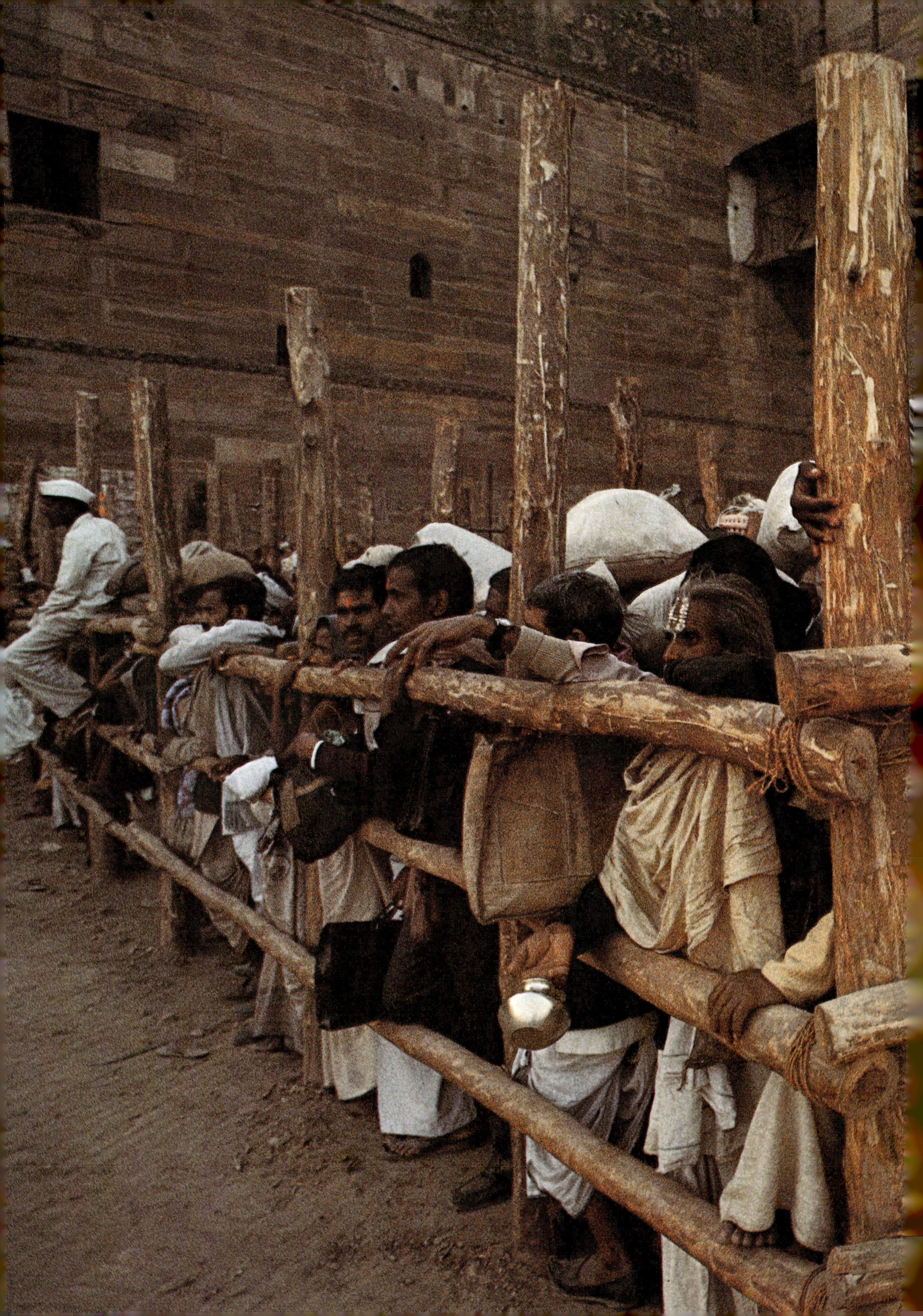

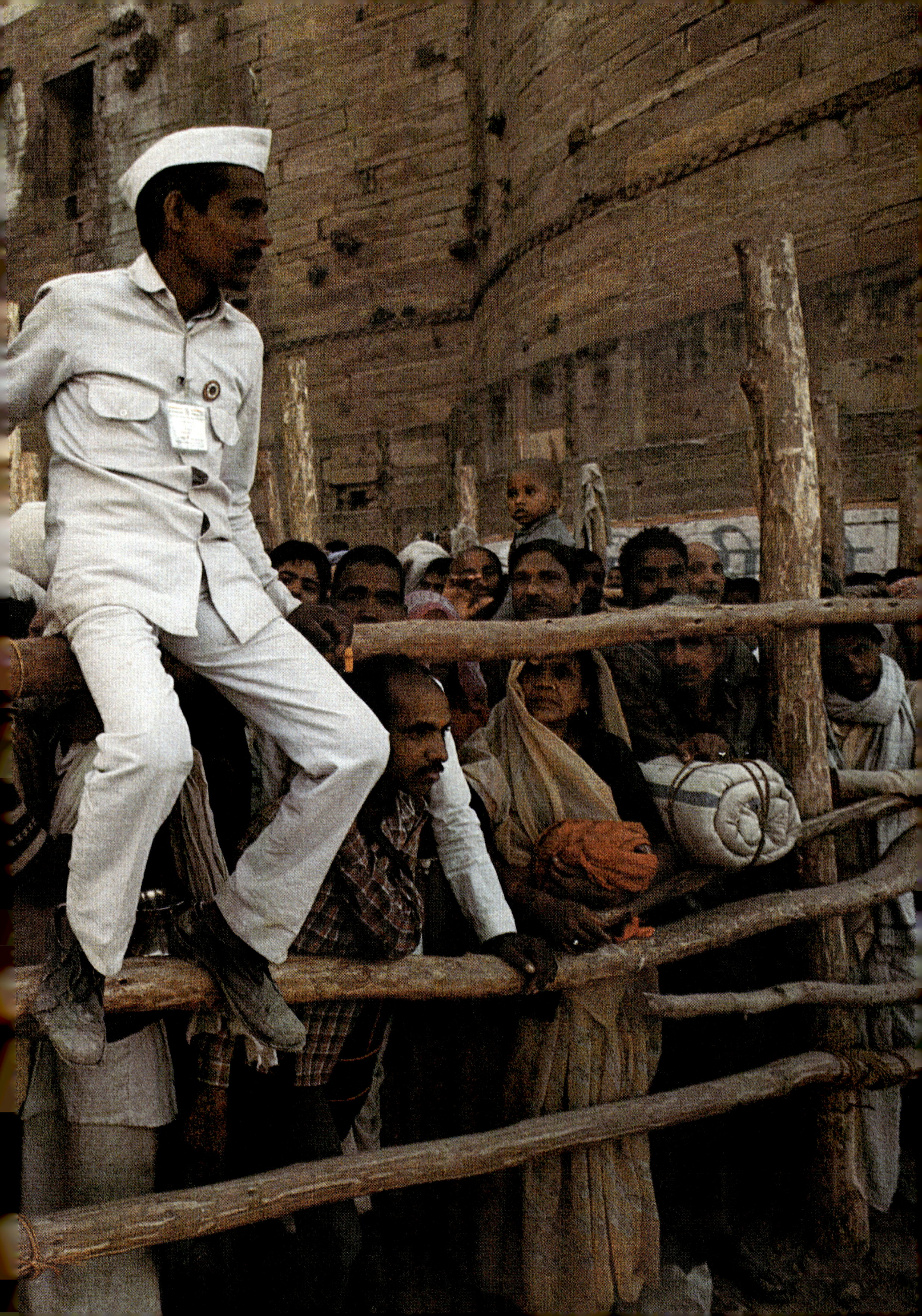

Irdische Begierden müssen gezähmt und überwunden werden; es ist Aufgabe jedes Sadhus, die für ihn geeignetste Methode zu finden. Der eine hält zwölf Jahre seine Hand in die Höhe, ohne sie je zu senken; was Natur und Götter wachsen lassen, darf dabei nicht verändert werden. Ein andrer meditiert in einer bestimmten, anspruchsvollen Yoga-Stellung, nachdem er sich im Lotossitz der Reinigung durch Rauch und Feuer unterzogen hat.

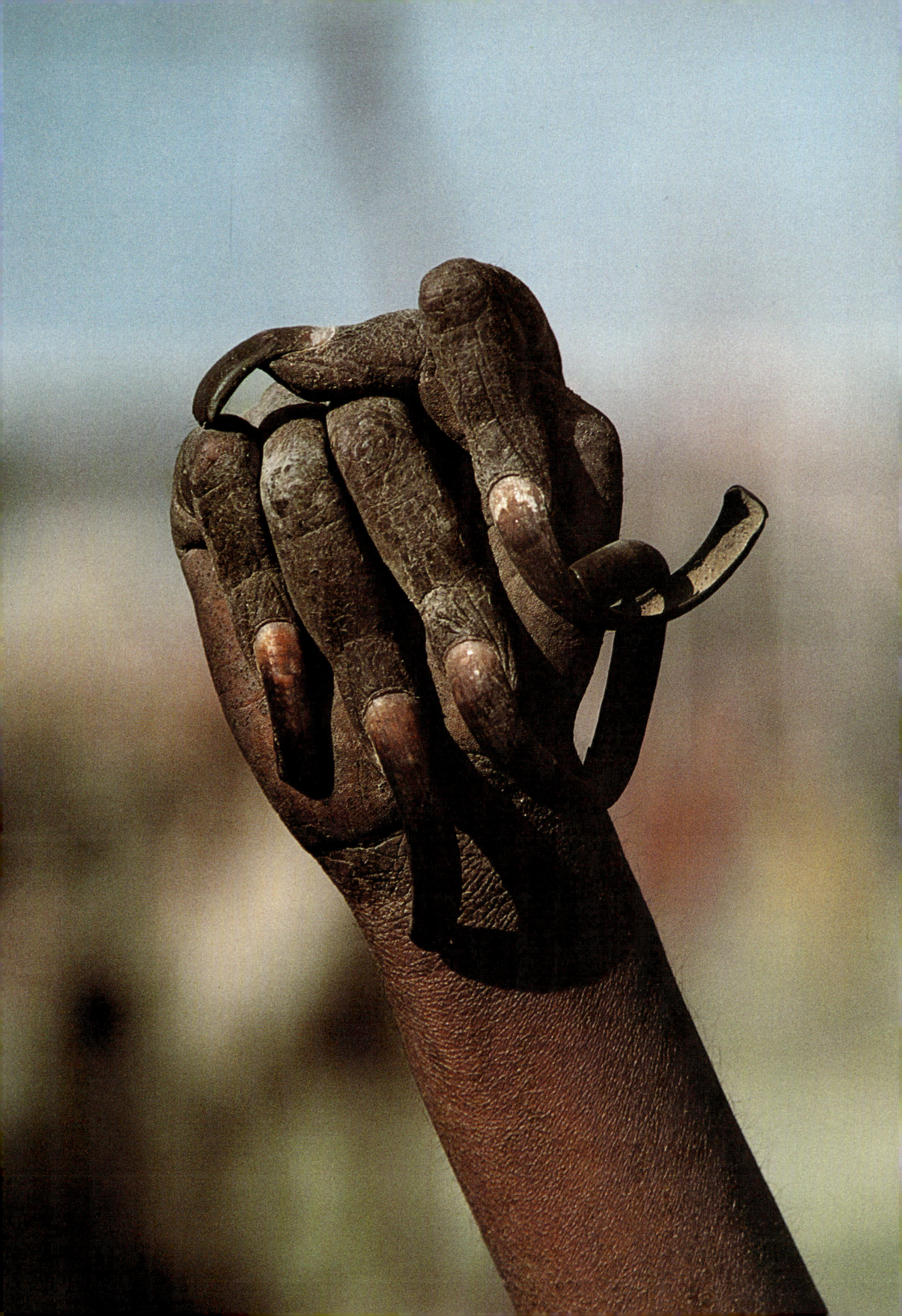

Eine weißgekleidete Witwe mit ihren beiden Töchtern am «Sangam».
Nächste Doppelseite: Zwei Sadhus; der eine kleidet sich möglichst einfach – der vertikale, gelbe Farbbalken auf der Stirn verweist auf Vishnu. Der andre ist über und über mit Malas bekränzt; die Samen, aus denen diese bestehen, sind ein Kennzeichen der Shiva-Anhänger.
Übernächste Doppelseite: Pilger, alles Anhänger Vishnus, vermutlich aus dem gleichen Dorf stammend und derselben (oberen) Kaste angehörend, verbringen an ihrem Schlafplatz im Schatten schwatzend die heißen Nachmittagsstunden. Einer, die Hand in einem gelben Sack, der das Maul einer heiligen Kuh symbolisiert, läßt heilige Steine an einer Kette durch seine Finger gleiten; niemand darf die Steine sehen, denn dieser Ritus spielt sich zwischen ihm und den Göttern ab.

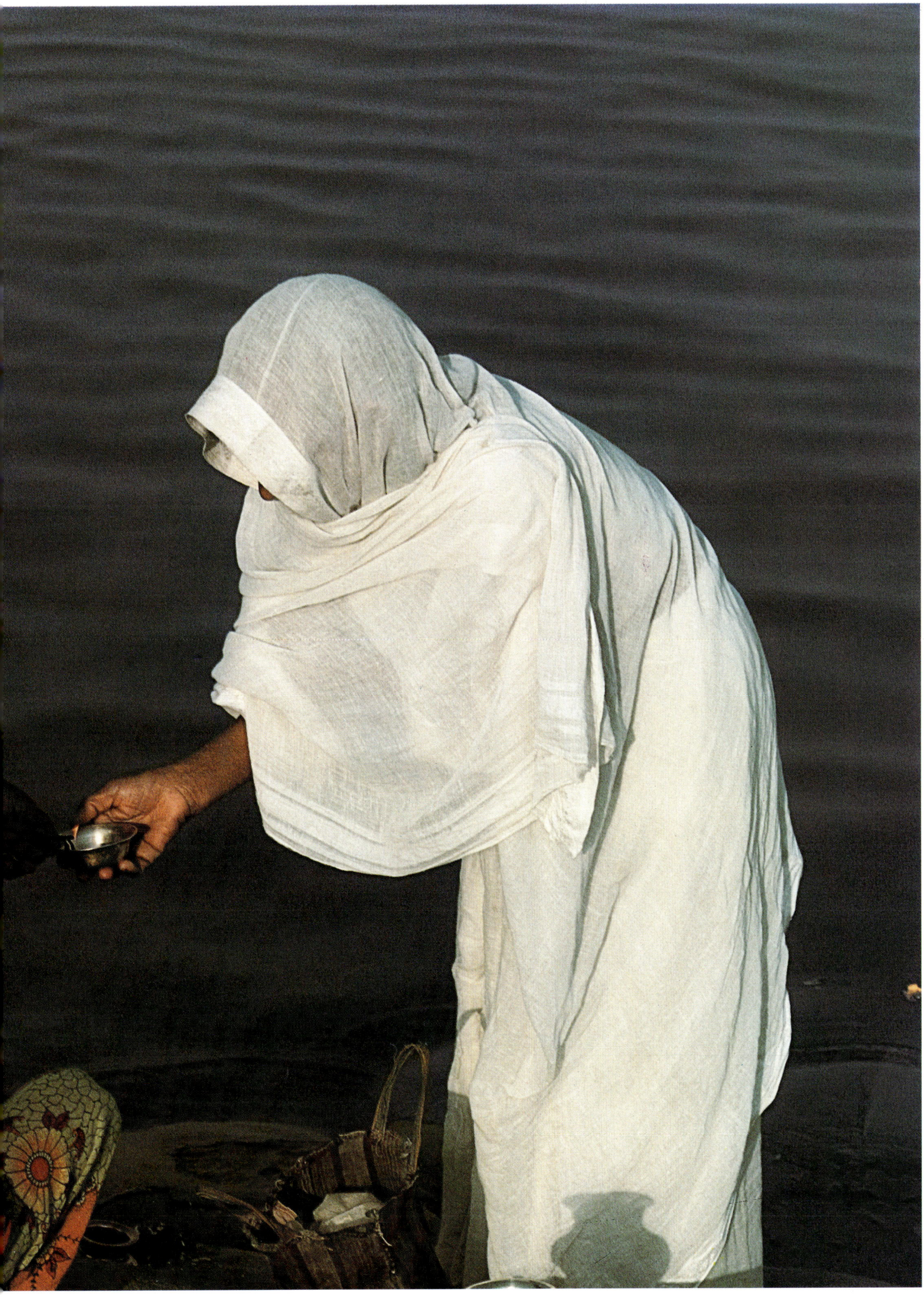

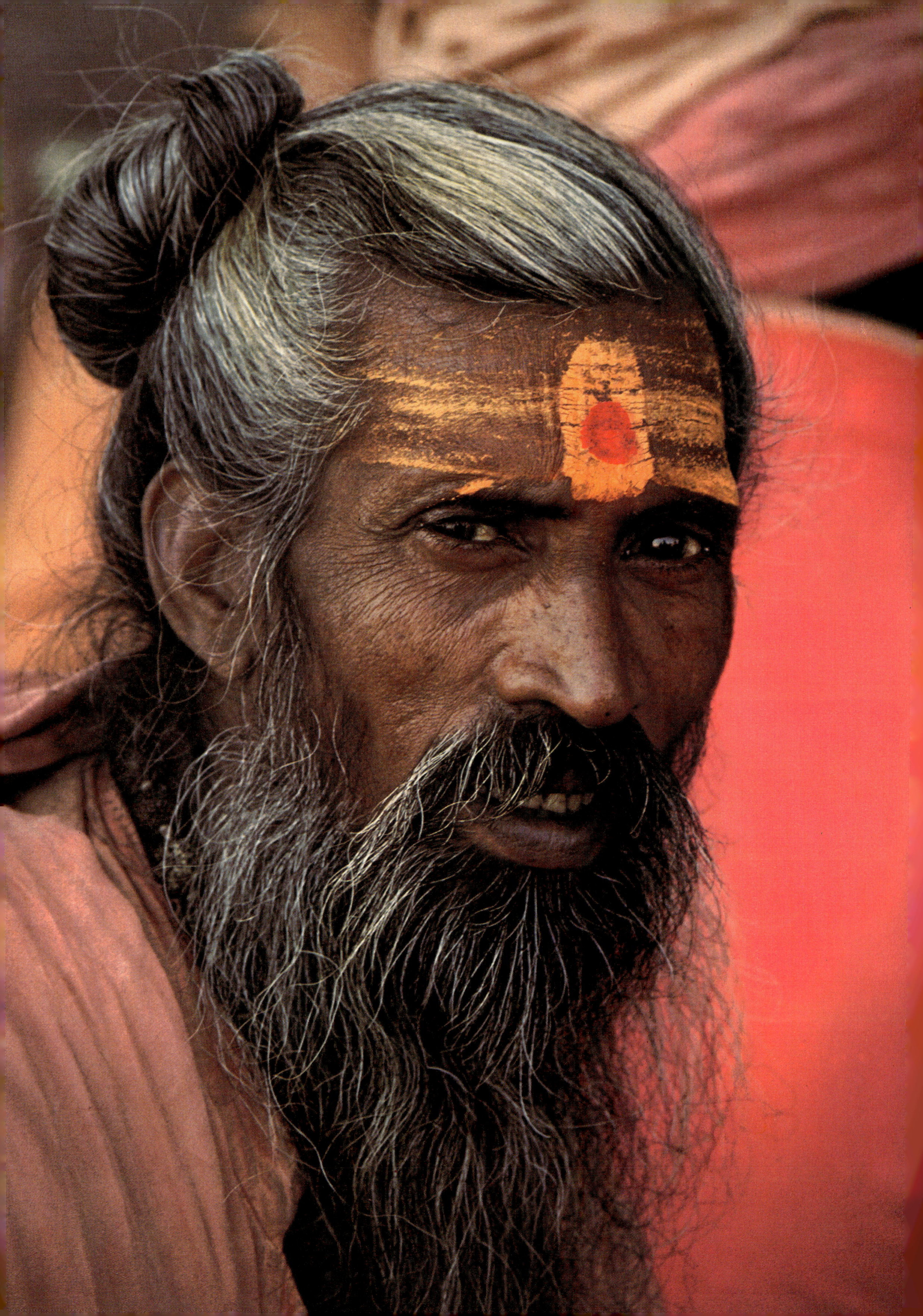

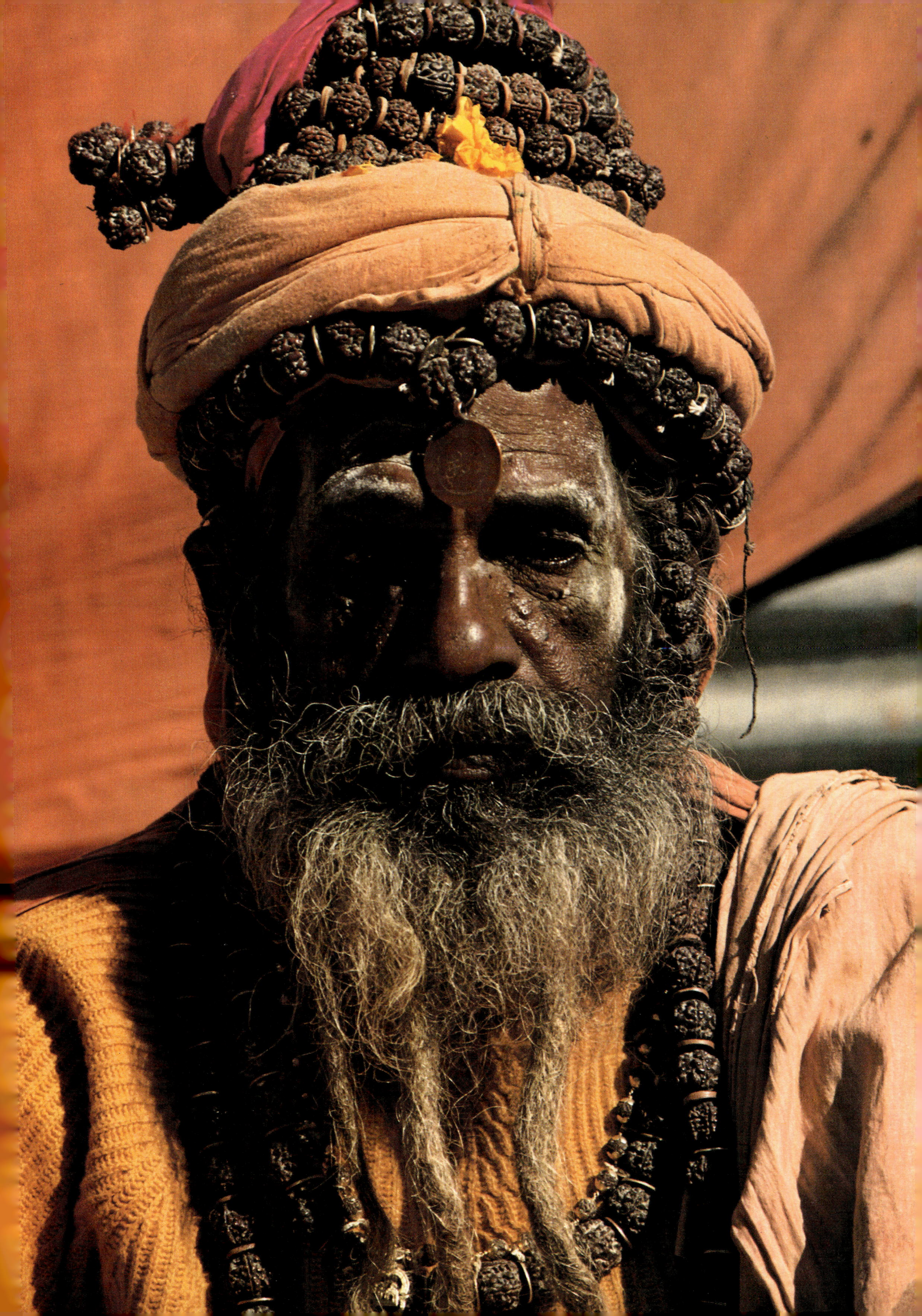

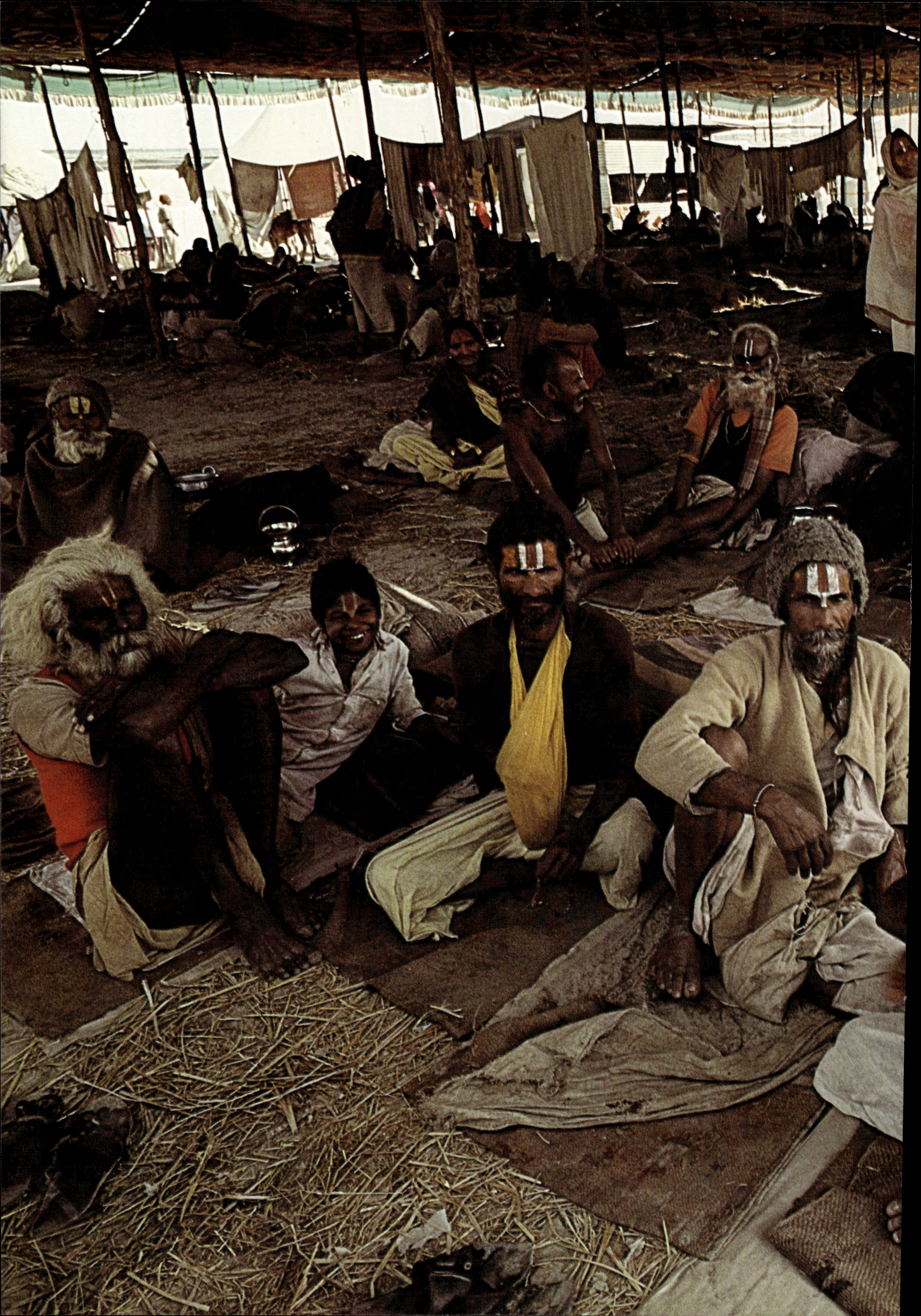

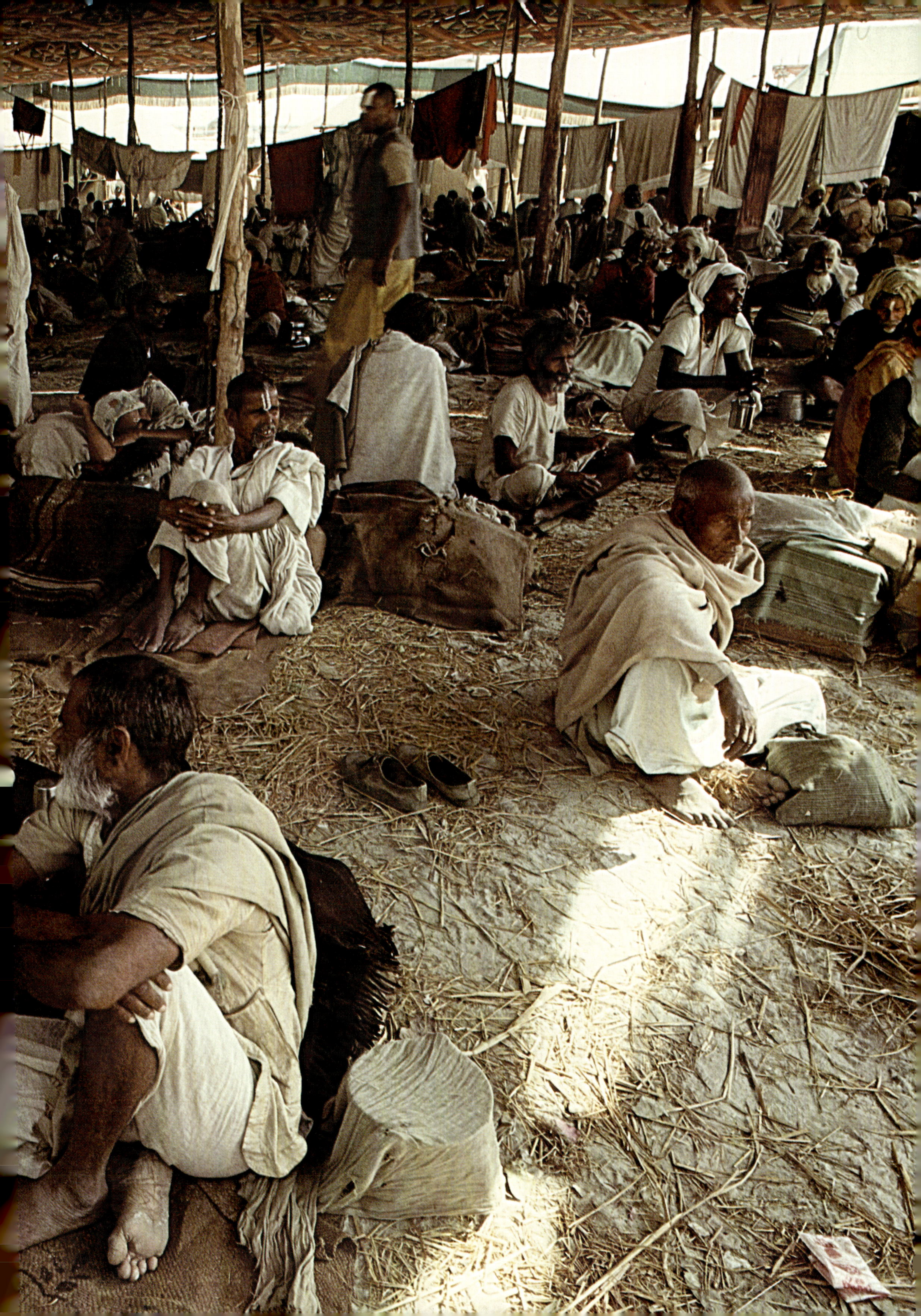

Die Kumbh-Mela zieht unzählige Händler an, die das Straßenbild prägen. Der Straßenhändler links – offenbar ein gebildeter Mann – liest die heiligen Schriften. Auf dem Bild rechts werden Stirnpunkte fürs Dritte Auge zum Aufkleben feilgeboten, aber auch der üblicherweise dazu benutzte Puder.
Nächste Doppelseite: Die Frauen baden in ihren Saris; nach dem Bad wickeln sie sich kunstvoll und verschämt, doch ohne eine Blöße zu zeigen, in neue, trockene Saris ein, die nassen Saris werden anschließend ausgezogen, auf dem Sand zum Trocknen ausgelegt oder solange in die Luft gehalten, bis sie trocken sind.
Letztes Bild: Die Pilger übernachten in Zelten, die sie mieten oder die ihnen vom Guru zur Verfügung gestellt werden; meist wohnt eine Dorfgemeinschaft, die der gleichen Kaste angehört, in einem Zeltlager zusammen.

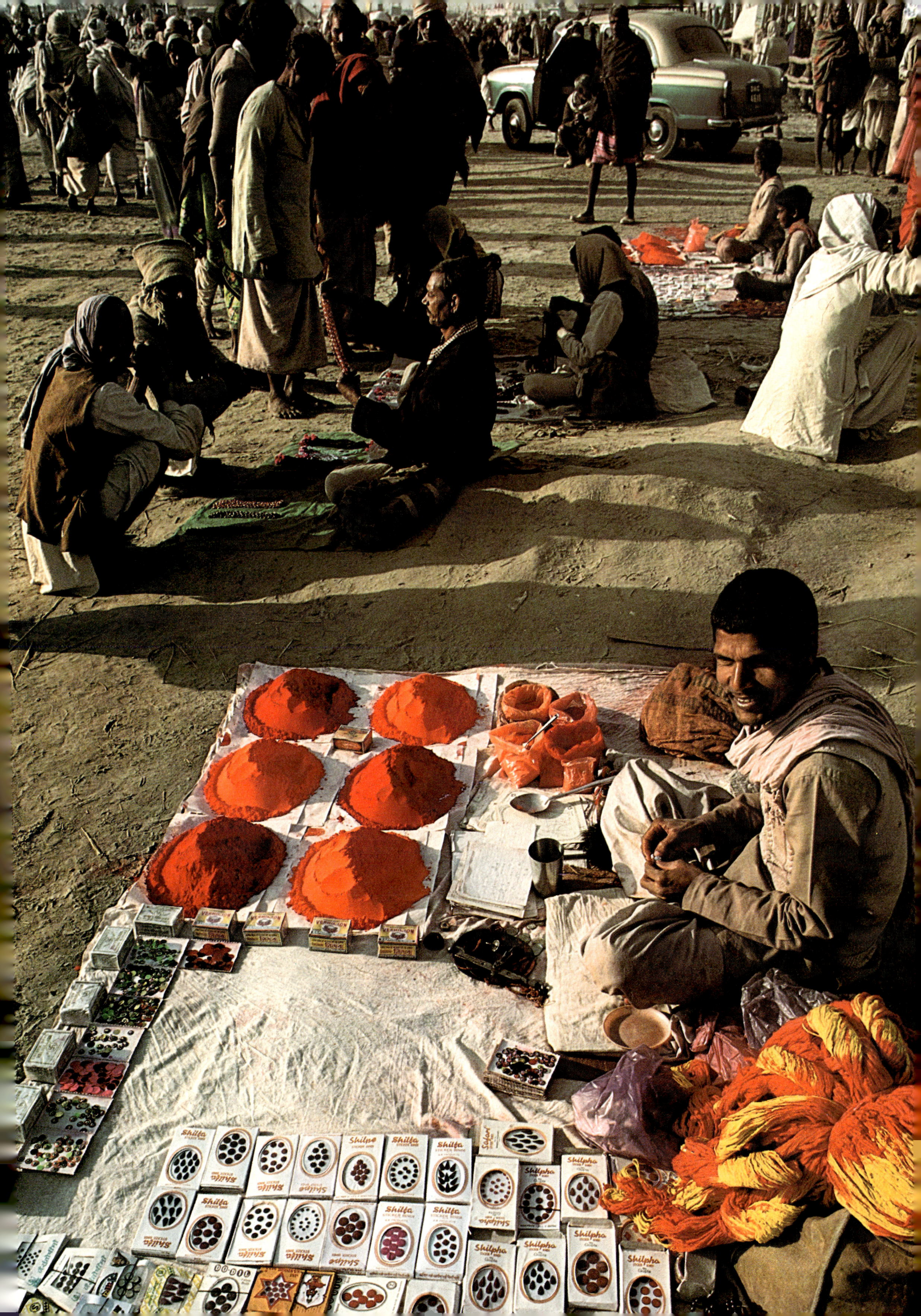
Shilfa
Shilpa

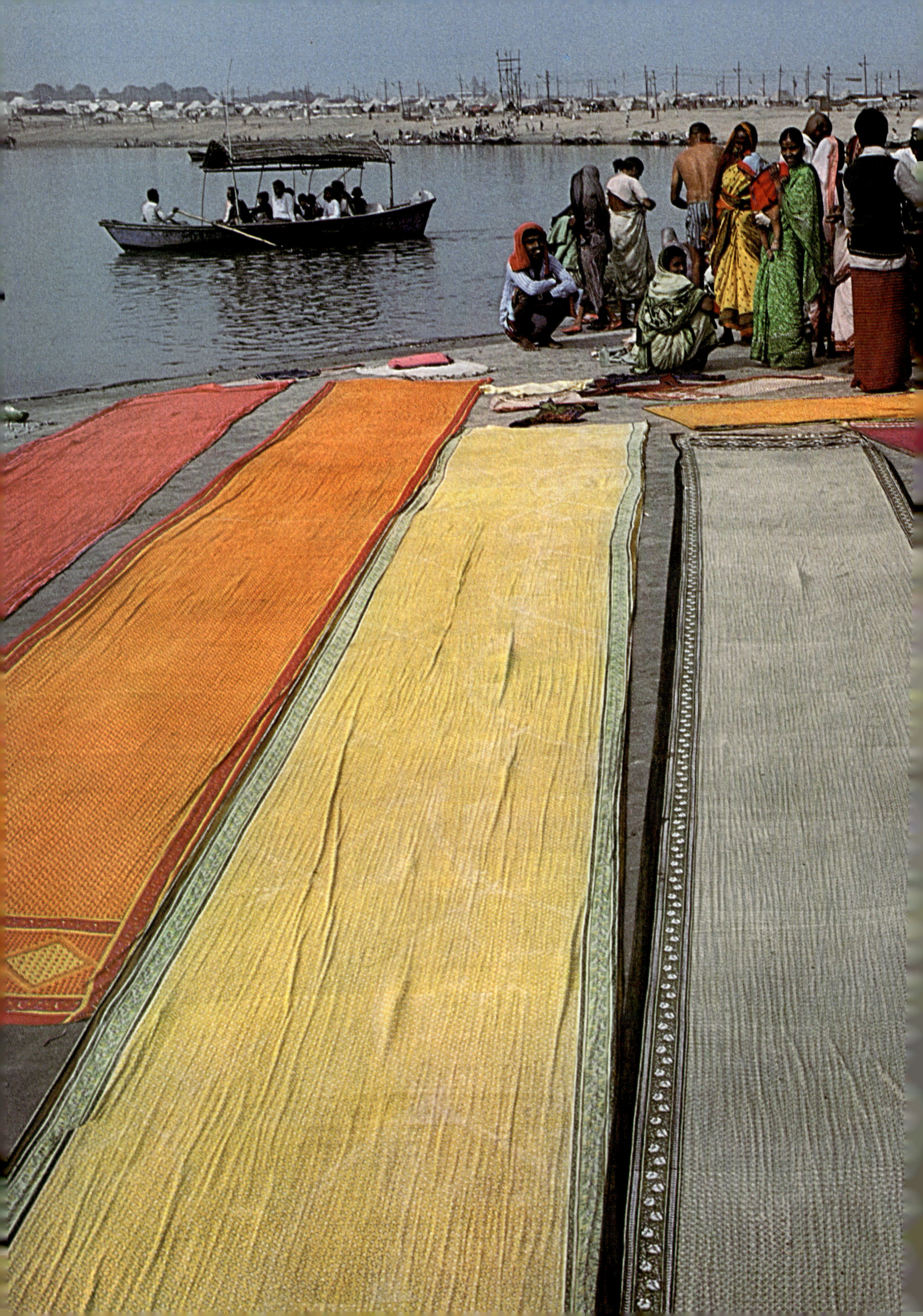

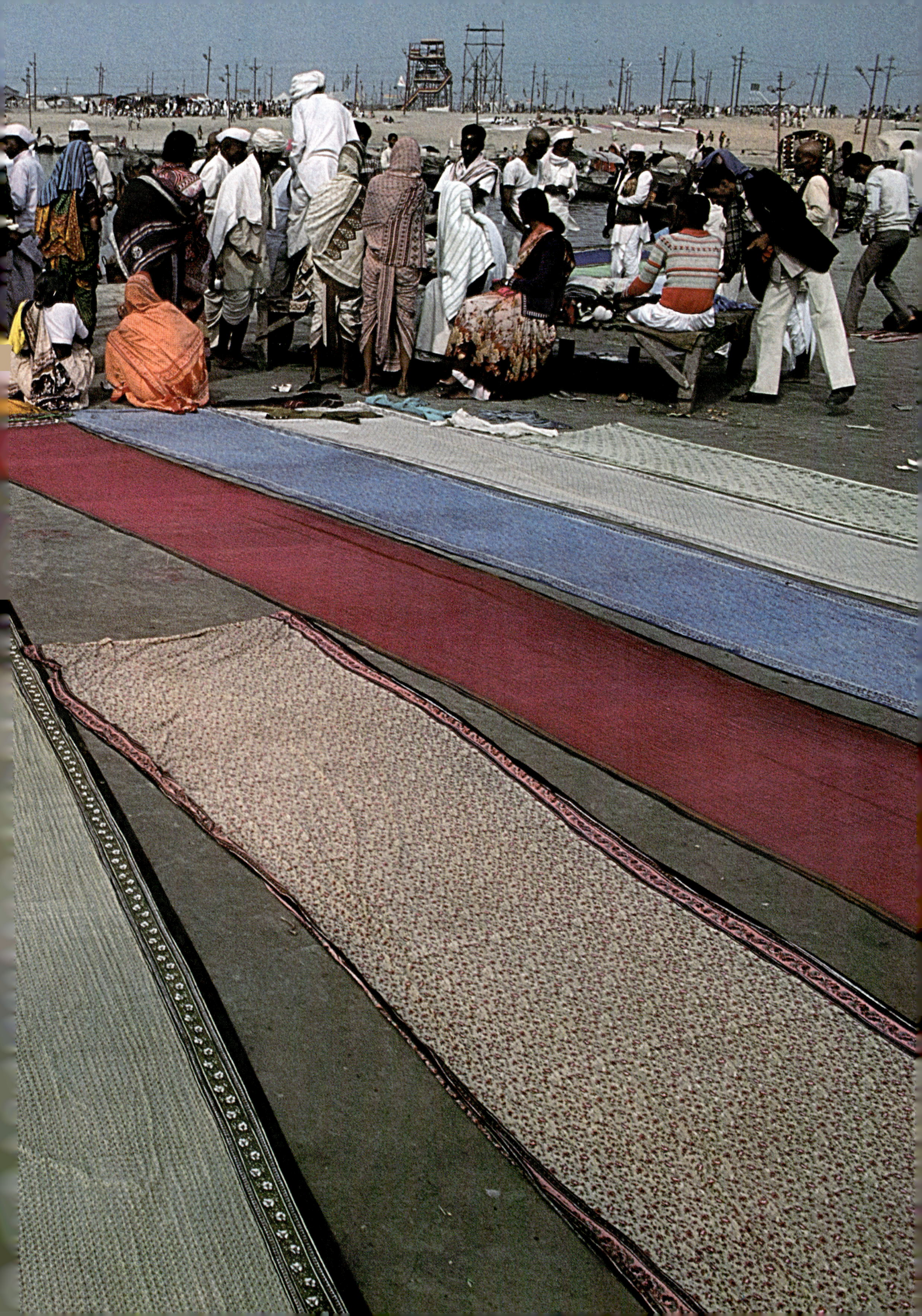

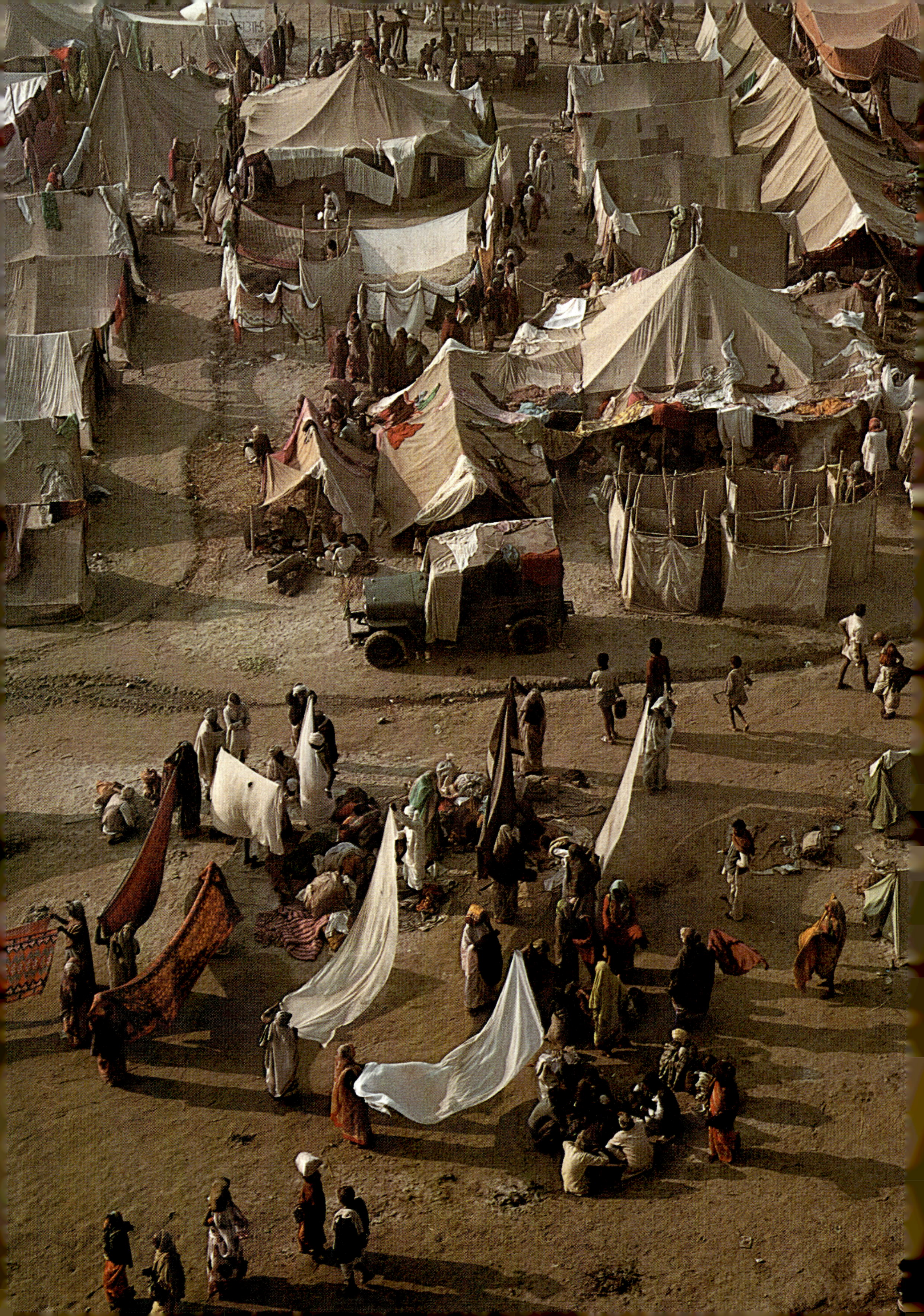

DER JAINISMUS

Fast gleichzeitig mit Buddha, etwa um 540 v. Chr., wurde ein anderer genialer Denker, Reformer und Religionsstifter geboren, Vardhamana Mahavira, der Begründer des Jainismus. Auch er hat die Kultur der Gangesreiche mitgeprägt. Seine Wirkung kam aus den gleichen Quellen wie die des Buddha: es war der Widerstand gegen den Terror brahmanischer Priester, gegen Intoleranz und Aberglauben, den Mahavira nutzen konnte, um seiner Philosophie und seinem Glauben zum Durchbruch zu verhelfen.

Vardhamana Mahavira behauptete von sich, der 24. «Tirthankara» zu sein, einer jener Propheten, die als Weg- oder Furtbereiter seit undenklichen Zeiten ihren Anhängern vorgelebt hätten, was sie von ihnen verlangten, die Einhaltung der fünf Gesetze: nicht zu töten, nicht zu stehlen, nicht zu lügen, nicht unkeusch zu leben und nicht habgierig nach übermäßigem Besitz zu streben. Selbstverständlich für jeden überzeugten Jaina sind: strenge Zucht, Keuschheit, Askese, Fasten, Disziplin, Meditation, Opfer, Abwendung von Laster und Begierde, Befolgung der vorgeschriebenen Riten.

Periodische Weltschöpfung und Weltzerstörung, an die Hindus glauben, haben in der Gedankenwelt der Jainas keinen Platz. Das Unverrückbare ist ihr höchstes Gesetz. Im Abbild des «Tirthankara», der mit starrem Auge über den Besucher hinwegblickt, findet es seinen Ausdruck. Sein unbewegliches Gesicht verspricht keinen Trost, kennt keine Milde, es mahnt, den schweren 14-Stufen-Weg zur Erlösung zu wählen.

Für die Jainas – das Wort bedeutet «Jinna», Sieger, der die Welt überrundet – gibt es keinen Gott. Das Universum wird nicht von einem höchsten Wesen beherrscht. Gnade kann niemand erhoffen, Erlösung vermag der Mensch nur durch Abkehr von Leidenschaft und Begierde zu erlangen.

Viele Inder finden auch heute noch Trost in dieser merkwürdigen, dem Weltlichen abgewandten Lehre. Aber sie meditieren nicht nur, sie gehen in ihren Tempeln umher und halten an vor den Skulpturen der lieblichen Surasundaris, dem tänzerischen Schwung ihrer Bewegungen, der Geste des Sich-Schmückens, dem Blick in den Spiegel, vor dem in Stein gebannten Lächeln der Liebenden.

Auch hier wieder wie im Hinduismus die Faszination durch das Gegensätzliche, Widerspruch zwischen der Anbetung des Mahavira, der

Verkündigung der Askese als höchstem Ziel und der Glorifizierung erotischer Liebesspiele an Tempeln und in dunklen Schreinen. Wollten die Bildhauer provozieren, deuten sie eine Revolte gegen das strenge Gesetz der Lehre an, oder symbolisieren sie nur, was hinter den Darstellungen selig lächelnder Surasundaris vermutet wird: die Große Erfahrung, die nur der Liebende machen kann, die vollkommene Harmonie in der Hingabe an den andern? Sie mag ein Sinnbild für die Vereinigung der Welt mit der Überwelt sein, für das vollkommene und ungeteilte Leben, das der Asket im Nicht-mehr-Sein, im Nirwana, erreichen will. Wie immer man die Darstellungen deuten mag, für den Nicht-Eingeweihten bleibt der Widerspruch. Oder sind am Ende Weltabgewandtheit und Weltzugewandtheit miteinander verschränkt als zwei Wege zu dem einen Ziel aller Menschen: zur ewigen Seligkeit? Indien, durch die Tempel der Jains und der Hindus reflektiert, ist deshalb so komplex und faszinierend, «weil es», wie André Malraux in seinen *Anti-Memoiren* schreibt, «die nächtigen Schwingen des Menschen weiterspannt». Eine Erfahrung, die jeder am Ganges machen kann, der eine Antenne für das Phänomen des Numinosen besitzt, ob Pilger, Abenteurer, Globetrotter, Forscher oder Eroberer.

DIE GANGES-REICHE

Als die Arier von nomadisierenden Kriegern zu Bauern und Landbesitzern wurden, begann ihre geschichtsbildende Rolle. Um 600 v. Chr. gründeten sie 16 Königreiche am Ganges, «Janapadas» genannt, was wörtlich bedeutet: der sichere Halt eines Stammes. Von diesen kleinen Fürstentümern ausgehend verbreitete sich im Laufe der Jahrhunderte die arische Kultur über ganz Nordindien. Kashi (Benares) und Koshala mit seiner sagenumwobenen Hauptstadt Ayodhya (bei Faizabad an der Ghaghara), eine der sieben heiligen Städte Indiens, waren «Janapadas». Die erste Großmacht, die sich aus dieser starken Welt entwickelte, war *Maghada* im äußersten Südosten am Südufer des Ganges im heutigen Bihar gelegen. Maghada war damals zum größten Teil mit dichtem Dschungel bewachsen. Fruchtbare Gebiete besaß es nur an seinem westlichen Grenzfluß, dem Son. Vom großen Handel abgeschnitten verfügte Maghada doch über Schätze, die das Reich ausspielen konnte: die Eisenerze in den Barbarabergen und die Kupfervorkommen im Süden. Diese Rohstoffe trugen erheblich zur Stärkung der ersten Dynastie, der Haryankas, bei.

Ein starker Brückenkopf zur Abwehr potentieller Gegner wurde dort gebaut, wo die drei Flüsse Ganges, Son und Gandak zusammenströmten. Aus diesem Stützpunkt sollte sich später die Hauptstadt Pataliputra (das heutige Patna) entwickeln, das durch viele Jahrhunderte den Beinamen «die Kaiserstadt Indiens» trug.

Bereits im 7. Jahrhundert v. Chr. hatte das kleine Königreich Koshala so an Macht gewonnen, daß es Kashi besiegen konnte. Mit dem Aufstieg Maghadas im 6. Jahrhundert änderte sich die Lage. Maghada bedrohte Koshala und das von ihm eroberte Kashi. Der König von Koshala verheiratete seine Tochter mit König Bimbisara von Maghada und gab ihm Kashi als Morgengabe.

Zum ersten Mal in der indischen Geschichte tauchte mit dem Aufstieg Maghadas der Gedanke an ein Imperium auf, das von einer Zentralregierung verwaltet wurde und andere kleine «Janapadas» beherrschte. Aber weder der Dynastie der Haryankas noch der ihr nachfolgenden Herrscherfamilie Shaishunaga gelang der große Sprung. Unter ihnen blieb Maghada ein Bündel eroberter Länder. Es fehlten ihm feste Staatsgrenzen im Westen wie im Osten, es fehlten die Mitte, die innere Stabilität.

Es war nicht erstaunlich, daß es im Jahre 364 v. Chr. zu einem Staatsstreich durch Mahapadma Nanda kam, der nichtarischer Herkunft war und sich als «Räuberhauptmann» im Grenzgebiet einen Namen gemacht hatte. Er verstand es, die Armee für sich zu gewinnen, und wird oft der erste «Soldatenkaiser Indiens» genannt. Nanda schuf einen straff organisierten Militärstaat. Mit der Annexion der westlichen Staaten gelangte das Maghadareich an die Enge von Karnal (nördlich Delhi), also an die Landbrücke zwischen Himalaya und der Wüste Thar, hat sie aber nicht durchquert. Merkwürdig genug, die *Nandas,* obgleich scharfe Gegner des indoarischen Adels und der Brahmanen, behielten Pataliputra als Hauptstadt bei, bauten sie zu einer prächtigen Kapitale aus, die den Beinamen «die Stadt der Blumen» erhielt. Daß eine solche gewalttätige Dynastie die Wiege der indo-arischen Kultur beherrschen konnte, daß Pataliputra den Glanz einer geistigen Metropole erhielt, war überraschend. Wer aber möchte bestreiten, daß diese Ausstrahlung ihre Kraft den drei großen Religionen der Gangesreiche verdankte, dem Hinduismus, dem Buddhismus und dem Jainismus?

Es war sicher nicht von ungefähr, daß der erste Herrscher der nachfolgenden *Maurya*-Dynastie Chandragupta (322–298 v. Chr.) nach einem dramatischen Leben der Welt entsagte, um sich als Jain-Mönch in ein Kloster zurückzuziehen.

Chandragupta stürzte die Nanda-Dynastie. Den Tod Alexanders – 323 v. Chr. – geschickt nutzend, befreite der erste Maurya-Herrscher das Industal von mazedonischer Herrschaft und annektierte das ganze Gebiet. Zum ersten Mal wurde das Industal in ein indisches Imperium integriert. Durch die gleichzeitige Eroberung von Belutschistan und Afghanistan festigte Chandragupta das Maurya-Reich, dem sein Enkel Ashoka internationalen Glanz verleihen sollte.

Mit Ashoka (273/268–237 oder 232 v. Chr.) begann eine 30jährige Friedenszeit für das Reich. Während seiner Herrschaft führte der Kaiser nur einen Krieg, und zwar gegen Orissa, dessen Seehafen er für den überseeischen Handel in seinen Besitz bringen wollte. Die furchtbaren Opfer, die der Kampf kostete, haben Ashoka so tief erschüttert, daß er sein Leben entscheidend änderte. Er trat zum Buddhismus über und wurde zu dem, was die Menschheit schon damals erträumte: zu einem Welt- und Friedenskaiser, zu einer Figur, die von den Indern «Chakravartin» genannt wird, der Kaiser des Gesetzes, der Hüter des Rades. Das Gangesreich unter Ashoka wurde zur ersten imperialen indischen Macht. Es umfaßte von Afghanistan bis zur Gangesmündung im Osten Vanga und Anga und das mittlere Bengalen, im Westen die Halbinsel Saurashtra, sowie wahrscheinlich das Gebiet der Häfen um den Golf von Kambay. Nicht beantwortet haben die Historiker die Frage, wie weit sich das Reich der Mauryas nach Süden ausdehnte. Wahrscheinlich hielt Ashoka auch den größten Teil des Dekkhans besetzt. Felsenedikte, wie sie in Mysore gefunden wurden, lassen die Handschrift des Kaisers erkennen. Unter den Mauryas betrat das Gangesreich die Bühne der internationalen Politik, aber neben starke politische und wirtschaftliche Verbindungen mit der westlichen Welt traten die kulturellen Beziehungen mit den Ländern Süd- und Südostasiens. Ashoka schickte seine buddhistischen Missionare nach Ceylon, Burma, Malaya und Kambodscha. Der Kaiser war zum überzeugenden Vertreter buddhistischer Ethik geworden. Er pries die Brüderlichkeit zwischen den Menschen und setzte sich für friedliche Beziehungen zwischen allen Nationen ein. Er plädierte für die Überwindung des Kastensystems und für Toleranz. Um 245 v. Chr. berief er das dritte buddhistische Konzil nach Pataliputra. Wie umfassend er die Lehre verstanden hatte und praktizierte, zeigten die zahlreichen Edikte, die er, in Steinplatten gehauen und auf Säulen graviert, überall im Lande aufstellen ließ. Die berühmte Ashokasäule mit dem Löwenkapitell, deren restlicher oberer Teil im Museum von Sarnath steht, diente als Vorlage zum Staatswappen der Indischen Union.

Die künstlerische Aktivität Indiens beginnt mit den buddhistischen Mauryas. Abgesehen von kleinen Figürchen, Kunstwerken, die wichtige Persönlichkeiten porträtieren oder auch Fruchtbarkeitsgottheiten darstellen, liegt der Schwerpunkt der Mauryas auch weiterhin in der Herstellung alleinstehender Säulen. Als «Lats» oder «Stambhas» bekannt, symbolisieren diese Säulen die Weltachse oder sie zeigen die magisch-religiöse Bedeutung des Platzes an, auf dem sie errichtet wurden. Viele Kapitelle sind mit Tieren oder mit dem Rad des Gesetzes geschmückt, dem Zeichen einer vom Buddhismus inspirierten sozialen und politischen Ordnung, der sich Ashoka verpflichtet fühlte. Seit den Mauryas begann die Welt mit dem Gangesreich zu rechnen, dessen Einflußsphäre weit über die Flußebenen hinausreichte.

Der tolerante Kaiser erlaubte auch die Errichtung nicht-buddhistischer Tempel, eine Geste, die für das Reich der Mauryas charakteristisch wurde – sie führte zum religiösen Frieden. Die Verbreitung der buddhistischen Botschaft machte Ashoka zum ersten kosmopolitischen Herrscher des indischen Subkontinents. Der zweite kosmopolitische Herrscher, der Indien regierte, wurde über 2000 Jahre nach Ashokas Tod in Allahabad an den Ufern des Ganges geboren: Jawaharlal Nehru, der erste Premierminister der unabhängigen Indischen Union.

Das Reich der Mauryas, dessen Mitte das Gangestal war, zerfiel im letzten vorchristlichen Jahrhundert. Viele kleine Staaten übernahmen wieder die Macht. Die Lust der Eroberer auf Indus und Ganges wuchs von neuem. Einsichtige befürchteten, daß die Perser ihre alten Ansprüche auf das Industal wieder anmelden würden. Auch im China der zweiten Han-Dynastie machten sich expansive Kräfte bemerkbar, die nach Süden drängten. Neue Völker aus Zentralasien stürmten an. Die Hunnen, die Türken, die Sakas, die Parther. Ein großer Teil des alten Maurya-Reiches, Malva und die Küsten mit ihren Häfen, die durch den überseeischen Handel reich geworden waren, wurden von den Sakas beherrscht. Dekkhan und das Land der Tamilen drängten nach politischer Selbständigkeit. Die Kaiser der Kushan regierten die Gangesebene im Westen. Sie waren Mahayana-Buddhisten und wurden durch ihre kulturellen Leistungen berühmt. Gegen die neuerliche Festigung des Buddhismus revoltierten die Brahmanen, die die Mauryas gestürzt hatten. Sie planten eine Gegenreformation, um ihre auf dem vedischen Erbe beruhende Religion, den Brahmanismus-Hinduismus, wieder zur Staatsreligion zu machen. Sie sollte nach längerem Interregnum zu einer Erneuerung des Gangesreiches durch die *Gupta* führen, die von 320–500 n. Chr. regierten. Sie waren die ersten Herrscher, unter denen der Hinduismus in Nordindien zur geistigen Basis wurde. Der Keim zu einem Hindu-Nationalstaat war gelegt. Sich der Zustimmung der Mehrheit ihrer Bevölkerung bewußt, haben die Gupta-Herrscher ebenso wie Ashoka Toleranz geübt und vom Hinduismus abweichende Bekenntnisse und Sekten geduldet. Noch einmal entstand ein Gangesreich, dessen kulturelle Reife – das Ergebnis einer tausendjährigen Entwicklung – zu glanzvollen Leistungen führte. Die Gupta-Zeit wird als klassische Periode indischer Kunst bezeichnet. Die Bildhauerei wird verfeinert. Neben kleinen Terrakottafiguren – symbolhaften Darstellungen der Hindu-Götter an den Tempeln – fallen besonders die Steinfiguren von Sarnath auf, die das verklärte Lächeln des Buddha in einzigartiger Weise festhielten.

DAS KULTURELLE ERBE

Die von den Gangesreichen ausgehende Renaissance des Hinduismus hat zu großen künstlerischen Entwicklungen geführt. Im 6. und 7. Jahrhundert entstanden unter den Dynastien der *Chalukyas* und *Pallavas* die Tempel von Kanchipuram und Mahabalipuram. Im 8. Jahrhundert folgten die *Pallas* und die *Rashtrakutas*, – ihre Bildhauer haben den berühmten Tempel von Ellora aus den Felsen geschlagen. Die Architekten der *Gangas* erbauten Puri und Bhubaneshwar, die der *Chandellas* im 10. Jahrhundert Khajuraho. Im 11. Jahrhundert wurden die *Cholas* berühmt durch den Tempel des Shiva von Thanjavur. Die *Hoysalas* (12. Jahrhundert) hinterließen ihre Gotteshäuser in Mysore, Halebid, Belur und Somnathpur.

Schon im Gangesreich der Guptas wurde angelegt, was später in Khajuraho zur höchsten künstlerischen Vollendung kam, die Tempelkunst der Hindus und der Jainas. Sie wurde getragen von den *Rajputen*, dem sagenhaften Schwert- und Landadel, der im Nordwesten Indiens in jenem Grenzland lebt, das durch die Wüste Thar vom Industal getrennt wird.

Niemand weiß, woher die Rajputen wirklich stammen. Kamen sie mit den Hephtaliten oder mit anderen Eroberern aus Zentralasien in den Subkontinent? Jedenfalls bestand ihre Gemeinschaft aus vielen unverbrauchten jungen Stämmen, deren ältester, die Pratiharas, das Gangesreich von Kanauj regierten. Die anderen Rajputenstämme zogen aus der Rolle der Pratiharas nicht die Konsequenz, etwa als «Reichsritter» in die Dienste des Kaisers von Kanauj zu treten. Sie blieben unabhängige Herrscher ihrer verschiedenen selbständigen Fürstentümer. Etwa seit dem 6. Jahrhundert haben die Rajputen die Lücke gefüllt, die durch die Entmachtung der alten arischen Kshatriyas, der Kriegerkaste, entstanden war. Die Rajputen hinterließen aber nicht nur ihren kriegerischen Ruhm, sie haben in Forts, Palästen und Tempeln einen Teil ihrer schöpferischen Kraft manifestiert, einen unleugbaren Sinn für Schönheit und Harmonie. Vor ihren Bauwerken erinnern wir uns an die Berichte über den Glanz ihrer Höfe, an ihre Bildhauer und Architekten, Dichter, Musiker und Philosophen, an anmutige Frauen und grazile Mädchen, an die «Devadasis», die Priesterinnen der Liebe im Tempel, an Heilige, bizarre Götter und Dämonen, aber auch an den sicheren Geschmack dieses von der Kultur der Gangesreiche geprägten indischen Adels, der sich in der eleganten Komposition kühner, leuchtender Farben und gewagter Liebeszenen verrät.

Die bedeutendsten Zeugnisse rajputischer Kultur reichen bis ins 9. Jahrhundert zurück. Damals entstand in diesem zentralen Gebiet Indiens, Bundelkhand, das Reich der *Chandellas,* des Rajputenclans der Bundellas. In ihrer Hauptstadt Khajuraho ließen die Chandella-Könige die Tempel errichten, die zu den wichtigsten und schönsten Bauwerken der mittelalterlichen Hindu-Architektur gehören.

Was die Bildhauer und Architekten der Chandellas bewegte, haben sie in die Steine der Tempel von Khajuraho übertragen: ihre Suche nach Gott. Die symbolische Aussage teilt sich mit: steinerne Wagen auf der Fahrt in den Himmel – das suggerieren die Tempelsilhouetten –, Abbilder des steilen Weges, über den der Pilger zu den höchsten Bergheiligtümern emporsteigt, «Shikharas», Tempeltürme, die sich mit leicht gekrümmten, aufeinander zulaufenden Linien zur Spitze auftürmen, Chiffren setzend für den Weltberg Meru, auf dem Gott Shiva die Welt tanzend erschaffen hat. So kompliziert wie der Aufbau des Tempels ist der Erkenntnisweg des Menschen, den der Bau versinnbildlicht. Stufe um Stufe muß der Pilger erklimmen, ehe das Antlitz seines Gottes im Allerheiligsten vor ihm auftaucht.

> «Dreimal unendlich ist das Göttlich-Eine:
> Dem Raum nach, weil es dieses All durchdringt,
> Der Zeit nach, weil es anfanglos und ewig,
> Dem Stoff nach, weil es alles Sein bedingt.»

Manche Historiker sagen, der schöpferische Augenblick der Chandellas habe nur knapp 100 Jahre – von 950 bis 1050 – gedauert. In dieser Zeit seien alle großen Tempel entstanden. Andere Historiker glauben, daß die Blütezeit dieses Rajputenreiches mindestens 250 bis 300 Jahre dauerte. An der Sinngebung der Bauwerke ändern die Theorien der Historiker nichts. In 85 Tempeln haben die Architekten der Chandella-Könige immer wieder versucht, ihrer eigenen Konzeption vom Kosmos und der ihrer Auftraggeber Ausdruck zu verschaffen. 85 Mal symbolisierten sie im Grundriß, im Boden- und Höhenmaß, in der Raumaufteilung, in Kuppel und «Shikhara», in Abbildern von Göttern und Menschen, das Universum – diese Welt und die Überwelt. Nur 22 Tempel blieben erhalten.

Die Gotteshäuser von Khajuraho liegen jeweils erhöht auf einer Plattform, wie auf einer Insel, die den Gläubigen vom Strom der Welt trennt, ihn absondert und schützt, seinen Weg bestimmt: den Rundgang um das Heiligtum. Die Umwandlung gehört zu den wichtigen Riten des Buddhismus und des Hinduismus. Sie symbolisiert die unzerstörbare, sich immer wieder aus sich selbst erneuernde Kraft, die ohne Anfang und Ende ist wie der Kreis, den der Pilger um den Tempel abschreitet. Im Kreis vollzieht sich die Zeit der Asiaten – die zyklische Wiederkehr. In sie ist auch die Wiedergeburt eingeschlossen. Die einmalige, vorwärts ausgerichtete, auf eine bestimmte Zeit beschränkte Existenz, die den Europäer ständig mit dem unerbittlichen Ende konfrontiert, hat für den Inder keine Relevanz. Alles ist Durchgang und Übergang, Leben und Tod, Werden, Sein und Vergehen, das Kommende und Dahinschwindende, Blühen und Reifen, der Ablauf des Jahres. Im ständigen Wandlungsprozeß erkennt der indische Mensch das Gesetz des Lebens. Was wäre nicht eingebettet in den Kreis seiner Vorstellung von der Zeit?

«Jeder Tempel ist Haus und Körper des Gottes», schreibt die Indologin Stella Kramrish – also Ort der Anbetung und gleichzeitig Gegenstand der Verehrung. Manifestation des Absoluten im Stein –, wie immer es genannt werden mag: Shiva, Vishnu oder Surya. Sie alle repräsentieren, was von dem einen, dem welterschaffenden Gott gesagt wird: «Er, der ohne Anfang, Mitte oder Ende ist, er ist Brahma, er ist Shiva, er ist Indra, er ist unvergänglich, der Größte, der Herr seiner selbst, er ist Vishnu, er ist Leben, er ist Feuer, er ist Mond, er ist Krishna, der von sich selbst sagt: ‹Unter den Strömen bin ich der Ganges.›»

Der Vorstoß ins Universum ist bis zur Grenze des Sichtbaren gelungen. Wo der nach oben sich krümmende und verjüngende Turm in der Spitze endet, scheint die Bewegung abgebrochen, im Stein erstarrt – wenigstens soweit sie porträtiert, was von dieser Welt ist. Aber in alles Endliche wirkt das Unendliche, das Absolute, das sich in jedem Menschen verwirklichen kann, der, von den Bedingtheiten des Lebens befreit, zur höchsten Erkenntnis gelangt: «Gott ist in mir, und ich bin in Gott.» Auf dieser mystischen Erfahrung beruht die Wirkung der Tempelarchitektur der Chandellas. Man könnte ihre Bauwerke als eine Art «Yantra» bezeichnen, eine Meditationshilfe wie das magische Diagramm, in dessen Anblick versunken, asiatische Mönche die Welt vergessen. Die Türme der Tempel weisen den Weg – er führt weit über sie hinaus. Dem Geist steht er offen – der Körper bleibt der Erde verhaftet, außer in jenen Minuten des vollkommenen Glücksgefühls, das nur durch die Liebe zum Partner im Liebesakt ausgelöst werden kann. Mit dieser Erkenntnis enthüllt sich das Geheimnis der figürlichen und szenischen Darstellungen an den Tempeln von Khajuraho. Nach Sonnenuntergang liegen sie im Schatten der Nacht, umgeben vom Schweigen, aber am Tag triumphieren sie über die meditative Herausforderung der Architektur und vertreten leidenschaftlich den zweiten Weg zur Erlösung, den, der allein über die Liebe führt.

Niemand wird die Verschränkung des Säkularen und Sakralen in dieser indischen Kunst leugnen. Niemand wird bestreiten, daß hier nicht nur symbolisiert, sondern auch porträtiert wurde. Das Lexikon der Liebe, das in Hunderten von Darstellungen die Vereinigung der Geschlechter beschreibt, ist gleichzeitig ein Bilderbuch des alltäglichen Lebens der

Inder. In ihm waren das Heilige und das Profane immer so verbunden, daß es schwer ist, sie auseinanderzudividieren. Nach der Überlieferung bestimmen vier Dinge das Leben der Inder: «Dharma», das ewige Weltgesetz, «Artha», die Erwerbung von Ansehen und Reichtum, «Karma», das Streben nach Vergnügungen und Schönheit, deren vollkommenste die Liebe ist, und schließlich «Moksha», die Erlösung. Mit «Dharma», «Artha», «Karma» und «Moksha» schließt sich der Kreis vom Ursprung des Lebens bis zur Rückkehr in das All-Eine, aus dem es Wiederkehr gibt.

Wem die indische Gedankenwelt so weit vertraut ist, der wird sie in den Darstellungen von Khajuraho wiedererkennen. Neben der Welt der Liebenden ist in Khajuraho der Alltag mit all seinen Aspekten dargestellt. Alles ist in diesem einzigartigen steinernen Bilderbuch festgehalten, es wäre töricht, seinen dokumentarischen Wert zu leugnen. Aber es hieße doch, am Wesentlichen vorbeigehen, wollte man die Darstellungen der Liebesakte, jener vielen ineinander verschlungenen Paare, die man auch als «Mithuna» bezeichnet, nur als Kompendium der Liebeskunst, als erotische Technik, als einen simplen Leitfaden für sexuelle Vergnügungen ansehen, wie es etwa das langatmige *Kama Sutra,* das indische Liebeshandbuch aus dem 4. Jahrhundert, ist, das sicher manchem Bildhauer von Khajuraho als Vorlage diente. Die berechtigte Frage ist allerdings, ob diese mit jedem Detail des weiblichen Körpers so vertrauten Künstlers überhaupt eine Anregung nötig hatten, ob sie nicht in den Stein transponierten, was sie selbst erlebt und erfahren hatten, ob die Götter und Göttinnen nicht ihre Züge tragen und ob die Szenen an den Tempeln nicht einfach nach Erzählungen entstanden sind.

Eines aber ist sicher: was die Bildhauer lasen oder erlebten und ins Bild übersetzten, war mehr als die Technik der Liebeskunst, es war die Sichtbarmachung eines unsichtbaren geistigen Vorgangs. Um ihn nachzuvollziehen, sollte man die indische Schöpfungslegende lesen, in der es heißt, daß der «Eine», der höchste Gott Brahma, in dem Wunsch, allgegenwärtig zu sein, sich in die «Vielen» aufgespalten habe und daß die Vielen – aus der glücklichen, präexistenten «Nicht-Dualität» des männlichen und des weiblichen Prinzips mit der Schöpfung der Welt in die schmerzliche Dualität von Mann und Frau entlassen – nach Wiedervereinigung streben, nach Rückkehr in das ungeteilte, vollkommene Leben, in jenes mystische Land, in dem das weibliche und das männliche Prinzip noch ungeschieden und in vollkommener Harmonie verbunden waren. Der Sichtbarmachung dieser Urharmonie gilt die Darstellung der Liebenden an den Tempeln von Khajuraho. Wer sich ihnen mit diesem Wissen nähert, wird im graziösen Liebesspiel, in den Varianten der sexuellen Begegnung nichts Obszönes, sondern das in den Stein transponierte Erlösungsmotiv, den zweiten, durch tantrische Riten geöffneten Weg erkennen.

Die Hochblüte von Khajuraho ist charakterisiert durch den Triumph der Skulptur über die Architektur. Die Herrschaft des Figürlichen begann allerdings schon in der Gupta-Periode, in jenem goldenen Zeitalter, in dem es gelang, Indien, das seine erste, vorchristliche Einigung Kaiser Ashoka verdankte, zum zweiten Mal zu vereinigen. Die Dominanz der Skulptur sollte während des ganzen Mittelalters das zentrale östliche und südliche Indien charakterisieren.

Für einen überzeugten Hindu ist die Antwort nicht schwer. Seine Religion lehrt ihn, daß das ganze Universum auf der Verbindung von Weiblichem und Männlichem beruht. «Schon in den Upanishaden», so betont der indische Gelehrte Prakash, «wurde die Metapher der sexuellen Vereinigung zum Symbol der Ekstase, der Union von Atman und Brahman, der Menschenseele mit Gott, des Urwesens Purusha mit der Urmaterie Prakriti.» Ob es sich bei den Tempeldarstellungen, die diesen Zustand symbolisieren, um Menschen oder Götter handelt, spielt keine Rolle. Der Vergöttlichung des Menschen entspricht die Vermenschlichung der Götter. Neben die Offenbarung Gottes in der Tempelarchitektur, neben die Erkenntnis von der übersinnlichen «Mächtigkeit», haben die Bildhauer von Khajuraho das Bekenntnis ihrer Liebenden gesetzt: «Alles was ich bin, bin ich durch Dich.»

Wer nach Khajuraho reist, muß begriffen haben, daß zwischen Europa und diesen Tempeln Entfernungen zurückgelegt werden müssen, die sich nicht nach Kilometern messen lassen. Wer hier fortgeht, kann eigentlich nicht mehr derselbe sein, der er vor seiner Ankunft gewesen ist: die in den Steinen von Khajuraho mitgeteilten Erfahrungen müssen ihn berührt, wenn nicht gewandelt haben, es sei denn, er hätte sich dem Spiel des Unendlichen, dem Lächeln der Gefährtinnen der Götter, der Surasundaris, verschlossen.

Während der Hochblüte der Chandellas regierten noch immer die Kanauj (606–1000), denen es gelungen war, nach einem Interregnum, das dem Ende der Gupta-Zeit folgte, wieder ein Gangesreich zu gründen. Sein bedeutendster Kaiser war Harsha, der mit zwei ebenbürtigen Großmächten auf dem Subkontinent rechnen mußte, mit dem Dekkhan-Reich unter den Chalukyas und dem rasch anwachsenden Bengalen. Die Wiederauferstehung eines geeinten Gangesreiches war vorübergehend. Viele kleine Dynastien strebten nach Selbständigkeit. Dieser Drang stand seit der Auflösung des Maurya-Staates mit dem Reichsgedanken in Konflikt. Er hätte zu einer, dem Europa des 19. Jahrhunderts vergleichbaren Entwicklung des Subkontinents führen können. Er wurde jedoch durch die muslimischen Reichsgründer, wie durch die Kolonialherren und schließlich durch die beiden großen indischen Freiheitskämpfer Mahatma Gandhi und Jawaharlal Nehru abgefangen.

DIE EROBERER

Immer wieder wurde die Frage gestellt, ob sich die Bevölkerung des Subkontinents je als ein Volk, als eine Nation, gefühlt habe. Jawaharlal Nehru pflegte, auf die Vielfalt Indiens als Hinderungsgrund für eine Nation angesprochen, von der *unity in diversity* zu sprechen, und er erklärte, das Gefühl der vielen Millionen, einer Einheit anzugehören, aus der Bindung an die gemeinsame Kultur der Inder. Als Säkularist schloß er in diese Kultur mehr als den *Hindu way of life* ein. Als ich ihn 1957 fragte, was denn die indische Identität eigentlich sei, antwortete er: «Es ist schwer zu erklären, es ist etwas, das wir im Blut haben, das uns seit Jahrtausenden über Rassen und Religionen hinweg mit dieser Landschaft, mit Himalaya und Ganges, mit diesem ganzen Subkontinent, seiner Kultur und Kunst wie mit einer Mutter verbindet.» Trotzdem hat die Erneuerung Indiens im 19. und 20. Jahrhundert sehr viel mit dem Geist der letzten großen Gangesreiche zu tun, deren Wurzeln auch im wiedererwachenden Hinduismus, allerdings in seiner toleranten Form, lagen. Keinen Zweifel aber gibt es, daß der Reichsgedanke der Gangesstaaten während der Herrschaft der Mogulkaiser und der britischen Kolonialherren heimlich fortwirkte. Er wurde zum Impuls der Kongreßbewegung, die begleitet war von einem wiedererwachenden Hinduismus. Diese Renaissance muß als Reaktion auf die Mogulherrschaft verstanden werden.

Der Islam und die Großmogule. Der Einbruch des Islam in den indischen Subkontinent leitete nach der Zeit der Flußkulturen, der vedischen Periode und der Zeit der großen Reiche, die vierte Periode der indischen Geschichte ein. Einzelne Einfälle im 8. und 11. Jahrhundert gingen nicht über die Nordgebiete hinaus, erst im 13. Jahrhundert gelang es Qutb-ud-Din, das *Sultanat von Delhi* zu gründen, das seine Nachfolger bis in den Süden ausdehnen konnten. Mit den Mogulreichen im 16. und 17. Jahrhundert erlebte der Islam eine Hochblüte seiner Geschichte.

Das *Reich der Mogule* begann im Jahre 1526 mit Babur, einem jungen turkmenischen Steppenfürsten und Nachkommen Dschingis Khans. Ihm folgten Humayun (1530–1556), Akbar der Große (1556–1605), Jahangir (1605–1627), Shah Jahan (1628–1658) und Aurangzeb, der 1707 starb. Gehörten Größe und Grausamkeit gleichermaßen zur Welt dieser Herrscher? Hatten sie aus den Steppen Innerasiens ein ungezügeltes Temperament mitgebracht, oder waren sie – wie Humayun (1508–1556) – Träger der überfeinerten persischen Kultur, die das Leben am Hof der Mogulen prägte? Was immer die Mogulkaiser an absoluter Macht und Grausamkeit entfalteten, ihre Bauten sind Ausdruck von Maß und Mitte und zeigen einen unleugbaren Sinn für das Ästhetische. Die Gefahr einer absolutistischen Monumentalität ist gebändigt durch Schönheit und Harmonie. Wer könnte bezweifeln, daß diese Kultur ein Teil der indischen Identität, ist?

Wenn der politische Einfluß der Anhänger Mohammeds nach dem Tode Aurangzebs auch langsam zurückging, so hat der Islam seine Wirkung auf dem Subkontinent doch nie mehr verloren.

Die Muslims – heute sind es 100 Millionen – bilden eine gewichtige Minderheit in der Indischen Union. Ihre Kultur wurde zu einer der beiden entscheidenden Geistesrichtungen Indiens. Ihren Ausdruck findet sie in Religion und Kunst. Die geheime Magie muslimischer Künstler war die Abkehr vom Bild und die Suche nach Zuflucht in abstrakten Formen, die Deutung verlangten. Spiegelten sie so etwas wie einen inneren Frieden, den die frommen Erbauer von Moscheen und Grabdenkmälern in Allah, dem einzigen Gott, gefunden hatten? Die muslimische Kunst mit dem vom Menschenbilde gelösten Ornament bildete in ihrer geometrischen Klarheit einen ruhenden Gegenpol zur leidenschaftlich bewegten, erotischen Tempelkunst der Hindus.

Eine dramatische Entwicklung war vorgezeichnet. Die Kunst der beiden Gemeinschaften reflektierte ihre Divergenzen in Religion, Philosophie und Lebensart. Diese Divergenzen lösten Spannungen aus, die nicht überwunden werden konnten, da es Kräfte gab, die sie immer wieder schürten. Sie eskalierten schließlich in der Politik des «Teilens und Herrschens», die nach der Entlassung der Inder aus englischer Kolonialherrschaft am 15. August 1947 zur Teilung des Subkontinents in die Islamische Republik Pakistan, das «Land der Reinen», den Staat der Muslime, und in Bharat, die Indische Union, führte, die säkulare Heimat für alle Menschen, gleich welcher Rasse und Religion, werden wollte.

Britisch Indien. Seit der portugiesische Seefahrer Vasco da Gama 1498 an der Malabar-Küste landete, um dort zu siedeln, geriet Indien in das Blickfeld der Europäer. Jahrzehnte bevor die Mogulherrscher ihr Reich etablierten, gründeten die portugiesischen Nachfolger Vasco da Gamas im Süden des Subkontinents einen Handelsposten nach dem anderen. 1510 eroberte der portugiesische Admiral Alfonso de Albuquerque Goa, das bis 1961 in der Hand von Portugal blieb. Von Goa aus stießen die abenteuerlustigen portugiesischen Admiräle weiter nach Osten vor, bis sie schließlich auch in Indonesien einen Außenposten unterhielten, der später mit anderen portugiesischen Niederlassungen, die auf dem Eroberungswege entstanden waren, in die Hand der Holländer fiel. Auch die Engländer blieben nicht müßig, auch sie hatten von sagenhaften Reichtümern in Süd- und Südostasien gehört. Fünf Shilling sollen nach Meinung der französischen Autoren Larry Collins und Dominique Lapierre *(Freiheit um Mitternacht)* die Engländer veranlaßt haben, sich auf ein Abenteuer einzulassen, das schließlich zur Kolonialherrschaft über Indien führte. Die holländischen Beherrscher des ostindischen Gewürzhandels hatten diese fünf Shilling als Aufschlag auf den Preis des Pfundes Pfeffer verfügt.

Dagegen protestierte am 24. September 1599 eine Gruppe von 24 britischen Kaufleuten mit der Gründung der *Ostindischen Kompanie*. Am 31. Dezember 1599 unterzeichnete Königin Elisabeth I. einen königlichen Freibrief. Die Ostindische Kompanie erhielt dadurch für 15 Jahre die ausschließlichen Rechte, mit den Ländern jenseits vom Kap der Guten Hoffnung Handel zu treiben. Mit Geschäften begann also die fünfte Periode der indischen Geschichte, die Herrschaft der Briten. Am 24. August 1600 landete das erste Schiff der Gesellschaft im Hafen Surat nördlich von Bombay. Rasch dehnte sich die Kompanie aus, weitere Gründungen folgten: in Madras und am Golf von Bengalen, an einem Platz im Gangesdelta, an dem nicht viel mehr als ein schattenspendender Banyan-Baum stand.

Es ist kaum zu glauben: die ersten Niederlassungen der Ostindischen Kompanie wurden zum Grundstein der Millionenstadt Kalkutta. Die Erfolge der Gesellschaft, die – wie sie den Indern versichert hatte – nur am Handel, nicht aber an der Politik oder am Erwerb von Land interessiert war, faszinierten die auf 125 Personen angewachsenen britischen Aktionäre dieses ostindischen Abenteuers, das ihnen bald 200 % Verdienst im Jahr einbrachte. Mindestens zweimal monatlich entluden die Schiffe der Kompanie Berge von Gewürzen, Zucker, Gummi, Baumwolle und Seide in England, um dann mit britischen Produkten beladen zurückzukehren. Die Einkünfte erhöhten sich, als die Kompanie zusätzlich einen lukrativen Handel mit Salpeter begann, einem wichtigen Bestandteil von Schießpulver. Große Mengen von Salpeter wurden jahrelang ungehindert über den Ganges verschifft. Erst 1680 machte Kaiser Aurangzeb dem blühenden Geschäft ein Ende. Er requirierte die Salpeterfabrik in Kalkutta, verbot den Handel mit dem gefährlichen Stoff und belegte die ausländischen Kaufleute mit einer erheblichen Steuer. Später müssen sich die Kontrahenten wohl wieder arrangiert haben. Aurangzeb erteilte der Ostindischen Kompanie 1690 die Erlaubnis, im großen Stil an den Ufern des Ganges zu siedeln, und zwar an einem Nebenarm mit dem Namen Hooghly. Allmählich entwickelte sich die Siedlung um das stattliche Fort zur von Menschen überquellenden Hauptstadt Kalkutta.

Der Zug der Briten, sich gangesaufwärts auszudehnen, verstärkte sich. In Patna lockte ein neues Geschäft. Die alte Hauptstadt Pataliputra des Magadhareiches war unter den Holländern, die sie 1650 besetzten, zu einem Zentrum des Opiumhandels geworden. An der Stelle der ehemaligen holländischen Opiumfabrik erbauten die Briten um 1781 das «Opiumgodown», das Opiumlagerhaus, das älteste europäische Gebäude der Stadt. Lange blieb das Opium ein Monopol der Ostindischen Kompanie. Die Käufer waren in der Hauptsache arme chinesische Bauern und Kulis. An diesem erbärmlichen Geschäft verdienten britische Aktionäre allein zwischen 1849 und 1850 3300000 englische Pfund. Als die chinesische Regierung versuchte, den Opiumhandel vom Ganges zu unterbinden, kam es zwischen 1839 und 1842 zu einem erbitterten Krieg zwischen China und England, den die Chinesen verloren. Nur wenig später verfiel das Opiumgeschäft doch. Die Farmer am Ganges erkannten, daß mit anderen Produkten, deren Anbau und Ernte weniger Arbeit machte, leichter Geld zu verdienen war. Nicht moralische Gründe also, sondern kaltes Kalkül veranlaßte Kompanie und Kolonialherren schließlich zur Aufgabe der Verarbeitung und Vermarktung des gefährlichen Mohns.

Der reichlich fließende Mammon und eine Intensivierung des Handels führten automatisch zur Einmischung in die Lokalpolitik. Um ihren Handel zu schützen, mußten sich die Engländer in die Streitigkeiten zwischen den Fürsten einmischen, auf deren Territorien sie tätig waren.

«Damit begann ein irreversibler Prozeß, der schließlich dazu führte, daß England gewissermaßen versehentlich Indien eroberte», schreiben Collins und Lapierre in ihrem Buch *Freiheit um Mitternacht*. «Am 23. Juni 1757 marschierte an der Spitze von 900 Engländern des 39. Infanterieregiments und 2000 Sepoys (eingeborenes Fußvolk) ein wagemutiger General namens Robert Clive durch strömenden Regen gegen die Armee eines widerspenstigen Nawab und schlug sie in den Reisfeldern bei einem bengalischen Dorf namens Plassey in die Flucht. Clives Sieg, der ihn nur 23 Tote und 40 Verwundete gekostet hatte, öffnete den Londoner Kaufherren den Zugang zum nördlichen Indien. Damit begann die eigentliche Eroberung Indiens durch die Briten. Die Kaufleute der Ostindischen Kompanie wurden von den Baumeistern des Empires abgelöst; nicht mehr der Handel, sondern das Land wurde zum Hauptziel der Engländer in Indien.»

Es gibt keinen Zweifel, daß die Briten viele positive Spuren auf dem Kontinent hinterlassen haben: in der unabhängigen Justiz, in der ausgezeichneten Armee, im Erziehungs- und Beamtenwesen, in den Ansätzen zu einer modernen Industrie. Niemand sollte die Anstrengungen der Engländer vergessen, die Sklaverei, blutige Opferriten und Witwenverbrennungen abzuschaffen. Nicht zu unterschätzen ist die Einführung der englischen Sprache auf dem vielsprachigen Subkontinent. Als verbindliche Amtssprache wurde sie zum Medium der Verständigung der Inder untereinander und selbstverständlich mit der fremden Welt.

Mit diesem Mittel der Verständigung begann auch die Solidarisierung gegen die Eroberer und Kolonialherren. Was die Briten den Indern als Ideale angepriesen hatten: Demokratie, Freiheit und Gerechtigkeit, das wollten die Inder jetzt für sich selbst in einem unabhängigen Staat realisieren. Der blutige Sepoy-Aufstand von 1857 – in den Geschichtsbüchern als sogenannte «Mutiny» registriert –, den die Freiheitskämpfer den Briten lieferten, zeigte, was unter der Decke imperialer Macht schwelte. Die Engländer schlugen brutal zurück. Radikal änderten sie ihre Politik. Die Ostindische Kompanie beendete ihr 258 Jahre währendes Wirken – England ernannte Indien zur Kronkolonie, für die künftig Königin Viktoria zuständig sein sollte. Ab 1877 Kaiserin von Indien, ließ sie sich in der Kronkolonie durch einen von ihrer Regierung ernannten Vizekönig vertreten.

Der Widerstand gegen die britische Herrschaft, gegen das sogenannte *Raj,* hatte entscheidende Folgen. 1885 wurde die große Freiheitsbewegung, der «Indian National Congress», gegründet. Seine bedeutendsten Vertreter wurden Mahatma Gandhi und der in Allahabad am Ganges geborene Jawaharlal Nehru. 1929 ernannte Gandhi seinen jungen Mitstreiter um Indiens Freiheit zum Präsidenten der Kongreßbewegung und damit zu seinem politischen Erben. «Er besitzt die Klugheit und Vorsicht eines großen Staatsmannes», schrieb Gandhi an die Mitglieder der Freiheitsbewegung, «er ist rein wie ein Kristall, aufrichtig und über allen Verdacht erhaben ... die Nation ist in seinen Händen sicher.»

Das Zeitalter des 450 Jahre währenden Kolonialismus ging zu Ende, als Jawaharlal Nehru in der Nacht vom 14. auf den 15. August 1947 seine Stimme erhob: «Beim Schlag der Mitternacht, während die Welt im Schlummer liegt, wird Indien zu Leben und Freiheit erwachen. Ein Augenblick nähert sich, wie er nur selten in der Geschichte kommt. Wir schreiten aus dem Alten ins Neue, ein Zeitalter geht zu Ende, und die Seele einer so lang unterdrückten Nation findet ihre Sprache.»

Alljährlich im November zur Zeit des Vollmondes treffen sich rund 600 Elefantenbesitzer mit ihren Tieren zur Sonpur Mela nahe Patna in Bihar. Jeden Morgen nehmen die Elefanten im Fluß Gandak ihr Bad; ein Elefant von Rasse hat mindestens zwei Wärter zu seiner Verfügung, die ihn schrubben, füttern und, zurück am Markt, aufs neue herausputzen.

Geistliche und weltliche Würdenträger präsentieren sich vor dem Volk gerne auf dem Rücken eines Elefanten, da die grauen Riesen in Indien seit alters Macht und Prestige verkörpern.

Übernächste Doppelseite: Die Sonpur Mela ist der größte Elefantenmarkt der Welt und dauert zwei bis drei Wochen. Die Elefanten sollen hier mit Shivas Hilfe die Krokodile besiegt haben; um dieses mythische Ereignis zu feiern, finden sich Hunderttausende von Pilgern ein.

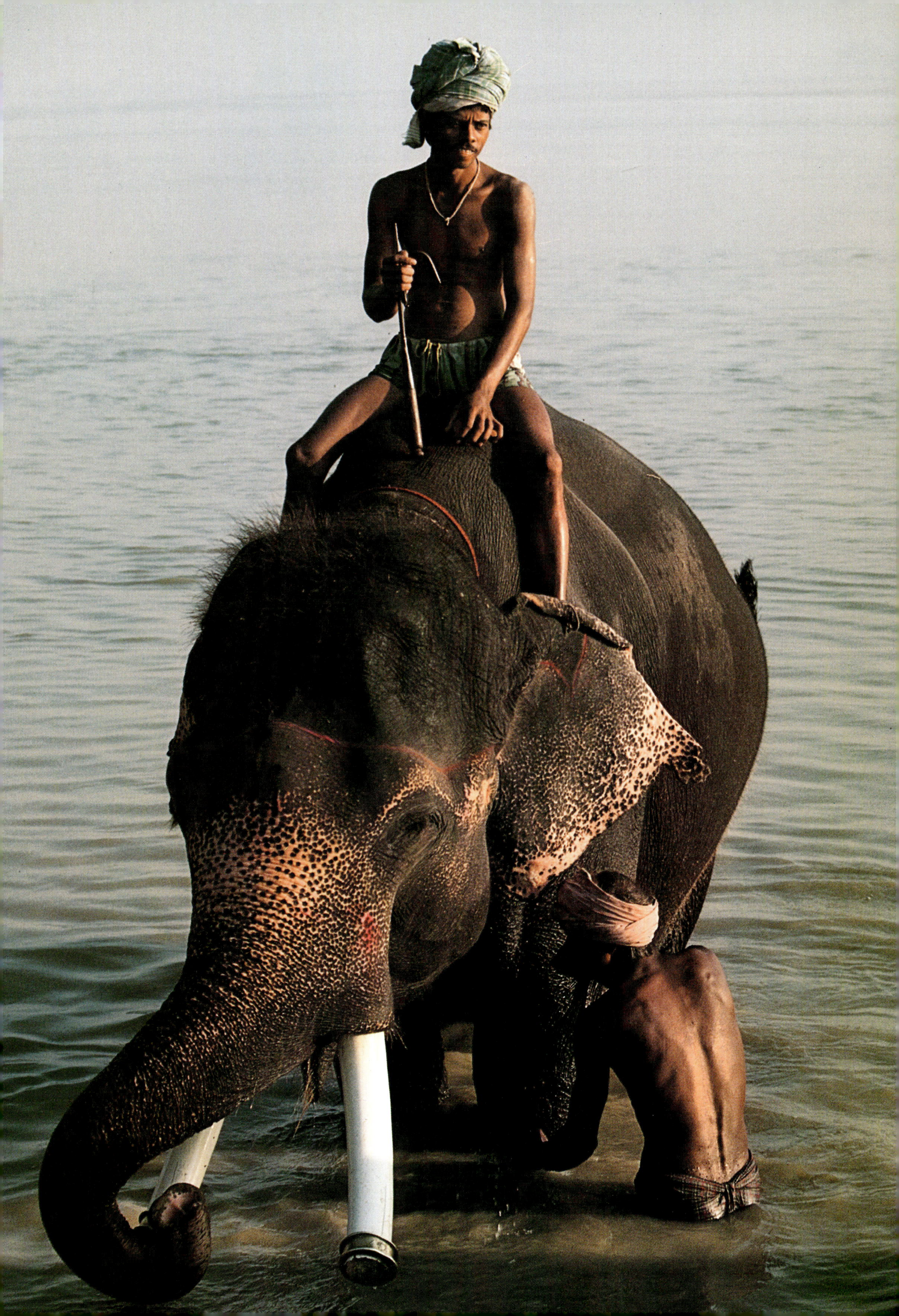

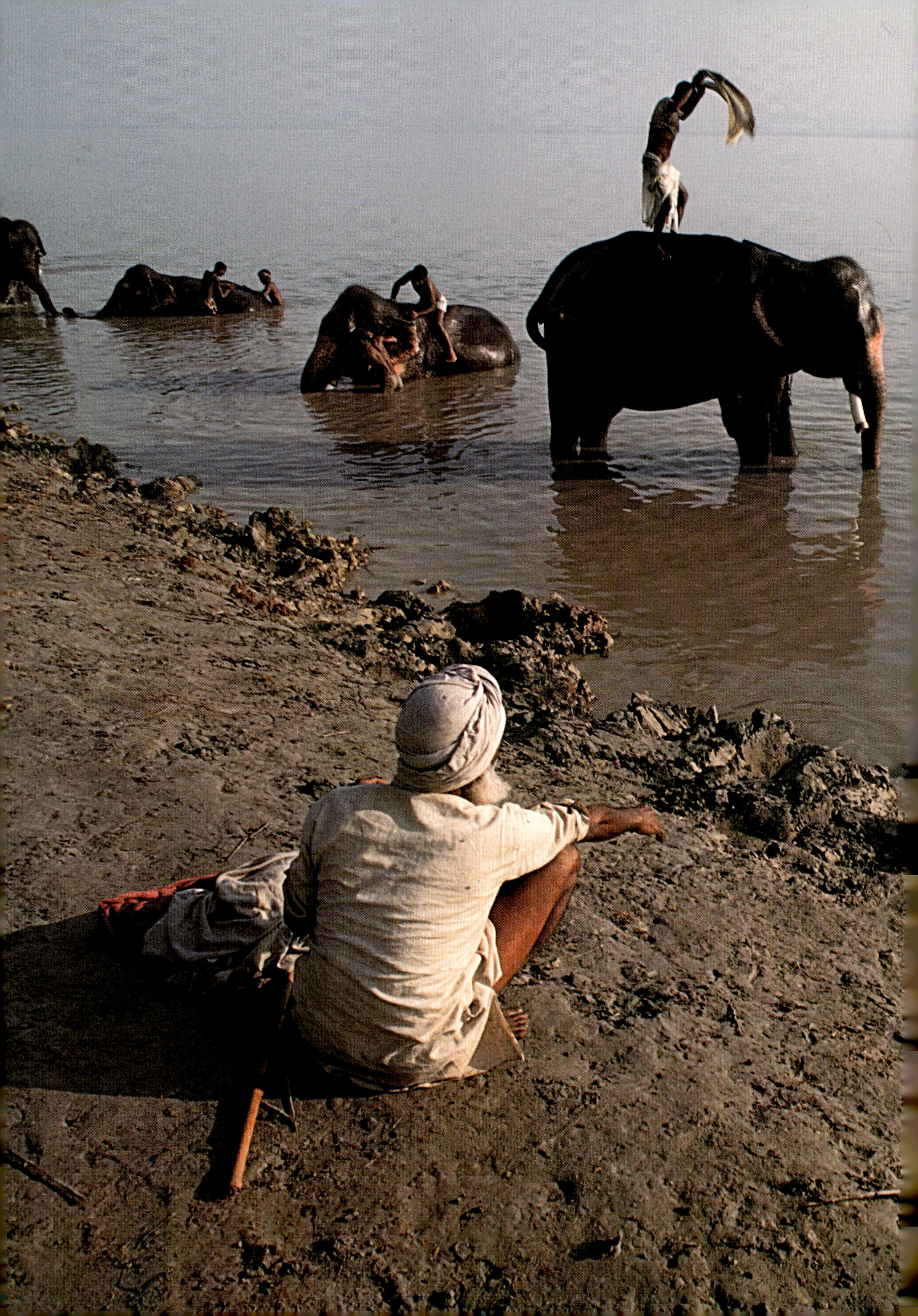

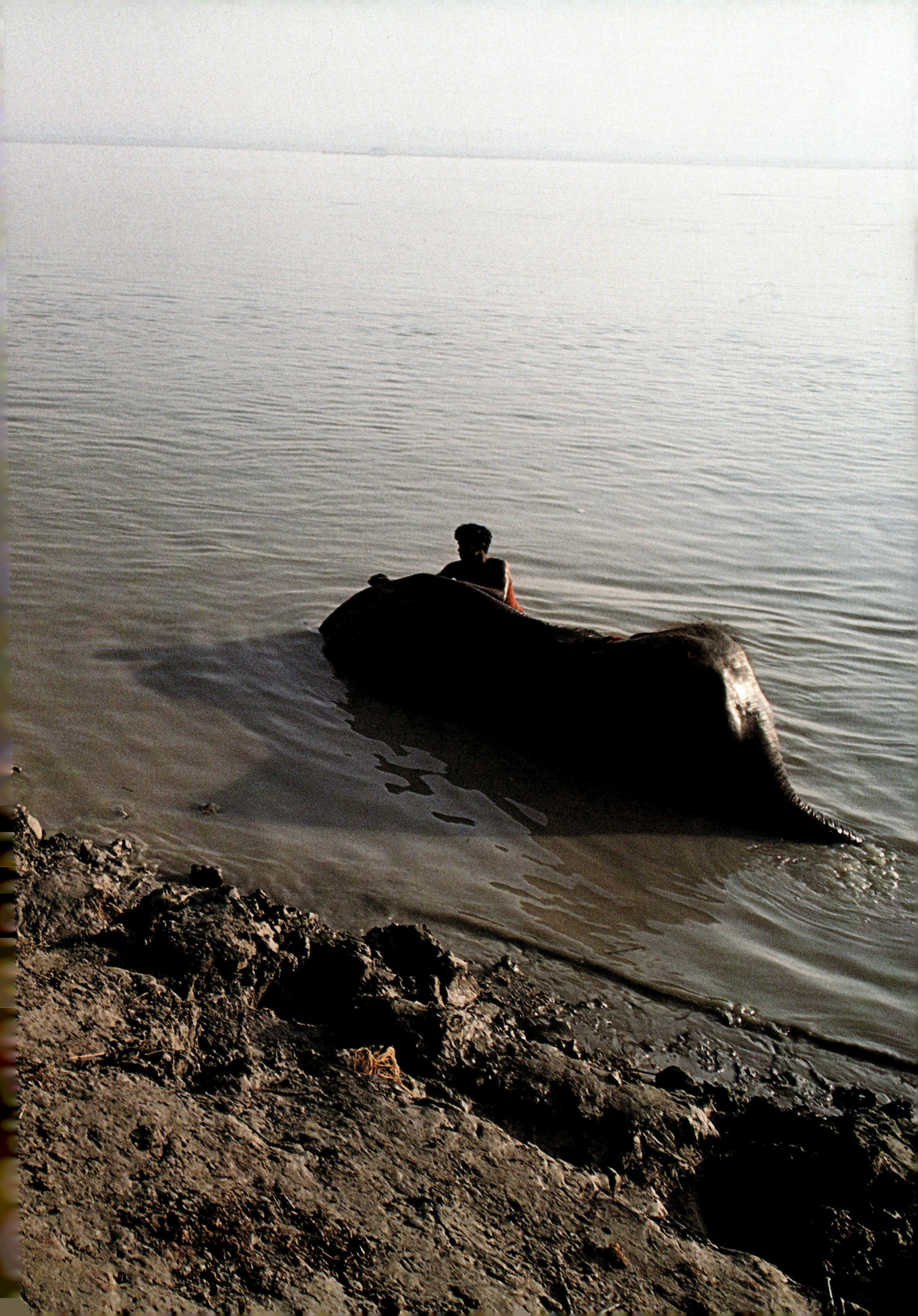

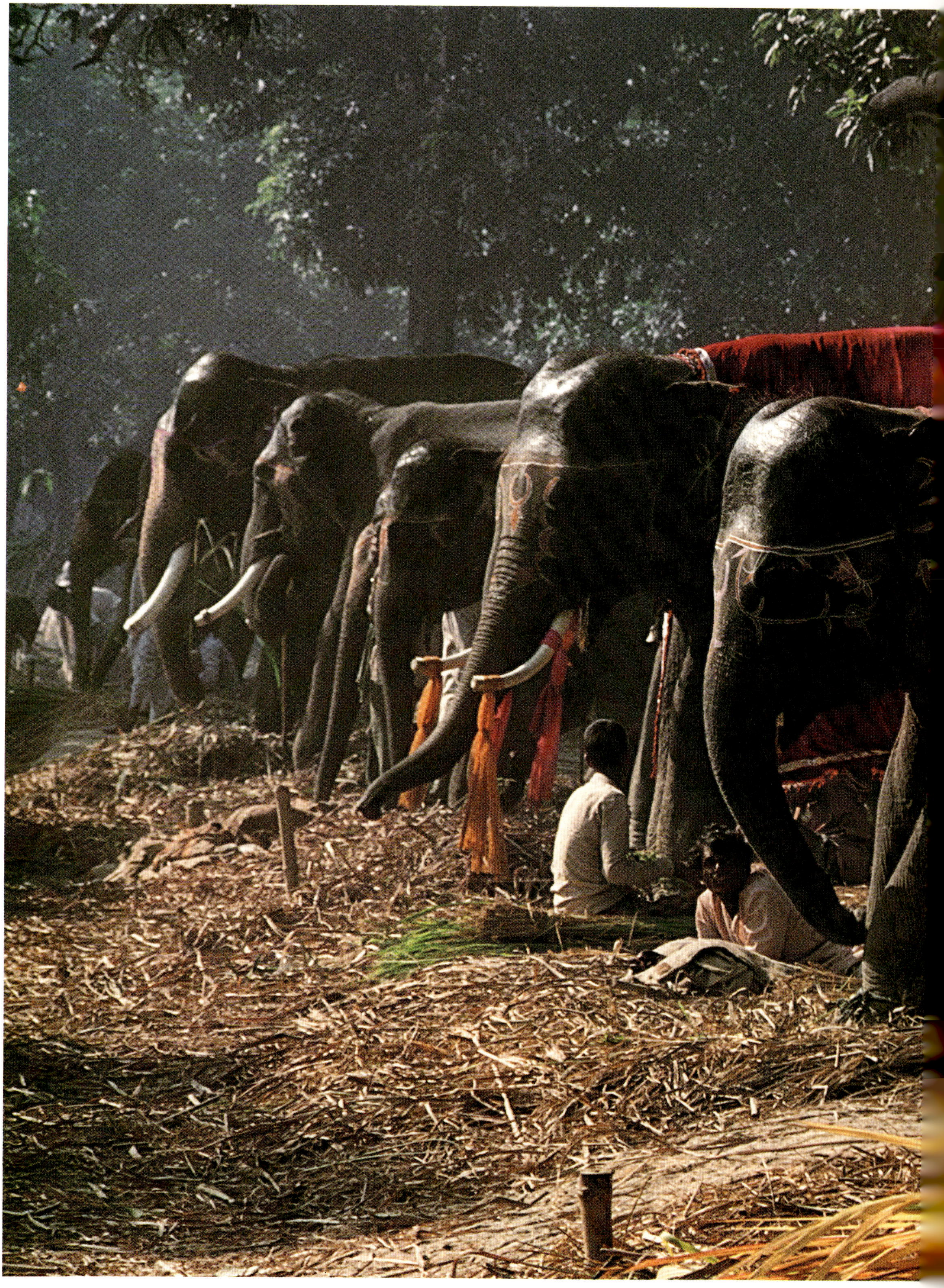

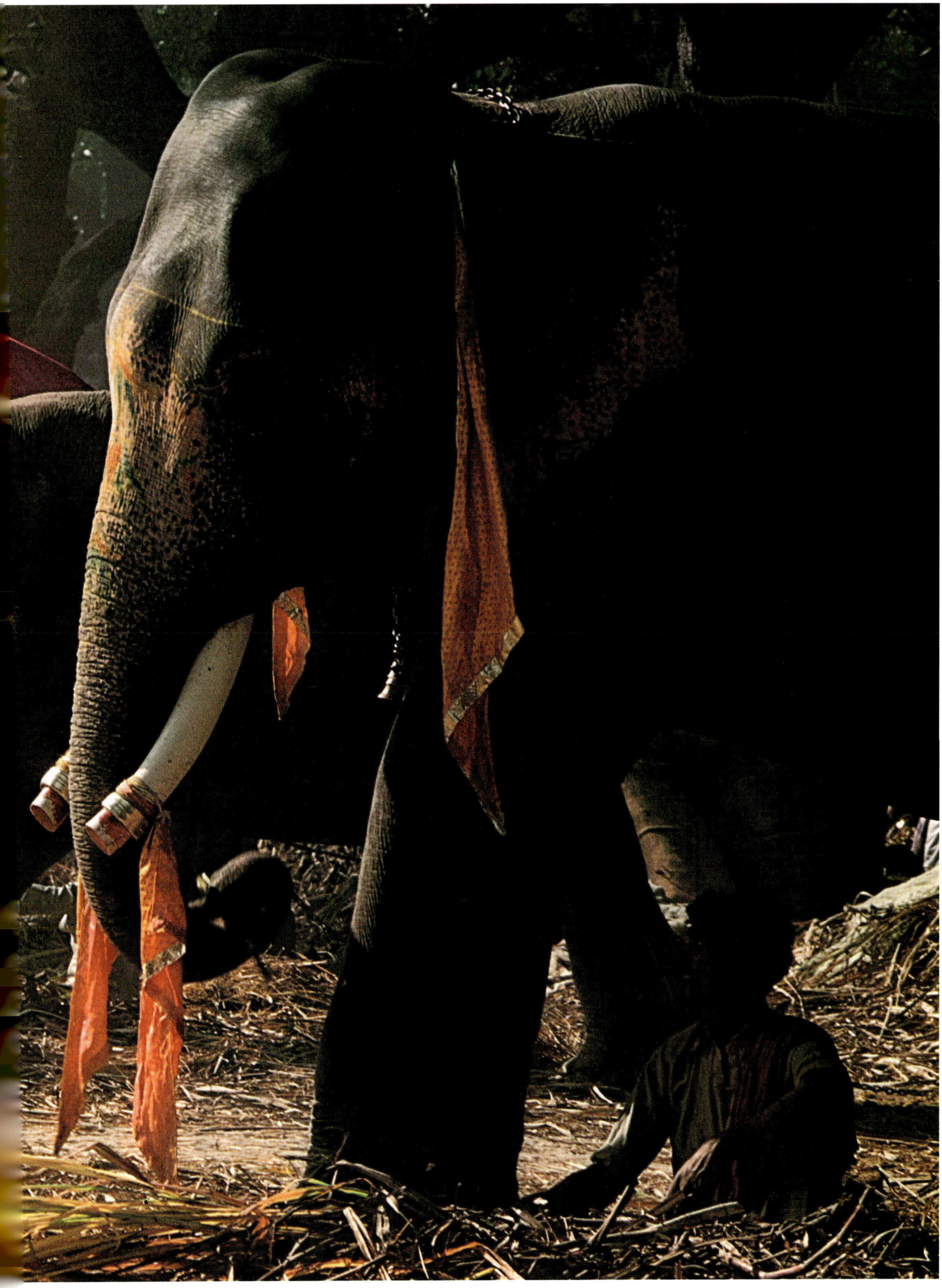

Das Alter und die Länge der noch verbliebenen Stoßzähne bestimmen den Preis des Elefanten – etwa soviel wie ein Auto der gehobenen Mittelklasse; die Wärter sind nebst den Besitzern die einzigen Menschen, die sich den Tieren gefahrlos nähern können. Die Preisverhandlungen im Schatten der Bäume ziehen sich über die ganzen drei Wochen hin; das weniger prestigeträchtige Feilschen der Bauern um Rinder und Kühe findet an der prallen Sonne statt.
Nächste Doppelseite: Menschenströme wälzen sich im Einbahnverkehr über die zum Fest erbauten Pontonbrücken über den Gandak.

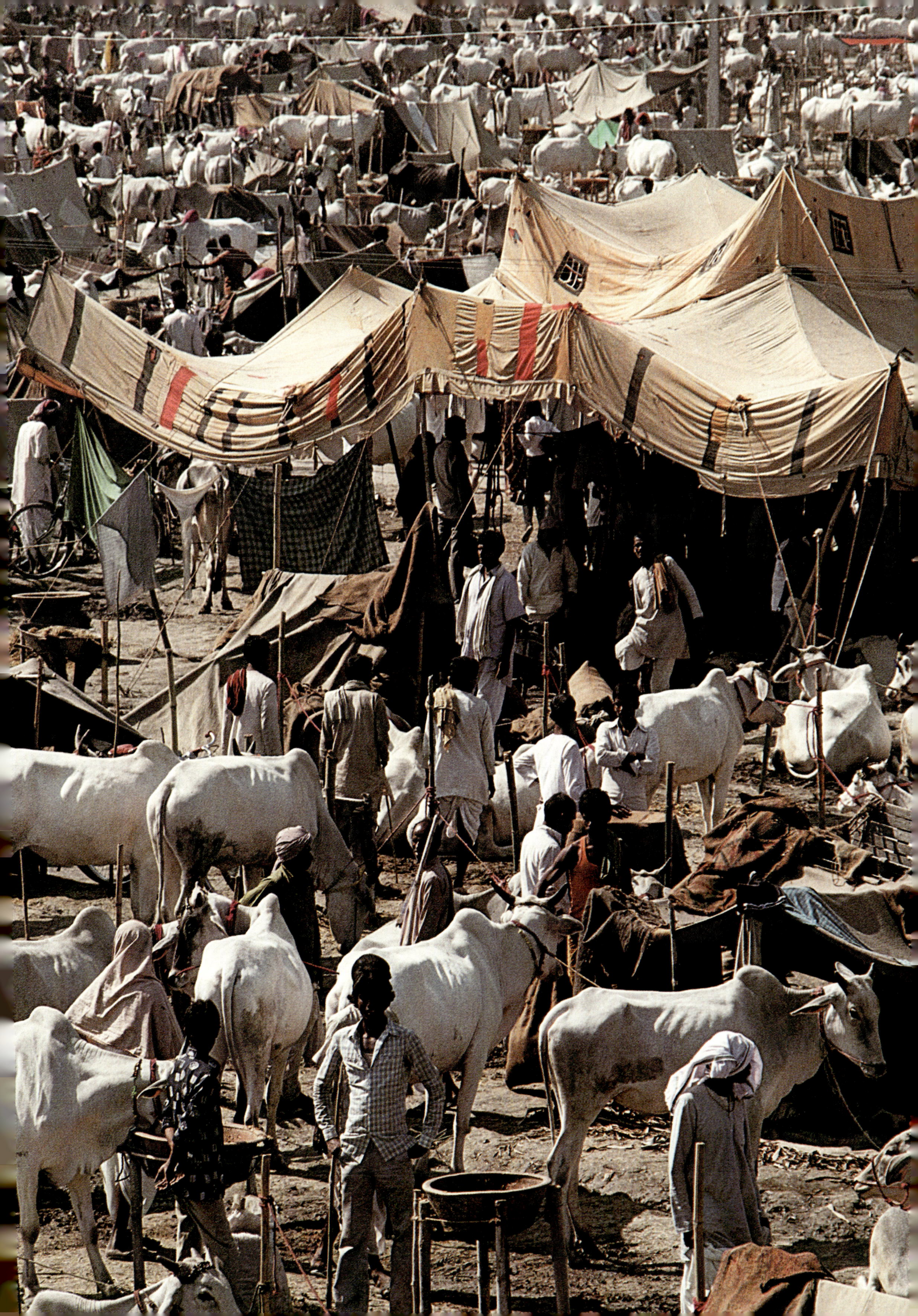

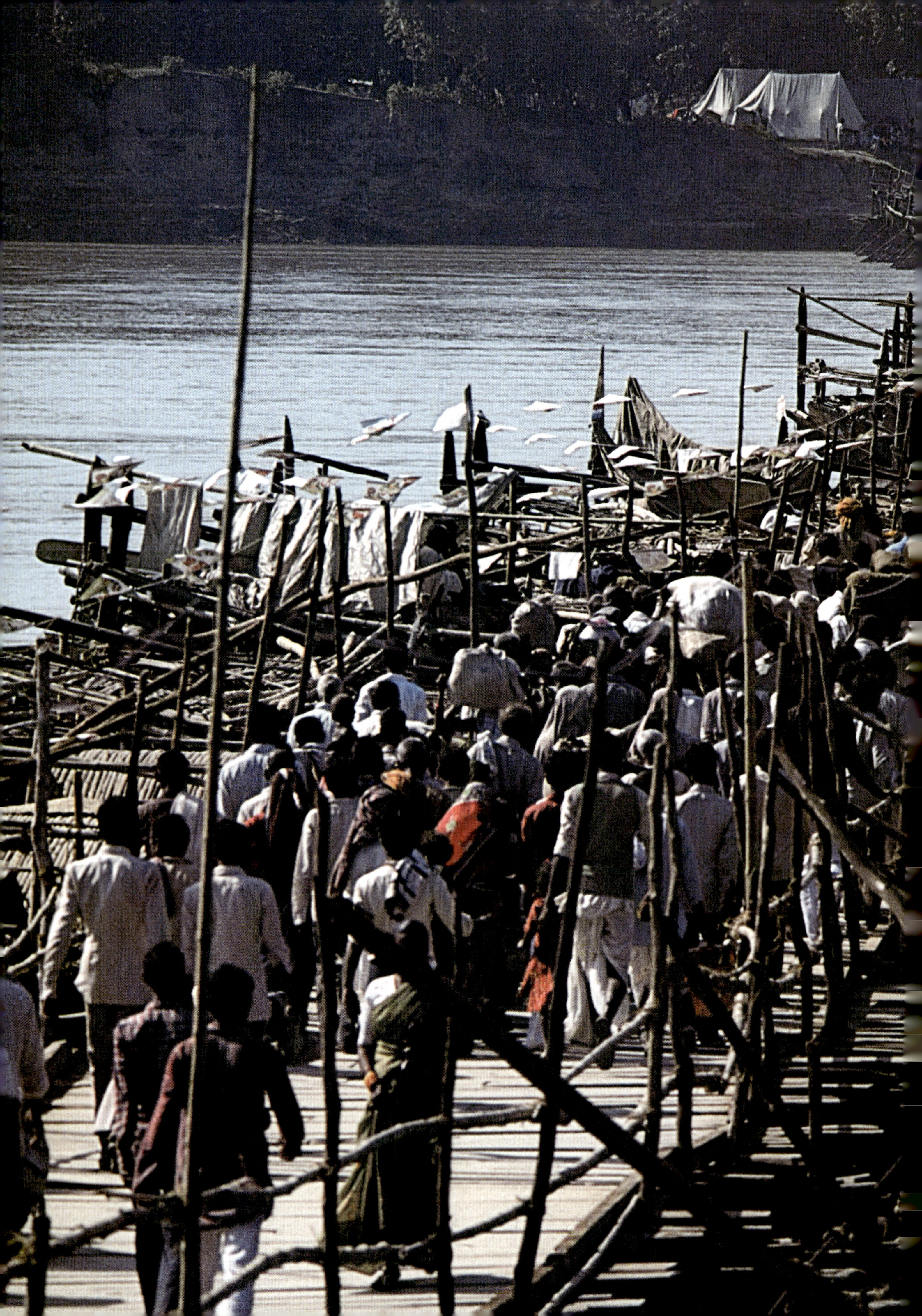

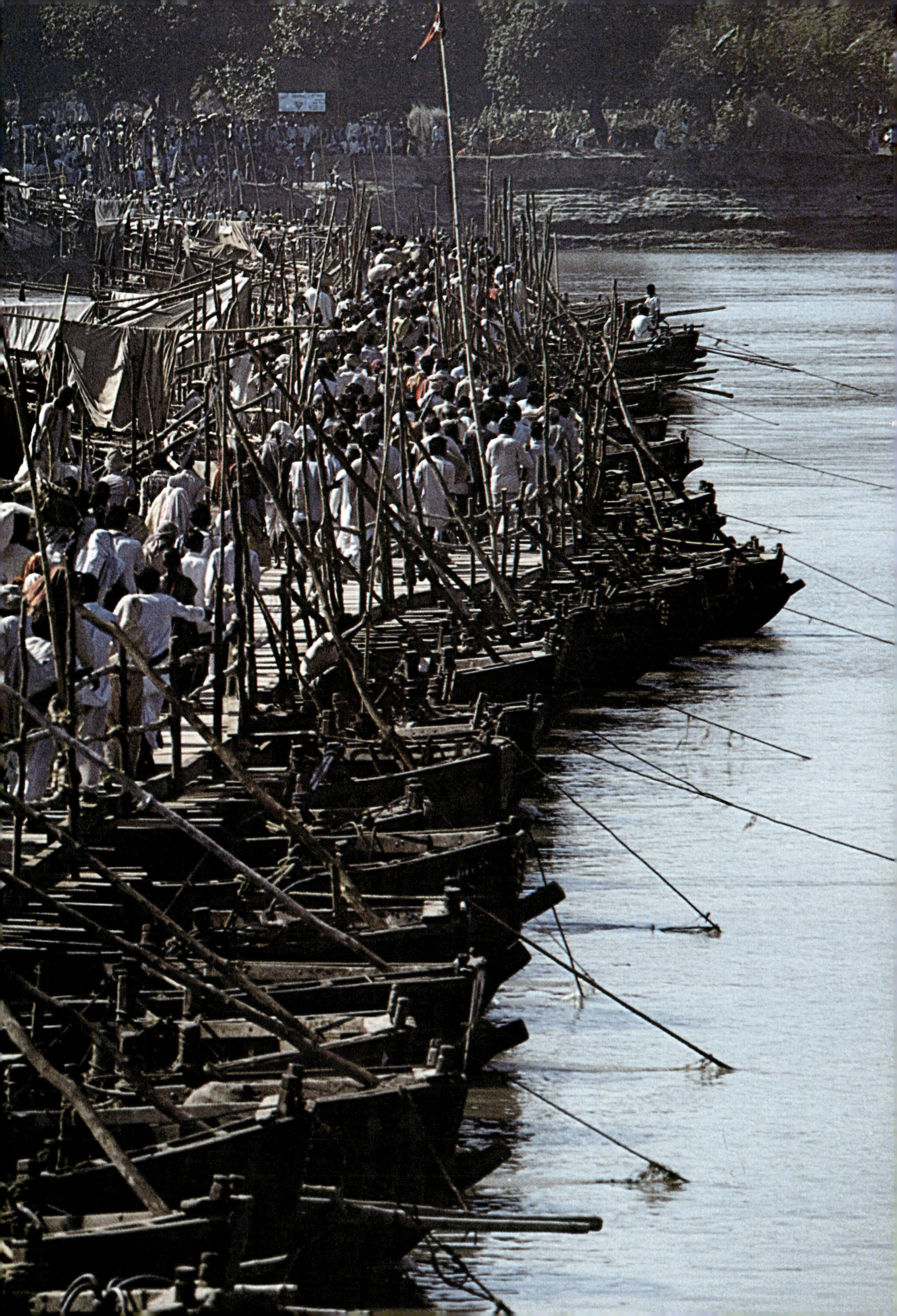

Zutraulich, neugierig, manchmal frech, suchen selbst in den Dörfern die Knaben sehr rasch den Kontakt mit Fremden und wollen unbedingt photographiert werden.
Vor allem die Frauen malen sich einen Punkt («Tika») auf die Stirne; ist er rot, heißt dies, daß sie verheiratet sind; die Scheitellinie kann erst nach der Heirat verlängert werden: je länger die Linie, um so gläubiger die Frau.
Nächste Doppelseite: Dorfschule in Gaya (Bihar); das lockere Bild täuscht eine Gelassenheit vor, die nicht der geübten Didaktik entspricht; Lernen bedeutet in Indien vor allem Drill und sture Repetition; trotzdem machen die Kinder eifrig und lautstark mit.

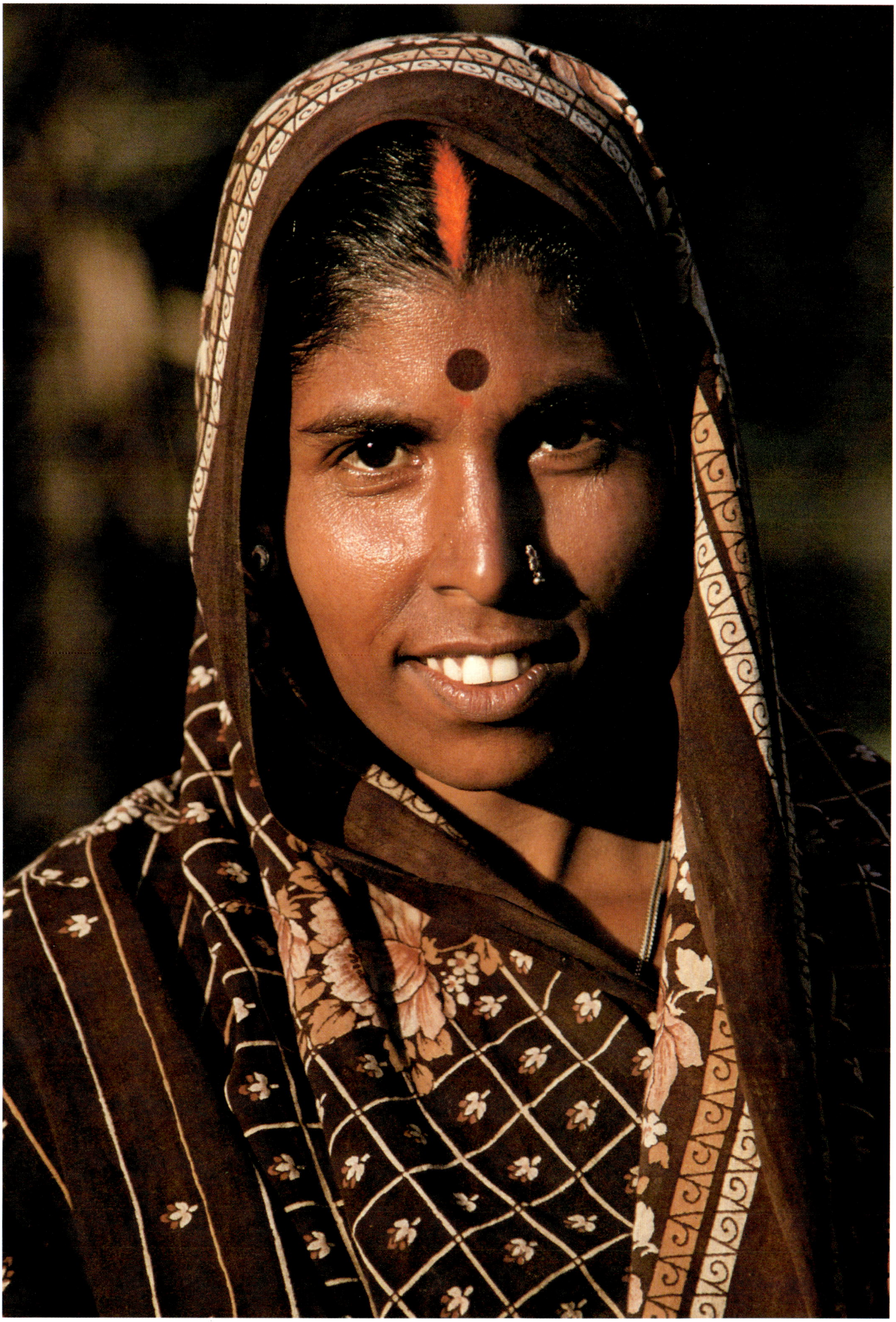

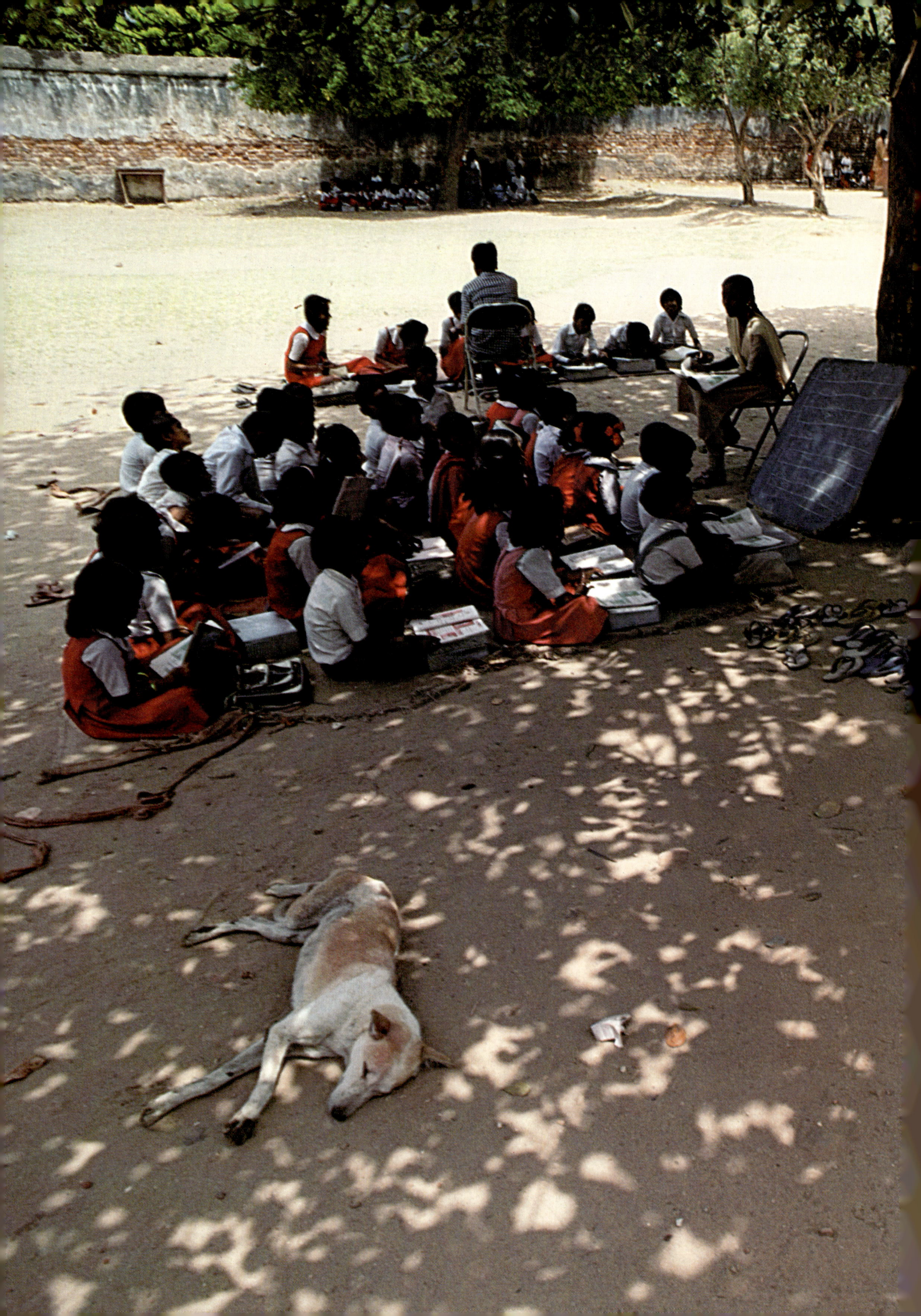

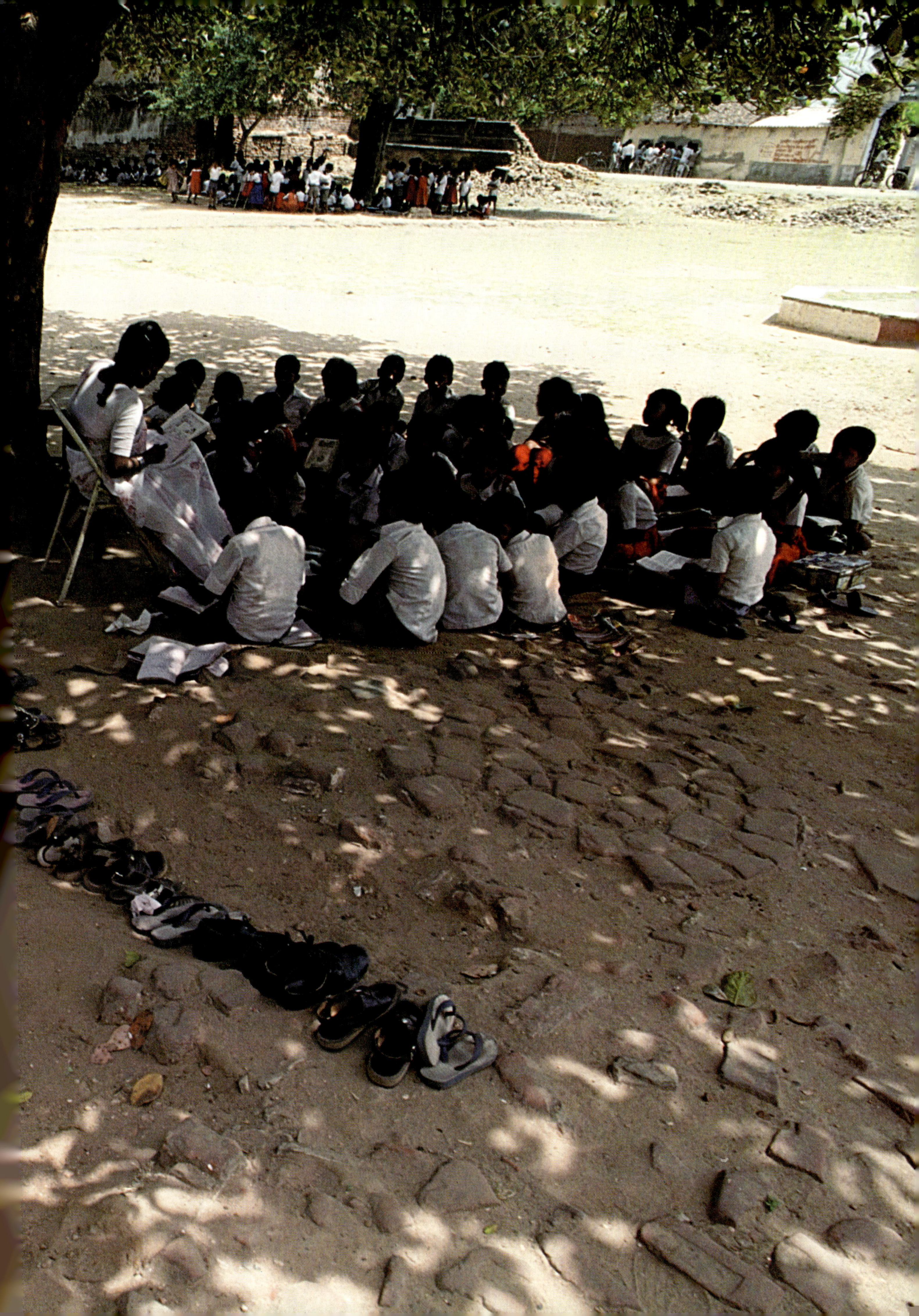

In einem kleinen Töpferdorf außerhalb von Benares verdient die Bevölkerung ihren Lebensunterhalt mit der Herstellung von Teetassen; nur leicht gebrannt, werden sie von den Indern nach einmaligem Gebrauch fortgeworfen. Bei mehrmaliger Verwendung bestünde die Gefahr, daß ein Höherkastiger aus einer Tasse trinkt, derer sich vorher ein Unterkastiger bedient hat.

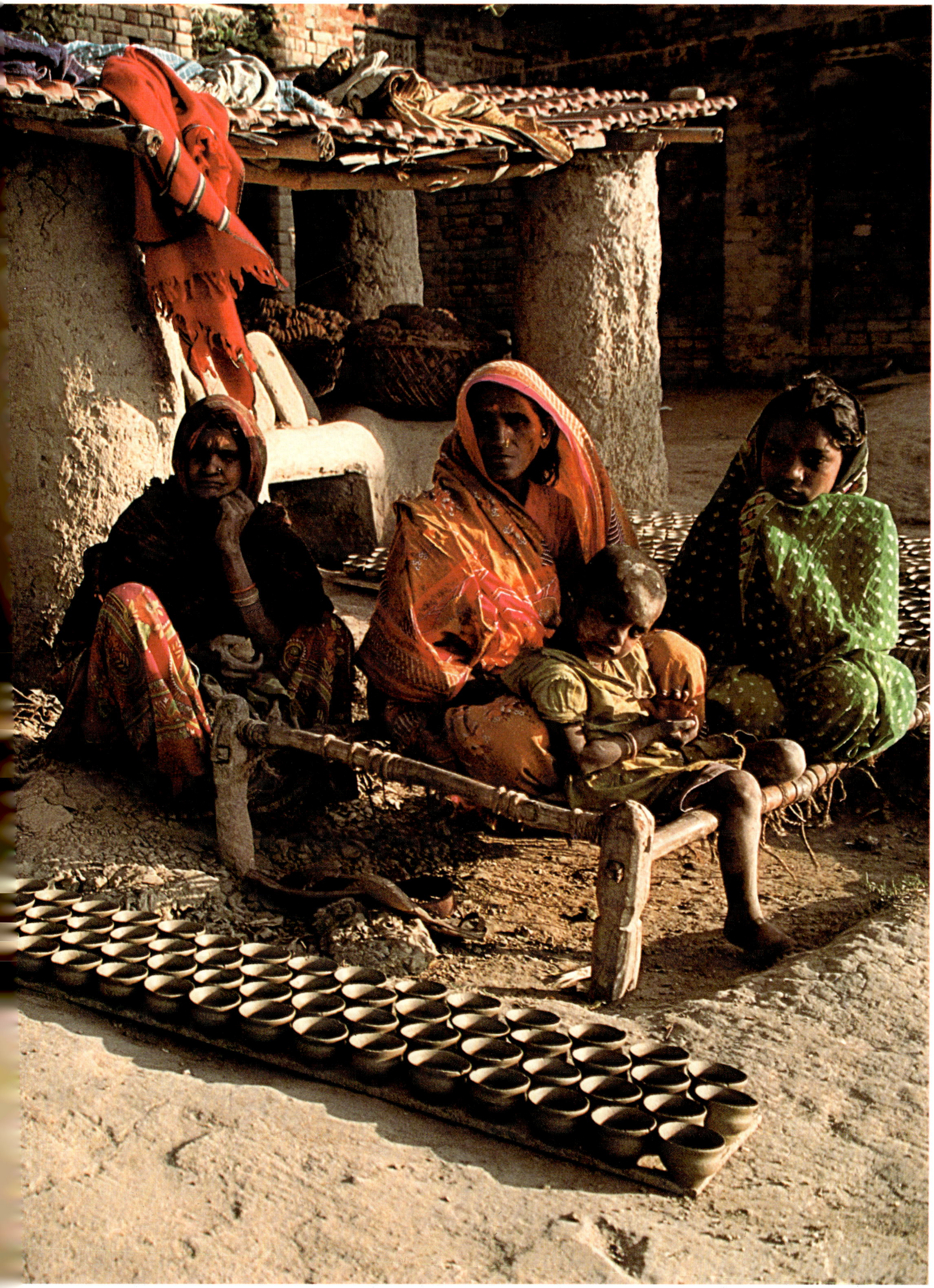

Der bäuerliche Alltag wird geprägt vom wöchentlichen Markt, vom «Harat» (Wasserschöpfbrunnen, auch für die Bewässerung) und von den Feldarbeiten. Das Dreschen sowie das Sammeln der Kuhfladen für die Feuerstelle ist Frauensache; die Fladen, mit Stroh vermischt, werden an der Sonne getrocknet.
Nach der Weizenernte im Frühling transportieren die Männer das Gut auf Kamelen oder auf dem eigenen Rücken. Das Worfeln besorgen die Frauen, der Wind trägt die Spreue fort, unter dem Worfelkorb häufen sich die Körner zu kleinen Bergen (nächste Doppelseite).

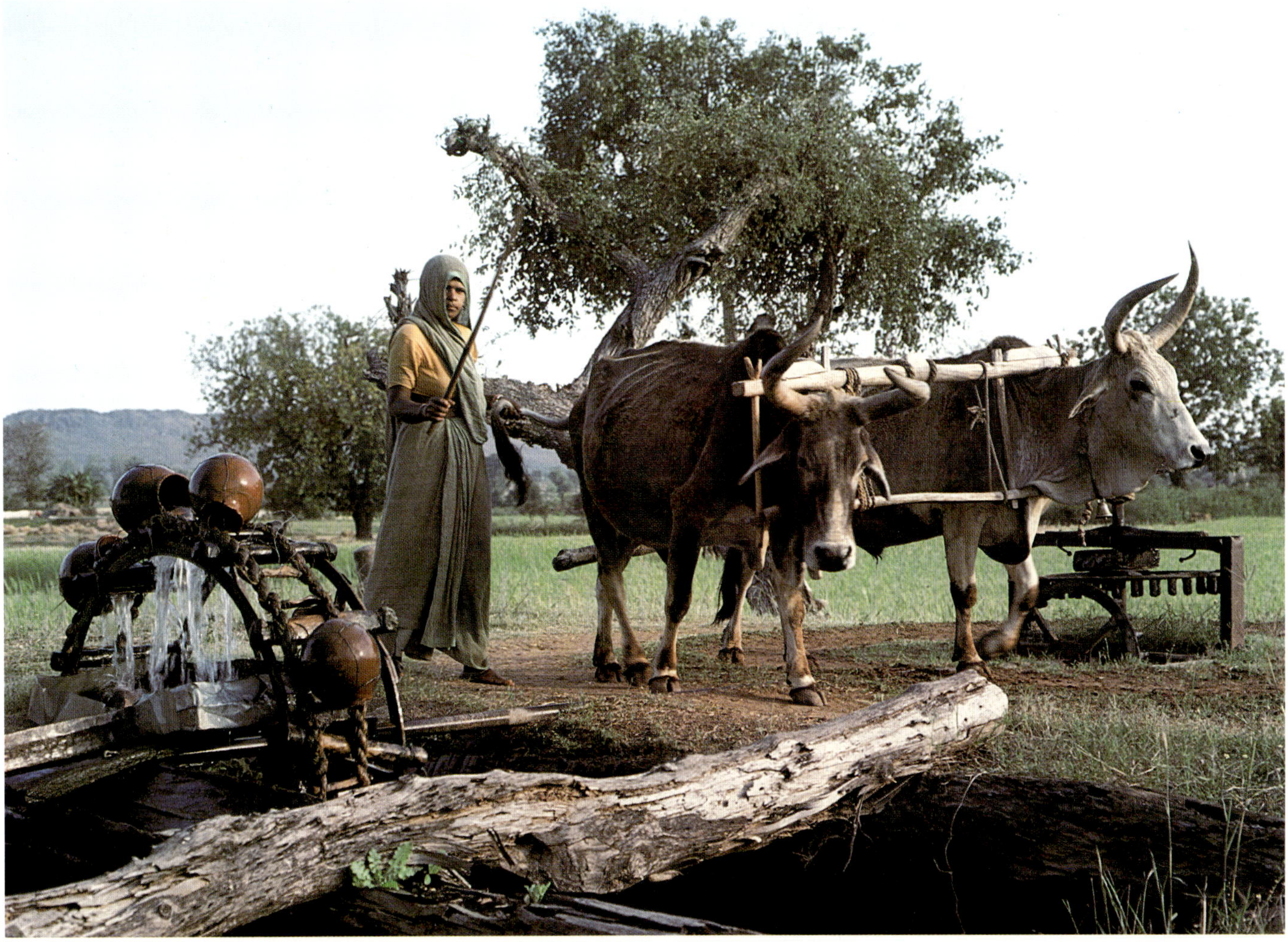

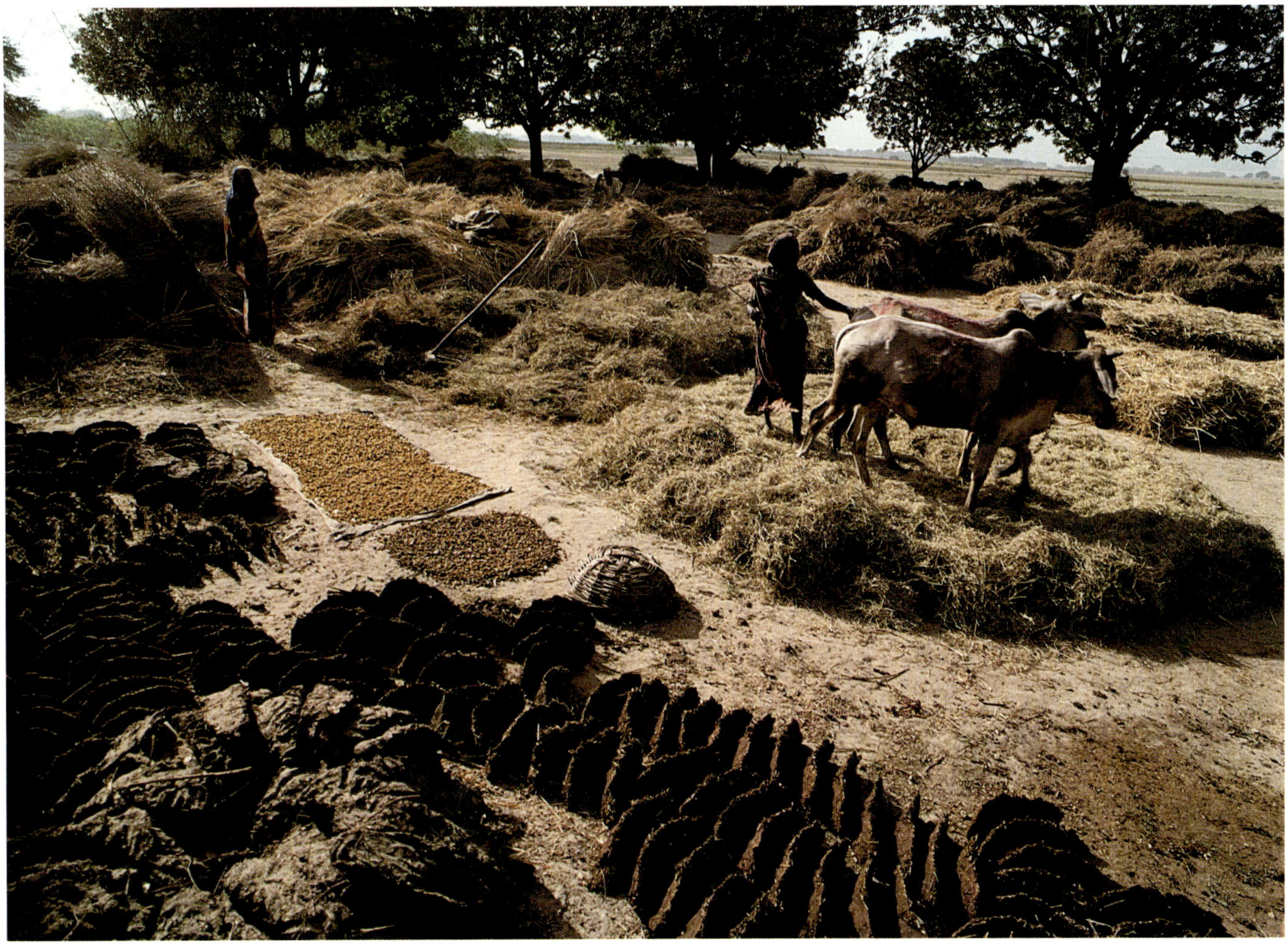

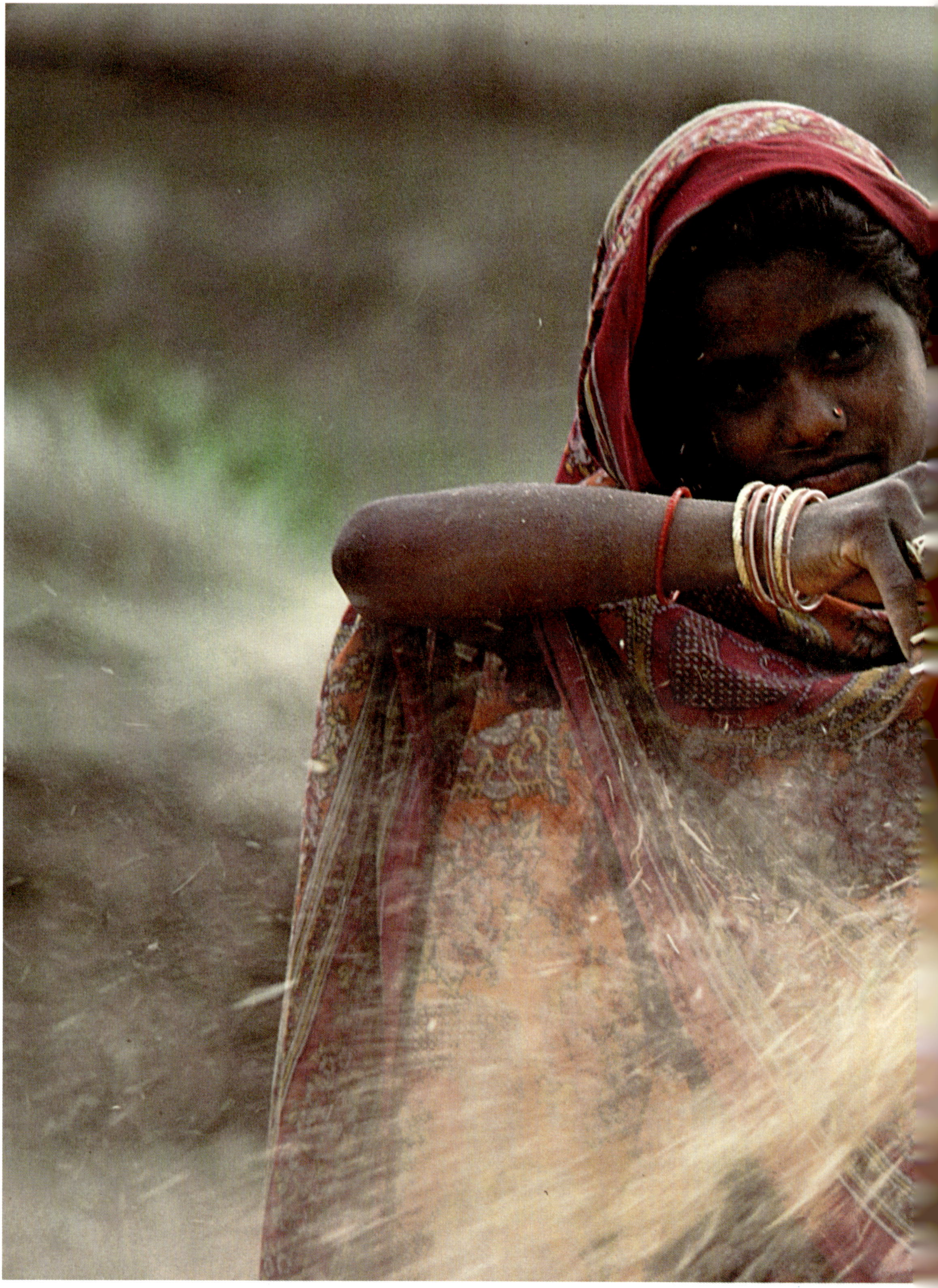

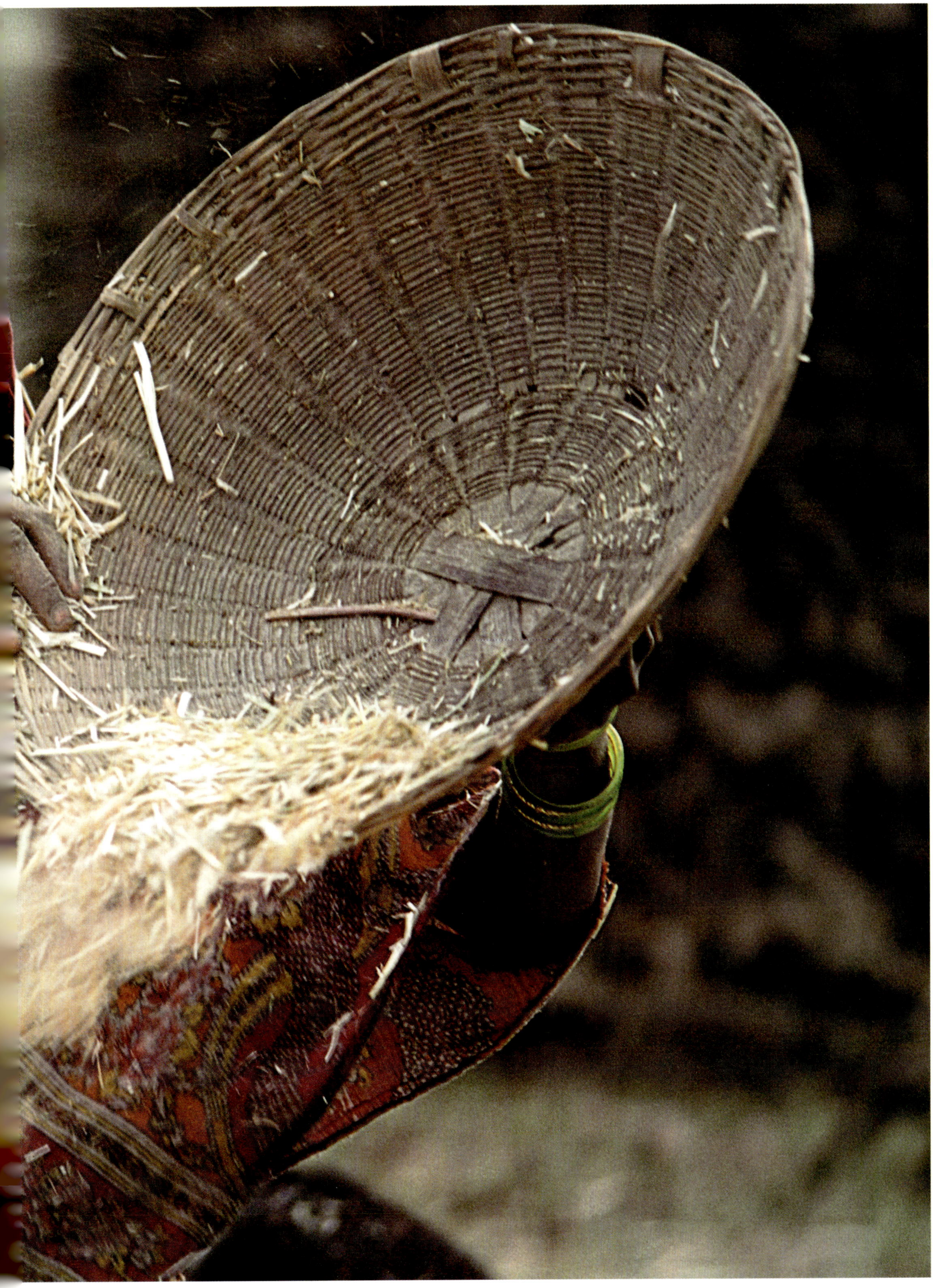

Zur Trockenzeit im Winter ist der Ganges ein kleiner Fluß. Kaum beginnt er zu schrumpfen, pflanzen die Bauern auf den Sandbänken schnellwachsende Melonen; setzt im Juli der Monsun ein und schmilzt im Himalaya der Schnee, wird das Gebiet unter Wasser gesetzt.

Nächste Doppelseite: Der Ganges zur Trockenzeit. Weit von der Siedlung, nahe einem Seitenarm hat der Dorfbrahmane sein Schattenzelt (Ghatia) aufgestellt. Bevor die Gläubigen baden, verrichten sie beim Priester die obligaten Rituale; auch die Büffel kommen zum Bad, getrieben von den Dorfbuben.

Letztes Bild: Pferdekarren mit Marktfahrern; an einzelnen Orten beginnen heute Traktoren die Pferde zu verdrängen.

137

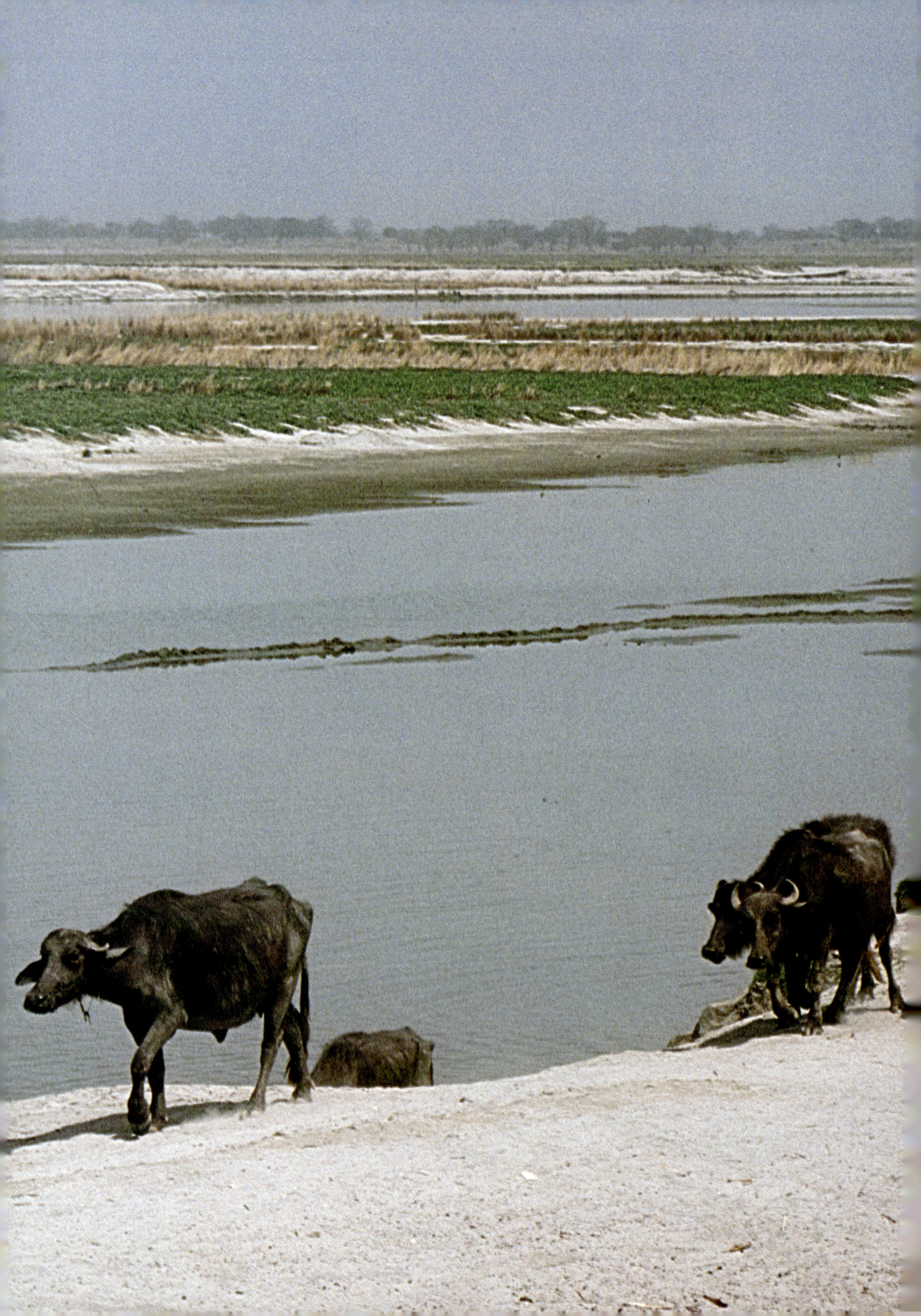

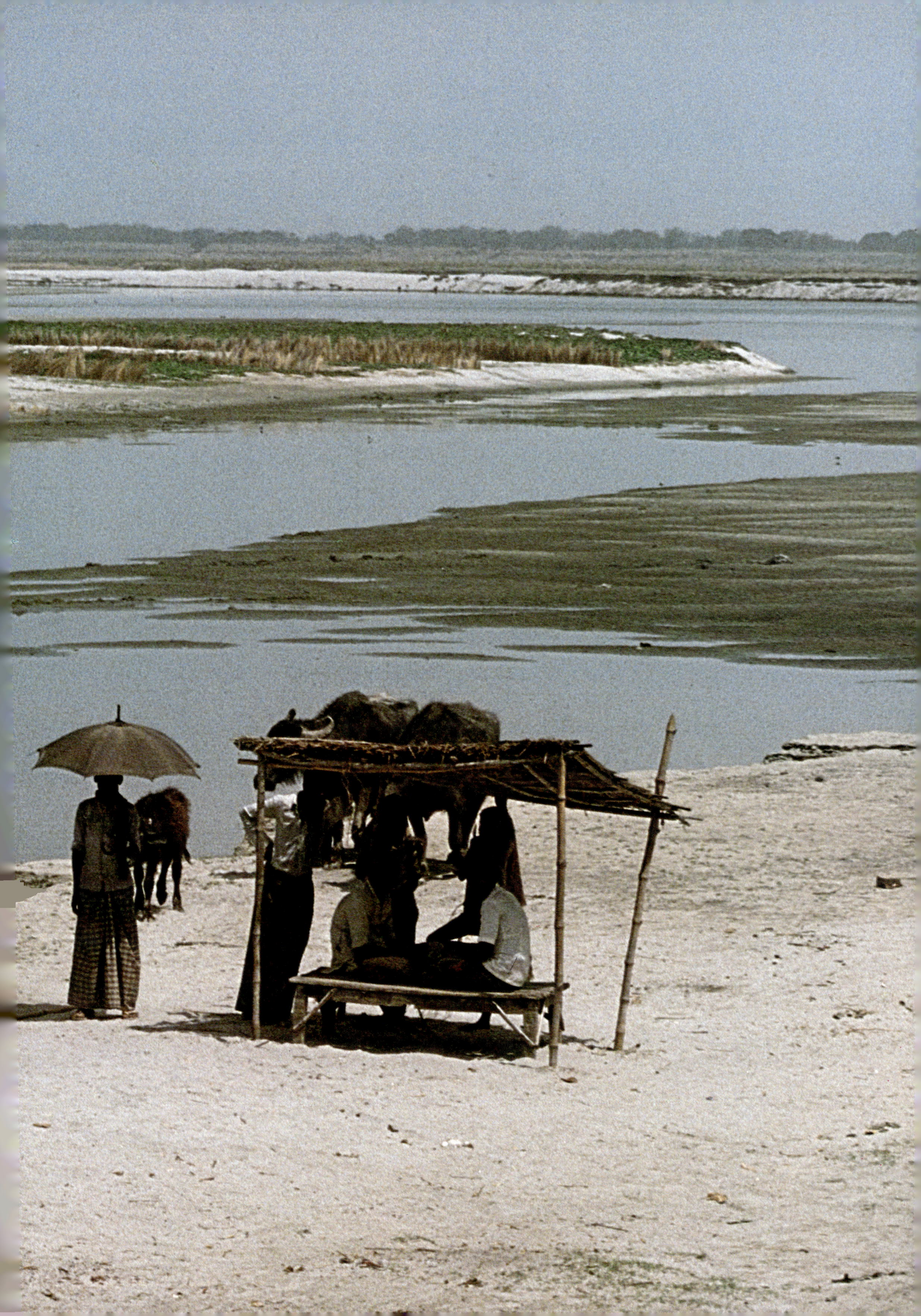

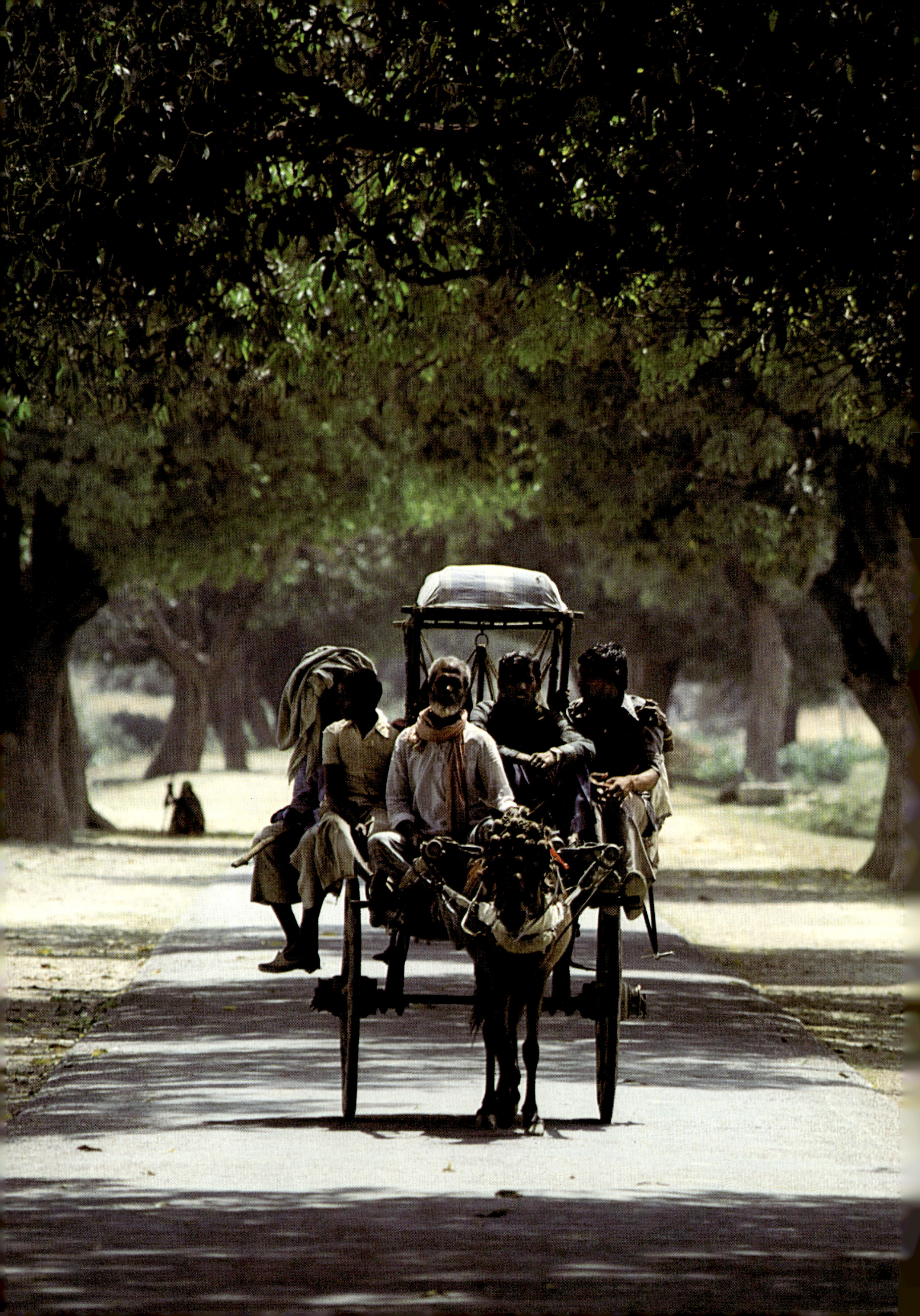

MODERNE – UND RELIGIÖSE TRADITION

Am 15. August 1947 begann mit der Unabhängigkeit die sechste Periode der indischen Geschichte. In ihr wird Indien mit dem industriellen Zeitalter konfrontiert. Die Inder haben diese Herausforderung angenommen und versucht, auf sie zu antworten. Erfolge zeigen sich in Städteplanung und Architektur, im Bereich von Wissenschaft, Computertechnik, Erziehung und Industrie. Wer durch Nordindien reist, kann den Begriff «Entwicklungsland» kaum noch anwenden. Zwischen der kühn geplanten Stadt Chandigarh im Punjab und dem von Deutschen und Indern gemeinsam erbauten Stahlwerk Rourkela in Orissa wird etwas von der Dynamik des Fortschritts spürbar, den die Weltbank in einem Bericht Mitte der 80er Jahre als echte Aufwärtsbewegung der indischen Wirtschaft bezeichnete. Heute ist Indien als zehntgrößte Industrienation zu einem Modell für die Dritte Welt geworden.

Den Erfolg der indischen Wirtschaft festzustellen heißt nicht, die Augen vor der Kehrseite der Medaille zu verschließen, vor der Überbevölkerung, der Arbeitslosigkeit, vor dem Elend und vor dem Lieblingskind internationaler Berichterstattung, vor Kalkutta, das einst glanzvolle Hauptstadt der britischen Kronkolonie war und heute zum Golgatha der Inder geworden ist. In unüberschaubaren Menschenmassen akkumulieren sich Hunger, Hoffnungslosigkeit, Armut und Krankheit in unvorstellbarer Weise. Nirgendwo präsentiert sich das Doppelgesicht des 800-Millionen-Volkes ergreifender als hier, am heiligen Hooghly. Daß Kalkutta beides zugleich ist: Inkarnation des Leidens und Stätte eines ungewöhnlichen, lebendigen Geistes, Zentrum vieler politischer und künstlerischer Impulse, die von hier aus über das ganze Land gehen, wird zumeist ebenso verschwiegen wie die Tatsache, daß im weiteren Umkreis der bengalischen Kapitale drei große Stahlwerke entstanden: das Hüttenwerk der Russen in Bhilai, das deutsche Rourkela und das von den Briten erbaute Durgapur.

Wer eine Nachtfahrt von 450 km durch das weite Land nicht scheut, steigt auf dem Howrah-Bahnhof von Kalkutta in einen Schlafwagen, um in Rourkela aufzuwachen und den «Tempel des 20. Jahrhunderts», das modernste Hüttenwerk Asiens, in Augenschein zu nehmen. Ganz in indische Hände übergegangen, beweist Rourkela den Willen der Inder, im industriellen Zeitalter auf eigene Weise zu bestehen. Daß 1975 der Durchbruch von der Selbstversorgung in den Export gelang, befriedigt den nationalen Stolz, sagt aber wenig über den bemerkenswerten psychologischen Effekt aus, den das Werk hat.

Was den indischen Planern vorschwebte, war nicht eine Kopie des Westens, sondern die Anpassung und Transformierung westlicher Methoden, deutlicher gesagt: eine Modernisierung ohne Identitätsverlust. An der Schwelle zweier Zeitalter geriet die junge Indische Union in das Spannungsfeld zwischen Tradition und Moderne. Das war eine Herausforderung von tieferen als nur technischen und wirtschaftlichen Dimensionen. Niemand erkannte das besser als der erste Ministerpräsident der befreiten Nation, Jawaharlal Nehru. Er wußte sehr wohl, daß Indien keine Zukunft haben würde, bräche es mit der Vergangenheit. Er suchte nach einer Synthese. «Wir wollen versuchen», so sagte er immer wieder, «Kultur und Technik zu einem Gebilde zu verweben, das alles bewahrt, was den spirituellen Reichtum des Landes ausmacht.» War das mehr als die schöne Vision eines Intellektuellen für Intellektuelle? Was aber sollte ein Adivasi mit ihr beginnen, ein Stammesangehöriger aus Orissa, der soeben Dschungelleben und Steinzeit hinter sich gelassen hatte, um ohne längere Ausbildung an eine moderne Maschine des Stahlwerks gestellt zu werden? An seinem Schicksal trat die Diskrepanz zwischen Anspruch und Verwirklichung klar zutage. Sie wurde ausgeglichen durch eine Entwicklung, die Rourkela zu einem Vorbild gemacht hat.

Der einfache, vom geistigen Phänomen einer Synthese zwischen Tradition und Moderne unberührte Mensch geriet in den Sog einer sozialen Wandlung, die sich aus den Gesetzen der Maschinenwelt ergab; gerade sie erzwang eine Humanisierung der menschlichen Beziehungen. Der als Brahmane geborene Ingenieur mußte Schulter an Schulter mit dem Unberührbaren arbeiten, der Kshatriya mit dem Shudra, der Aristokrat mit dem Slumbewohner. Die strengen Vorschriften, die Angehörige verschiedener Kasten voneinander trennten, verloren mehr und mehr an Wirklichkeit. Allmählich trat ein, was die Gründer sich erhofft hatten: die Inder akzeptierten im Werk das Prinzip Wandlung. Ein wichtiger erster Schritt auf dem Weg der Veränderung der Kastengesellschaft war getan. Rückschläge würden sie auf die Dauer nicht mehr aufhalten können. Nach vielen Schwierigkeiten und Zerreißproben wurde Rourkela zum Inbegriff der Welt von morgen.

In ihr übernahm Indien, dessen führende Politiker sich zum Säkularismus bekannten, zu einer über alle Rassen und Kasten hinausreichenden indischen Identität, eine bedeutende Rolle. Sie war von den Idealen der Gewaltlosigkeit Gandhis ebenso getragen wie von den Vorstellungen

Der Hafen von Kalkutta. Aus: Colonel Forrest: A Picturesque Tour along the Rivers Ganga and Jumna. 1824.

eines Nehru, der seine Träume von der Einheit der Nation Indien mit den Träumen der friedlichen Koexistenz in einer geeinten Welt verband.

Wurde mit der Geburtsstunde der Indischen Union das alte Gangesreich wiedergeboren, jener Mythos von Größe, glanzvoller Kultur und Einheit, der Millionen Inder zu faszinieren begann? Die Geschichte Indiens ist in Wahrheit die Geschichte des Ganges und der Reiche, die seinen Namen tragen. Das 20. Jahrhundert mag die Ufer des Stromes durch die Modernisierung der Landwirtschaft, durch Technisierung und Industrialisierung verändert haben, an der Natur des Flusses selbst änderte sich nichts. Seit Jahrtausenden schlägt an den Ufern des heiligen Stroms das Herz Indiens.

Niemand hat das besser ausgedrückt als Jawaharlal Nehru in seinem Testament vom 21. Juni 1954: «Seit meiner Jugend fühle ich mich mit dem Ganges und dem Jumna [Yamuna] verbunden; mit dem Älterwerden hat diese Anhänglichkeit nur noch zugenommen. Ich kenne den durch die Jahreszeiten bedingten Rhythmus der beiden Flüsse und habe oft über die Geschichte, die Mythen und die Tradition nachgedacht, wie sie uns die Volkslieder und die Erzähler übermitteln, die zu einem unauflöslichen Teil der dahinziehenden Wasser geworden sind. Vor allem der Ganges ist einer der indischen Flüsse, der vom Volk verehrt wird und der die Erinnerungen an seine Hoffnungen und Ängste mit sich trägt; er ist verknüpft mit seinen Siegesgesängen, seinen Triumphen und seinen Niederlagen. Er ist ein Symbol von Indiens alter Kultur und Zivilisation – immerfort dahinziehend, immerfort wechselnd und doch immer derselbe Strom Ganges. Er erinnert mich an die schneebedeckten Gipfel und tiefen Täler des Himalaya, die ich so sehr liebte, und an die reichen und weiten Ebenen im Tiefland, in denen mein Leben und mein Werk sich erfüllten. Lächelnd und tanzend im morgendlichen Sonnenlicht und dunkel und geheimnisvoll in der abendlichen Dämmerung, ein schmaler, langsam und freundlich dahinfließender Strom im Winter, ein breites und reißendes Gewässer während des Monsuns, der zestörenden Gewalt des Meeres vergleichbar – der Ganges war für mich immer ein Symbol, das mich an Indiens Vergangenheit erinnerte, wie sie in die Gegenwart hineinfließt und weiterströmt in den großen Ozean der Zukunft...

Ich bin stolz auf das Erbe ‹unserer Vergangenheit› und bin mir bewußt, daß auch ich, wie wir alle, ein Glied in der ungebrochenen Kette bin, die weit zurückreicht in die Geschichte und die unvergleichliche Vergangenheit Indiens. Ich möchte diese Kette nicht unterbrechen. Denn sie ist mir teuer, und sie inspiriert mich. Und als ein Zeugnis dieses Wunsches und als eine letzte Huldigung an Indiens kulturelles Erbe bitte ich darum, daß eine Handvoll meiner Asche in Allahabad in den Ganges gestreut werde, damit der Strom sie zum großen Ozean hinabführe, der Indiens Küsten umspült.»

Von der Quelle in Gomukh bis zur Mündung nahe der Insel Sagar in der Bucht von Bengalen ist der Ganges heilig. Jede Welle des Stroms, so sagen die Inder, ist ein «Tirtha», ein Übergang, ein heiliger Ort. Der Ganges ist die Substanz, das Wesen, der innerste Kern und die Quelle aller heiligen Gewässer. Alle Flüsse gleichen ihm; von einigen wird gesagt, sie seien der Ganges. Das gilt für den Kaveri in Tamil Nadu, den die frommen Hindus den Ganges des Südens nennen. Der Godavari soll der vom weisen Gautama nach Zentralindien umgeleitete Ganges sein.

Seit Jahrtausenden hält der Strom die Phantasie und den Glauben der Menschen gefangen. Wo der Ganges nicht strömt, ist die Wüste, die erstickende Trockenheit, die Strafe der Götter, der leere Raum. Das Land, das er nicht durchfließt, ist für den Hindu ein «Himmel ohne Sonne, ein Haus ohne Lampe, ein Brahmane ohne Veden».

Auch wenn der Mensch nicht an den Ufern des Ganges wohnt, wird der zur Göttin überhöhte Fluß zu seinem ständigen Begleiter. Der Ganges ist allgegenwärtig, die charismatische Wirkung des Stroms, der vom Himmel fiel, reicht weit über die Gangesebene hinaus, sein geistiges Einzugsgebiet ist ganz Indien.

Er ist für alle Hindus die zur flüssigen Essenz gewordene «Shakti», die weibliche Kraft, die Energie, die Macht des höchsten Wesens. Vom Ganges spricht das sonst oft durch divergierende Meinungen geteilte Indien mit einer Stimme: «Jeder weiß», heißt es im «Ganga-Mahatmya» der *Kashi Khanda,* «daß der Ganges die wirkliche Kraft ist, die höchste Shakti des

Ewigen Shiva, die sich in heiliges Wasser verwandelte. Der Ganges, angefüllt mit dem süßen Wasser des Mit-Leidens, wurde zur Rettung der Welt, von Shiva, dem Gott der Götter, auf die Erde gesandt.»

Als weibliche Lebenskraft ist Shakti der psychische und physische Motor, der Shiva zum Handeln antreibt. Als einzige Gottheit ist sie gleichzeitig Gemahlin von Shiva, Vishnu und Brahma. Brahma trägt die Ganga, eingeschlossen in ein kupfernes Gefäß, mit sich. Als Gemahlin Vishnus entsprang sie seinem Lotosfuß. Mit Shiva unterhält sie die intimsten Beziehungen, er hat sie zur Erde gebracht und sich selbst, den Unsichtbaren und Unerklärlichen, durch sie sichtbar gemacht. Shivas Antlitz offenbart sich im Fluß. Durch die Ganga können die Menschen ihren Gott berühren, ihn fühlen, ihn lieben. Die Transzendenz des Gottes wird durch Ganga transformiert zur Weltlichkeit.

Der Hauptstrom Nordindiens – die Angaben über seine Länge schwanken zwischen 2500 und 2700 Kilometer – hat ein Einzugsgebiet von 1,125 Millionen km^2. Dieses riesige Bassin, die Gangesebene, wird im Norden vom Himalaya begrenzt, im Süden durch die Vindhya-Bergkette, im Osten endet sie, wo der Brahmaputra in sie einströmt und wo bewaldete Hügel Bengalen von Burma trennen. Im Westen bilden die großen Wüsten von Rajasthan eine Barriere. In den drei Staaten, durch die der Ganges fließt: Uttar Pradesh, Bihar und Westbengalen, leben 40 Prozent der indischen Bevölkerung. Sie konnte seit der Eröffnung der Gangeskanäle ausreichend ernährt werden. Von den sieben Zuflüssen des heiligen Stroms kommen vier aus dem Himalaya: Yamuna, Ghaghara, Gandak und Kosi. Aus dem Dekkhan mündet bei Sonepur der Son-Fluß in den Ganges.

Die Breite des heiligen Stroms schwankt zwischen 450 Metern im Sommer und 1500 Metern während des Monsuns. In seinen Gewässern leben unter anderem Delphine, Süßwasserhaie, bekannt als Carcharias Gangeticus, Süßwasserschildkröten, Krokodile und Schlangen. Unter den Vögeln gibt es Eisvögel, Möwen, Kormorane, Enten und Gänse, Silber- und Löffelreiher und hier und da wilde Pfauen.

An seiner Quelle heißt der heilige Strom zur Erinnerung an König Bhagiratha, der ihn mit Shivas Hilfe auf die Erde brachte, Bhagirathi. Nachdem sich der Quellfluß in Devprayag mit dem Alaknanda vereint, wird er Ganges genannt. Es gibt keinen Ort an seinen Ufern, der nicht zur Pilgerstätte der Hindus geworden wäre: Gangotri, Devprayag, Rishikesh, Hardwar, Prayag und Benares.

RISHIKESH, HARDWAR, ALLAHABAD

480 km von seiner Quelle entfernt, bricht der Ganges durch die Siwalik-Kette, die letzten Ausläufer des Himalayas. Seine erste Station, noch in bewaldeten Vorbergen liegend, ist RISHIKESH, die Stadt der «Rishis», der Seher, Propheten, Wahrsager, der Schreine, Klöster und Ashrams.

Rishikesh wurde berühmt durch Seine Heiligkeit, den verstorbenen Swami Sivananda, den hervorragenden Führer der Divine Life Society. Sivananda erreichte am 14. Juli 1963 «Mahasamadhi», den höchsten Zustand der Erleuchtung. Er hat würdige Nachfolger für seinen Ashram gefunden, eine große Anlage auf dem Ostufer des Ganges mit Schreinen, Meditationsräumen, Vortragssälen, Gärten, Wohnungen, kleinen Boutiquen, Statuen und religiösen Bannern. Unaufhörlich rufen Gongs zum Gebet im Tempel. Dazwischen klingen die Mantras der Brahmanen.

Ashram reiht sich an Ashram. Nicht alle werden von seriösen Swamis geleitet. Ein ernsthafter Swami verläßt Indien eigentlich nicht. Wer bei ihm Erkenntnis und Trost sucht, muß nach Indien, an seinen Ort der Stille pilgern. In zahlreichen Ashrams auf dem Ostufer des Ganges finden wir Europäer, junge und alte Menschen, Arme und Reiche, auf der Suche nach dem Sinn des Lebens. Viele Ausländer ziehen über die Brücke, auf der sich zu beiden Seiten die Bettler drücken, zum Westufer. Sie sind auf dem Wege zum Maharishi Mahesh, dem Yogi, dem Tausende in aller Welt verfielen. Der Mahesh-Yogi hält von Zeit zu Zeit Hof in seinem Ashram, den er auf den bewaldeten Hügeln erbauen ließ. Der Maharishi-Ashram gleicht eher einem Luxushotel als einem Ort der meditativen Zurückgezogenheit. Viele Inder halten den weltreisenden Yogi, der gegen eine erhebliche Eintrittssumme die Transzendentale Meditation predigt – welche echte Meditation hätte denn nicht transzendente Ziele? –, nicht für einen Heiligen, sondern für einen gerissenen Geschäftsmann. Auch bettelnde Pilger können etwas von Geschäften verstehen. Sie gibt es in Rishikesh ohne Zweifel – Bettler, die im Laufe der Jahrzehnte Hunderttausende von Rupien zusammengekratzt haben. Aber die meisten Pilger suchen hier nicht Schätze von dieser Welt, sie sitzen im Lotossitz stundenlang, tagelang, am weißen Sandstrand des heiligen Flusses und meditieren. Einem ernsthaften Schüler – genannt «Shela» – wird vom Swami nach langer Prüfung ein «Mantra» gegeben, eine heilige Formel, über die er meditieren soll. Es ist nicht einfach für einen «Shela», das richtige, ihn unter den Schutz seiner Gottheit stellende «Mantra» zu finden. Aber wenn der Schüler im Swami seinen Guru erkannt hat, kann als sicher angenommen werden, daß die Auswahl nicht falsch war. Der Schüler wird in fast allen Fällen instinktiv erkennen, daß es sein eigenes «Mantra» ist, das ihn durch ständige Wiederholung zur tieferen Konzentration, zur Ekstase, zum Außer-Sich-Sein führen mag.

24 Kilometer von Rishikesh entfernt stromabwärts, bei HARDWAR, dringt die Ganga endlich in die weite Ebene Nordindiens ein. Dreiviertel der winterlichen Wassermenge des Flusses werden durch einen Damm in den Oberen Ganges-Kanal abgeleitet. Die Wasserbau-Ingenieure der Kronkolonie haben hervorragende Arbeit geleistet. Aus dem Kanal bei Hardwar wird das ganze Doab, das Zweistromland, das Gebiet zwischen Ganges und Yamuna bewässert. Wo früher Trockenheit und Hungersnöte herrschten, breitet sich heute ein gewisser bäuerlicher Wohlstand aus. Es wachsen Hirse, Getreide, Mais, Reis, Tabak, Senf und Gemüse.

Hardwar gehört mit seinen Tempeln, Schreinen und Ghats zu den sieben heiligen Städten Indiens. Die Vishnuiten nennen es «Hari-dwara», das Tor des Hari, des Vishnu. Am Har-ki-pairi-Ghat erinnert der eingeprägte Abdruck vom Lotosfuß des Vishnu daran, daß er der Gott ist, der mit sieben Schritten die sieben Regionen des Hindu-Universums durchmaß. Auch die Shivaiten beanspruchen Hardwar. Sie nennen es «Har-dwara», das Tor des Shiva, oder auch «Ganga-dwara», die Pforte des Ganges. An seinen Ufern spielen sich Badeszenen ab, deren geheimnisvolle und bizarre Riten befremden. Eine der wichtigsten Zeremonien wird am 1. Tag des Baisakh (Monat April/Mai) abgehalten und zwar zur Erinnerung an das große Ereignis der Herabkunft der Ganga.

Jedes Jahr findet ein Magh-Mela statt, alle sechs Jahre ein Ardh-Mela und alle zwölf Jahre der Kumbh-Mela, das Fest des heiligen Gefäßes. Zu Millionen pilgern Frauen, Männer, Kinder, jung und alt, Weise und Ungelehrte zu den Ufern des Ganges, Erlösung suchend. Die spektakulärsten Besucher sind die mit Öl eingesalbten und grau beschmierten Sadhus, die Heiligen und Asketen. Sie kommen, wie Gott sie geschaffen hat, mit nichts bekleidet als mit einer Blumengirlande aus gelben Levkojen. Ihre Nacktheit ist Zeichen einer unvorstellbaren Bedürfnislosigkeit und eines Verzichts auf materielle Güter. Mit Lehm gefestigte Haare werden zu kleinen Bienenkörben hochgekämmt. Auf ihren Stirnen tragen die wunderlichen Asketen die Zeichen ihrer Sekte: die Shivaiten drei parallele weiße, horizontale Striche mit einem dicken roten Punkt oder einem gemalten Dreizack in der Mitte. Auf die Stirne der Vishnuiten haben die Brahmanen vier weiße und zwei rote vertikale Striche gemalt. Das Zeichen in der Mitte ist schwer zu deuten. Wenn andere Farben verwandt werden, hat das nicht viel zu sagen. Das Stirnmal «Tika» oder «Tilaka», das nach erfolgter Morgenandacht angebracht wird, soll das heiße Gehirn kühlen und den Sitz des Dritten Auges, des Auges der Weisheit, andeuten.

Kumbh-Melas finden auch an anderen Orten statt, zum Beispiel in Nasik am Godavari-Fluß im Dekkhan, in Ujjain an der Sipra in Madhya Pradesh und überall an den «Tirthas», den heiligen Übergängen entlang des Ganges: vor allen Dingen 520 km flußabwärts von Hardwar im alten Prayag, das heute ALLAHABAD heißt. Allahabad verdankt seine Bedeutung den drei heiligen Flüssen, die sich hier vereinen: Ganges, Yamuna und der geheimnisvolle, unterirdische und unsichtbare Sarasvati.

Die «Rishis», die vedischen Heiligen, sagen, daß Allahabad der Ort sei, an dem Brahma eines der größten Opfer brachte: das «Dasasvamedh Yagna», das Pferdeopfer, das an die Feueropfer der vedischen Priester erinnert.

Wer einmal einen *Kumbh-Mela* in Prayag erlebt hat, wird ihn nicht mehr vergessen. Die Bühne des Geschehens ist eine Sandbank im Ganges unterhalb des großen Forts, das Akbar gebaut hat. Das Datum des großen religiösen Festes wird jeweils von einer Versammlung studierter Pandits und Astrologen festgesetzt. An der Suche sind auch acht verschiedene Akharas, Verbände von Sadhus, beteiligt. Wenn sie nicht einverstanden sind oder nicht zur Beratung kommen, kann der Mela, der heilige Jahrmarkt, nicht stattfinden. Obwohl das Fest offiziell nur alle zwölf Jahre veranstaltet werden soll, ist es gut möglich, daß es einmal in das elfte oder das dreizehnte Jahr fällt. Das Datum steht in den Sternen. Sie zu deuten ist die Aufgabe der Astrologen, die das Leben eines überzeugten Hindu begleiten.

Neben ihnen haben die Sadhus ein erhebliches Wort mitzureden. Diese Asketen, die sich als heilige Männer fühlen, sind sehr hierarchiebewußt. Sie pochen auf ihre Privilegien, die sie in Allahabad während des Kumbh-Mela haben. Vor allem bestehen sie auf ihrem Recht, an drei bestimmten Tagen, am Makara Sankranti, Amavasya und Vasanta Panchami, zuerst an den drei wichtigsten Stellen zu baden.

Um zu verstehen, was sich während eines Kumbh-Mela abspielt, ist es gut, in dem Epos *Mahabharata* und in alten *Puranas* nachzulesen. Der Mela (Markt) des Gefäßes (Kumbh) ist Thema einer alten Legende. Vor Urzeiten erhielten die Götter einen schweren Schlag durch den Fluch eines weisen Mannes. Sie schrumpften zusammen und waren zu keiner Handlung mehr fähig. Sie hofften, durch den Genuß von «Amrita», dem Nektar der Unsterblichkeit, dem Schaum des Milchozeans, wieder zu Kräften zu kommen. Aber die Götter waren zu schwach, den Ozean selbst zu schlagen. Sie erlangten jedoch die Unterstützung ihrer Erzfeinde, der Asuras, der Dämonen, nachdem sie ihnen eine Portion Ambrosia versprochen hatten. Während des Butterns schleuderte der Ozean seine Schätze empor,

Pavillon im Fort Akbars, Allahabad. Nach: Th. und W. Daniell: Oriental Scenery. 1795–1808.

zuletzt entstieg ihm der Heilige Dhanwantari, in der Hand das ersehnte Gefäß mit dem Lebenselixier. Da die Asuras kräftiger und schneller als die Götter waren, ergriffen sie das heilige Gefäß. Schon wollten sie damit fliehen, als sich einer der Götter in eine Krähe verwandelte, den Dämonen den kostbaren Schatz entriß und davonflog – die nachstürmenden Asuras hatten keinen Erfolg. Der Vogel war ihnen in Richtung Paradies entwichen. An vier Plätzen ruhte er auf seinem Himmelsflug aus: in Nasik, Ujjain, Prayag und Hardwar. Die Krähe brauchte zwölf Tage, um vom Milchozean aus das Paradies zu erreichen. Jeder dieser heiligen Tage ist ein Erdenjahr lang. So wird Kumbh-Mela alle zwölf Jahre an diesen vier heiligen Orten gefeiert. Das Datum der Festtage variiert von Platz zu Platz.

Es gibt eine andere Legende, nach der ein Kampf zwischen Göttern und Dämonen um das Lebenselixier stattfand. Dabei fielen Tropfen aus dem Gefäß auf die vier Orte, die seither das Geheimnis der Unsterblichkeit hüten. Ist es der leidenschaftliche Wunsch, dieses Geheimnis zu ergründen, der die Hindus nach Allahabad zum Kumbh-Mela treibt? Kämpfen sie mit wahnsinniger Raserei um einen Platz im Ganges, weil sie glauben, daß der Nektar der Unsterblichkeit mit dem Wasser des heiligen Stroms in ihre Körper und Seelen eindringt? «O Mutter Ganga», beten sie, «Deine Wasser sind süß.»

Unkontrollierte Hingabe, zur Ekstase gesteigerte Religiosität, führte 1954 zu einer unvorstellbaren Tragödie. Millionen Pilger waren nach Allahabad geeilt. Sie standen wie eine dichte Mauer an den Ufern des Ganges, in den Straßen der Stadt. Es gab keinen Platz, wohin sie hätten ausweichen können, als sich, vom Akbar-Fort kommend, die Prozession der grau beschmierten, Schwerter und eiserne Dreizacke schwingenden Sadhus, begleitet von Sänften und Elefanten, mit Gewalt einen Weg durch die Masse bahnen wollte. Die Sadhus machten nicht halt vor der Menschenmenge; wie eine losgelassene Meute stürmten sie mitsamt den Elefanten vorwärts. Tausende wurden zertrampelt, zerquetscht, von den rasenden Sadhus mitgerissen, in den Fluß getrieben, wo sie ertranken. Was die Tragödie noch verschärfte und verdüsterte, war der fatalistische Ausspruch einiger Sadhus, der am Schauplatz dieses unglücklichen Kumbh-Mela verbreitet wurde:

> «Wenn wir getötet werden, erreichen wir die Erlösung,
> entfliehen wir dem Tod, gehen wir wieder nach Hause.
> In jedem der beiden Fälle werden wir die Sieger sein.»

Dieser zynische Fatalismus wurde aufgehoben durch die Inbrunst der Betenden an den Ufern des Ganges:

> «Ich komme zu Dir wie ein Kind zu seiner Mutter,
> ich komme als eine Waise zu Dir mit einem Herzen voller Liebe,
> ich komme ohne Zuflucht zu Dir, der Du eine heilige Zuflucht bist.
> Ich komme als ein gefallener Mensch zu Dir,
> der Du mich wieder aufrichtest.
> Ich komme von Krankheit zugrunde gerichtet zu Dir,
> der Du der vollkommene Arzt bist.
> Ich komme mit einem Herzen, das nach Liebe dürstet, zu Dir,
> o Ganga, vor der ich mich demütig neige.»

130 Kilometer stromabwärts von Allahabad werden die Pilger mehr von dem erfahren, was die Betenden am Zusammenfluß von Ganges, Yamuna und Sarasvati bewegt. Und wenn sie nirgendwo anders an den Ufern des Ganges anhielten als bei jener andern vielbesungenen Stadt: Sie hätten erreicht, was sie suchten, die Begegnung mit Mutter Indien, Brennspiegel des ganzen Universums.

BENARES – STADT DES EWIGEN LICHTS

Wer sie bei Sonnenaufgang von einem Boot aus betrachtet, wird sie nicht mehr vergessen: Benares, die Stadt des Lichts – von den Hindus «Kashi», die Leuchtende, genannt. Sie erhebt sich auf dem Westufer des Ganges, hoch über dem Halbbogen, mit dem sich der heilige Strom plötzlich nach Norden wendet, als würde er zurückfließen, zu den Bergen, von denen er herabströmte. Im Volksmund heißt es, daß sich die Göttin Ganga vor Shiva verneige, mit dem sie durch ihren Ursprung unlöslich verbunden ist.

«Mahadeva», Shiva, der große Gott der Schöpfung und Zerstörung, hat Benares nach seiner Hochzeit mit Parvati zu seiner irdischen Hauptstadt gemacht. Nachdem Shiva der lieblichen Parvati, der Tochter eines Himalaya-Fürsten, begegnet war, entdeckte er, daß es neben den asketischen Traditionen, die er bis dahin kultivierte, auch andere Aspekte des Daseins gab, wie Lebensfreude und Lebenslust. Aus dem in den Wolken des Himalaya schwebenden Gott wird der Bewohner des Ortes, den er zur heiligsten Stadt der Hindus macht.

Die legendäre Übersiedlung vom Kailasha nach Kashi hat den Shivaismus ganz entscheidend beeinflußt. Die Stadt, die schon vor der Entstehung des Shivaismus bestand, wird zum Thema neuer Legenden. In ihnen verwächst der Gott mit dem von ihm erwählten Benares, das heute wieder seinen alten Namen Varanasi trägt, zu einer geheimnisvollen Einheit, die nach neuen Deutungen verlangt. In der berühmten Chronik der Stadt, im *Kashi Khanda,* wird Varanasi zum «ursprünglichen Land», das Shiva und Parvati am Anfang aller Zeiten geschaffen haben. Kashi übernimmt die Rolle des Kailasha, des Ortes, an dem die Schöpfung der Welt begann. Ohne Zweifel vertiefen die Geschichtenerzähler auf ihrer Suche nach der Wahrheit aller Wahrheiten, nach dem Numinosen, dem Heiligen, das Verständnis für das Phänomen dieser Stadt, das nicht durch touristische Besichtigungen zu erfassen ist. Gewiß, das Reale zählt, die Tempel, Paläste und Moscheen, die Zeremonien und Opferkulte, aber sie spiegeln nur wider, was wichtiger ist und allein durch die Große Erfahrung erfaßbar wird: das zweite, das imaginäre Gesicht von Benares. Es taucht auf im dramatischen Mythos der Hindus von der Erscheinung des Shiva vor Brahma und Vishnu als Lingam aus feurigem Licht.

Die beiden Götter Brahma und Vishnu stritten sich einst darüber, wer der Größte von ihnen sei. Als der Streit kein Ende nehmen wollte, wurde die Erde zwischen ihnen plötzlich durch einen riesigen Schaft aus Licht gespalten, der aus der Unterwelt über die Erde aufstieg und das Dach des Himmels durchstieß. Eine Weltachse – *axis mundi* – aus Licht in der Form eines Lingam, des phallischen Symbols des Gottes Shiva. Brahma und Vishnu blieben eine Weile sprachlos. Dann beschlossen sie herauszufinden, wie groß der feurige Schaft sei. Brahma flog als Gänserich gen Himmel, Vishnu tauchte in seiner Eberform in die Tiefe. Als sie nach Jahrtausenden wieder zusammentrafen, mußten sie gestehen, daß ihre Suche erfolglos gewesen war. Ehe sie sich wieder auf den Weg machen konnten, stieg Shiva aus dem Lingam, manifestierte sich als der Überlegene, der Gott der Götter. Brahma und Vishnu erkannten, daß sie dem Größten, dem der von Ewigkeit zu Ewigkeit ist, begegnet waren, mit Worten nur zu beschreiben durch die Silbe «Aum», die aus dem Lichtlingam hervortrat.

«Om» steht am Anfang eines jeden «Mantras», einer mit magischer Kraft aufgeladenen heiligen Formel, die im Ritus der Hindus eine entscheidende Rolle spielt. Jedes «Mantra» ist einer Gottheit zugeeignet, die auf den Anruf des Gläubigen durch die ihr gewidmeten Worte hört.

«A» ist der erste Buchstabe im Sanskritalphabet. Mit den Buchstaben «u» und «m» verbindet er sich zu einem Klangsymbol (Om), das für die Ganzheit des Seins und für die Macht des Sichtbewußtwerdens steht. Om bedeutet den Aufstieg zur All-Einheit, den Durchbruch des individuellen zum überindividuellen Bewußtsein, den Durchbruch zum Absoluten, die Befreiung vom Ich-Sein, von der Ich-Illusion.

«Om» kehrt wieder im tibetischen «Om mani padme hum» – «O du Juwel im Lotos, du Buddha im Herzen des Menschen», im berühmten «Mantra» des Bodhisattva Avalokiteshvara. «Om mani padme hum» wird im ganzen Himalaya auf Papierstreifen geschrieben, in Gebetsmühlen gesteckt und gedreht. Auf den Wellen rhythmischer Bewegungen erreicht es mit magischer Kraft die Götter.

Tag und Nacht murmeln die Brahmanen von Benares die heilige Silbe «Aum». Sie erklingt aus den 2000 Tempeln, Schreinen und Ashrams, die dem Shiva gewidmet sind. Die Abbilder des Gottes werden geölt und gesalbt, mit Kokosmilch besprengt und mit Blumengirlanden bekränzt. Gongs werden geschlagen und Glocken geläutet. «Shiva Ham», flüstert der Gläubige am Eingang des Tempels. «Shiva, ich bin hier», rufen die Pilger auf den Ghats an den Ufern des Ganges, wenn die ersten Strahlen der Sonne sie treffen.

Der allgegenwärtige, unsterbliche Gott Shiva verbindet die drei Welten: die Erde, die Unter- und die Himmelswelt, das ganze Universum. Das feurige Licht über Benares ist die formlose Erscheinung des Shiva – «Sada

Shiva» –, die Vision des Absoluten, durch nichts anderes zu erfassen als durch den überwältigenden Glanz der Sonne, die morgens über dem Ganges aufsteigt. An ihrem Spiegelbild, an jener goldenen Lichtsäule, die das Wasser durchdringt, wird der Ursprung der Legende vom glühenden Phallussymbol erklärbar. Kashi ist der einzige Ort, wo der Lingam aus feurigem Licht sichtbar wurde. Das so geoffenbarte schöpferische Ereignis transformierte die Stadt, leitete eine Metamorphose von unfaßbaren Dimensionen ein: Kashi selbst wurde nach dem Glauben der Hindus zum Lingam, zu jenem überwältigenden Licht, das im Sanktuarium eines jeden Shiva-Tempels angebetet wird.

Die Vorstellung vom Licht, das unantastbar, unfaßbar, unzerstörbar ist und zu dessen Symbol Benares wurde, bedeutet, daß die Stadt selbst ewig und unzerstörbar ist. Shiva wird sie niemals aufgeben. Sie ist «Avimukta», der «Ort, der nicht verlassen werden kann».

In einem puranischen «Mahatmya», einer Lobpreisung, sagt Shiva: «Weil ich ihn niemals verlassen werde noch dulde, daß er verschwindet, ist dieser große Ort bekannt als ‹Avimukta› – ‹der Nichtloszulassende›.»

Selbst im «Pralaya», in «Zeiten der periodischen universalen Zerstörung», so heißt es in der Verheißung, wird Shiva Kashi nicht verlassen. Er wird vielmehr die Stadt auf seinem Dreizack über den Fluten des Ganges halten und retten. Die Verklärung von Benares, seine Überhöhung zum Lingam aus Licht, zu Gottes Symbol, macht den jahrtausendealten Glauben der Pilger verständlich, daß hier zu sterben aufgehen heißt im ewigen Licht. In Benares findet Erfüllung, was als Gebet in den *Upanishaden,* den Geheimschriften der Hindus, steht: «Führe mich vom Unwirklichen zum Wirklichen, aus der Dunkelheit in das Licht, vom Tode führe mich zur Unsterblichkeit.»

Shiva, Ganges und Benares bilden eine heilige Dreiheit. Was sie verbindet, wird als fromme Geschichte von Mund zu Mund weitergegeben. Der höchste Gott verwandelt den Ganges aus einem himmlischen in einen irdischen Strom. Shiva zwingt die Göttin, sich im Strom zu manifestieren, der sanft aus dem Himalaya zur Erde gleitet, nach Südosten strömt, um 1100 km von der Quelle entfernt, am heiligsten Ort der Hindus, in «Avimukta», der Stätte, die Shiva niemals aufgeben wird, eine Kehrtwendung nach Norden zu machen. Beugte sich die stolze Ganga endlich dem Diktat dieses Gottes, als sie sich bei Benares umwandte und ihre Wasser anscheinend nach Norden zurückfließen ließ, zum Berg Kailasha, auf dem Shiva die Welt tanzend erschuf? Hat Ganga, wie Shiva, in Benares ihre irdische Heimstatt gefunden? Uralte Mythen enthüllen das Mysterium der Dreiheit. Der Herr über Werden und Vergehen – Lord Shiva – hat bestimmt, daß alle Pilger, die in den Fluten des Ganges bei Benares baden, an den Ufern dieser heiligen Stadt beten oder meditieren, sterben und verbrannt werden,

Vergebung aller Sünden und Erlösung aus dem Kreislauf von Geburt und Wiedergeburt erlangen können. Wen wundert die plötzliche Vision von Transzendenz, zu der sich die Träume von Millionen Gläubigen in Benares verdichten? Der Glaube versetzt keine Berge – aber er entrückt die Badenden, Betenden und Meditierenden in jene Region jenseits von Raum und Zeit, die «Moksha», Loslösung und Erleuchtung, Nirwana, höchste Glückseligkeit, Nicht-mehr-wiedergeboren-werden-Müssen bedeutet.

Über die steilen Stufen, über die Ghats, jene geweihten Treppen, die sich nahtlos aneinanderreihen, steigen Tausende von Pilgern täglich hinab zum Fluß. An seinen Ufern hat jede Sekte – Shivaiten, Vishnuiten, Shaktas und die Religionsgemeinschaft der Jainas – ihren eigenen sakralen Badeplatz, und jede betet zu Gott nach ihrem Ritus. Über 5 km ziehen sich die Ghats am Westufer entlang, es sind etwa 70. Sie reichen vom Asi Ghat im Süden bis zum Adi Keshava im Norden hinter der Malavija-Brücke. Überall bieten sich ähnliche Bilder. Die frommen Pilger tragen in ihren Händen Blumen, Lichter und kleine Figürchen, Abbilder von Gottheiten, die der Flußgöttin geopfert werden, der Mutter Ganga, die jeden frommen Hindu nach seinem Tod wieder in ihren Schoß nimmt.

Dreifach ist der Lauf der Ganga durch die Welten – auf der Erde ist sie der Fluß, am Himmel die Milchstraße, und unter der Erde wird sie zum unsichtbaren Strom heilender Kräfte. Was immer die Menschen in den Ganges geworfen haben, Opfer, Fetische, schmutzige Abfälle, verblühte Blumen, Leichen und Asche: das Wasser muß sich wieder und wieder aus einem verborgenen Quell gereinigt haben. Selbst die kritischen Amerikaner fanden nach sorgfältigen Prüfungen keine gefährlichen Bakterien, im Gegenteil, das in Benares untersuchte Gangeswasser ist absolut sauber und hat die Kraft, Bazillen zu töten. Ein junger Wissenschaftler übergoß unlängst gezüchtete Cholerabakterien mit Gangeswasser. Nach wenigen Stunden waren die Bakterien tot, das Wasser jedoch war kristallklar und von Bakterien frei.

Männer, Frauen und Kinder kommen mit glänzenden Kupfer- und Messinggefäßen oder auch mit einfachen Milchkannen aus Blech zum Ufer, sie wollen das heilige Wasser, in das sie als Opfer Statuen des tanzenden Shiva und des Elefantengottes Ganesha geworfen haben, mit nach Hause nehmen. Dort soll es Wunder an jenen wirken, die nicht nach Benares fahren können. Immer wieder begegnen wir auf einfachen Landstraßen, in Städen und Dörfern den singenden Pilgern, die das Wasser heimtragen, unverdrossen über Hunderte von Kilometern. Im heißen Winde wehen die bunten Stoffdächer über den Körben, in denen die Krüge mit dem kostbaren Naß stehen. Das Gangeswasser ist eine wertvolle Handelsware und darf bei den langen Märschen nicht verdunsten. Wer es nicht in der eigenen Familie verwenden will, kann es zu hohen Preisen verkaufen.

Die Ghats von Benares. Aus: Colonel Forrest: A Picturesque Tour along the Rivers Ganga and Jumna. 1824.

Über die heiligen Stufen steigen zarte Inderinnen in farbigen Seidensaris zum Wasser hinab, keuchen alte Mütterchen, von selbstgesponnener Baumwolle umhüllt, stelzen grau beschmierte Fakire, schreiten stolze Sadhus mit Blumengirlanden um den Hals, kommen stille, ernste Yogis, den Blick nach innen gewandt, Männer in blütenweißen Dhotis, jung und alt, arm und reich. Auch die vielbeschriebenen heiligen Kühe stampfen gemächlich hinab. Sie gelten trotz der Proteste moderner Inder der großen Masse noch immer als heilig. Gott ist in allem, sagt der überzeugte Hindu, auch in der Kreatur. Alle wissen, daß diese Kreatur, wie keine andere, dem indischen Volke nützlich ist als Zugtier bei der Feldarbeit, als Milchspenderin und Brennstofflieferant; getrockneter Kuhdung war immer Indiens wichtigste Kohle.

«Die Kuh ist die Mutter von Millionen indischer Menschen – sie ist ein Gedicht der Barmherzigkeit.» Mit diesen Worten hat der Vater der Nation, Mahatma Gandhi, unzähligen Hindus aus dem Herzen gesprochen. Und Nehrus Bemerkung im Wahlkampf von 1957, daß die Kühe in allen Ländern, wo sie nicht heilig seien, viel besser und fetter aussähen als in Indien, hat nicht zu Massenschlachtungen geführt. Selbst wenn der Mensch für die arme Kreatur nichts mehr zu fressen hat, darf er ihr nicht den Gnadenstoß versetzen. So gibt es Millionen Kühe, die ein kärgliches, elendes Dasein fristen. Dafür dürfen sie überall hin: ins Haus, in den Tempel und auf die Stufen zum Ganges.

Viele Sadhus sitzen aufgereiht und unbeweglich unter den zerrissenen Strohschirmen, die sich – riesigen Pilzen gleich – wie ein Leitmotiv am Ganges entlangziehen. Stumm hüten Shivas Priester Schalen, gefüllt mit weißem und rotem Puder. Nach dem rituellen Bad und der Sonnenanbetung malen sie die Zeichen der verschiedenen Sekten auf die Stirnen der Gläubigen. Überall auf den hohen Stufen sitzen die Ärmsten der Armen, Aussätzige und Bettler. Sie leben von den Almosen, die jeder Pilger in ihre Blechschüssel wirft. Flinke Händler bieten Blumenketten aus duftendem Jasmin oder gelben Levkojen an. Am Abend gleicht der Fluß einem farbigen Meer aus geopferten Blüten.

Auf schwimmenden Holzplanken haben Gurus und Swamis ihre Schüler um sich versammelt. Das Ideal des Guru, des vom Schüler anerkannten Meisters und Lehrers, ist seit der Zeit der *Upanishaden,* der 108 Geheimlehren, in Indien lebendig geblieben. Schon zur Zeit der Entstehung dieser ältesten philosophischen Traktate der Hindus – vor 2800 Jahren – galt, was heute noch gilt: eine hohe Erkenntnis darf vom Meister nur an einen auserwählten, sittlich hochstehenden Schüler weitergegeben werden. Der Kreis der Eingeweihten soll klein bleiben. So erklärt sich auch der Name der geheimen Texte: *Upanishad* bedeutet: «upa», nahe, und «sad», sitzen, dem Meister, dem Guru, so nahe sitzen, daß kein anderer hören kann, was der Meister an geheimen Erkenntnissen vermittelt.

Abgesonderter, kleiner kann der Kreis von Schülern und Meistern kaum sei, als auf den leise in den Wellen des Ganges schaukelnden Holzplanken. Manche Swamis rezitieren aus den Veden, andere üben mit ihren Adepten Konzentration durch Yoga.

Fortsetzung Seite 189

Das Dashashvamedh Ghat an einem gewöhnlichen Tag; im Hintergrund Shitala Devi, der Tempel der Pocken-Göttin, rechts der orangefarbene Prayageshvara-Tempel. In Benares strömen vor den ersten Sonnenstrahlen Tausende zu den 17 wichtigsten Ghats (Badetreppen) und reinigen sich im Licht der aufgehenden Sonne. Nächste Doppelseite: Badende am Dashashvamedh Ghat während des Shivaratri-Festes zu Ehren von Lord Shiva; nach dem Bade ziehen die Gläubigen singend und Mantras betend zu den verschiedenen Tempeln.

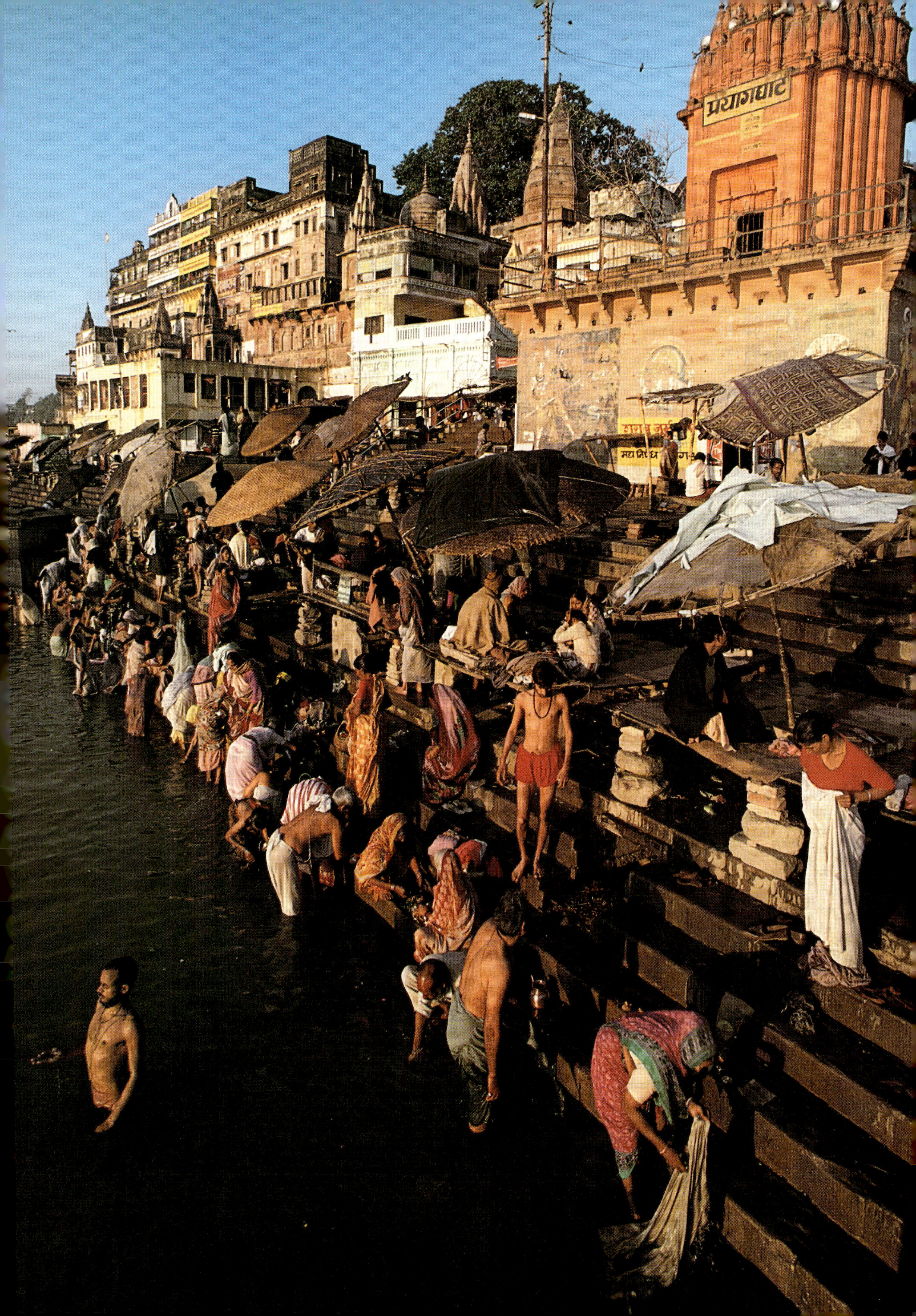
प्रयागघाट

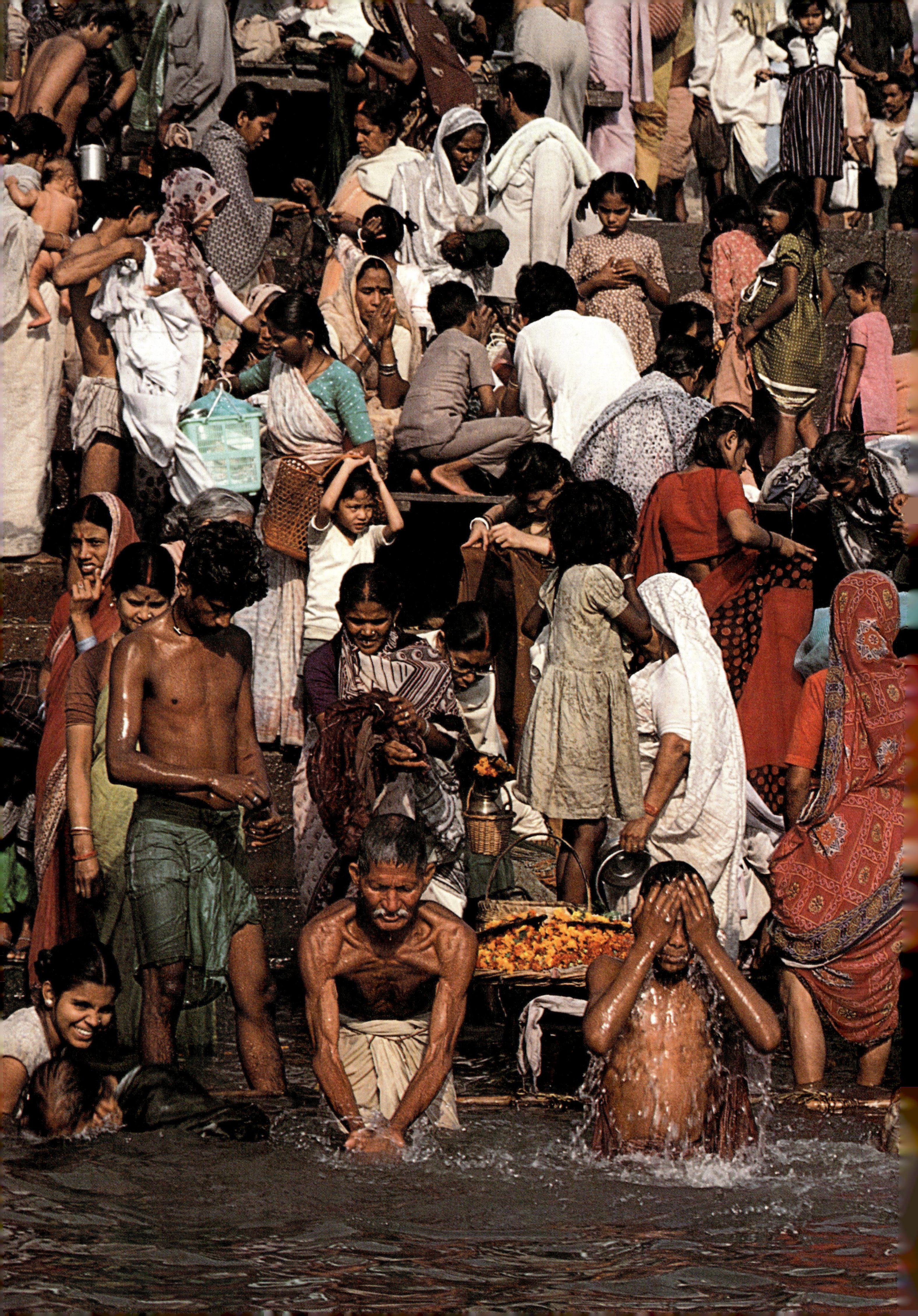

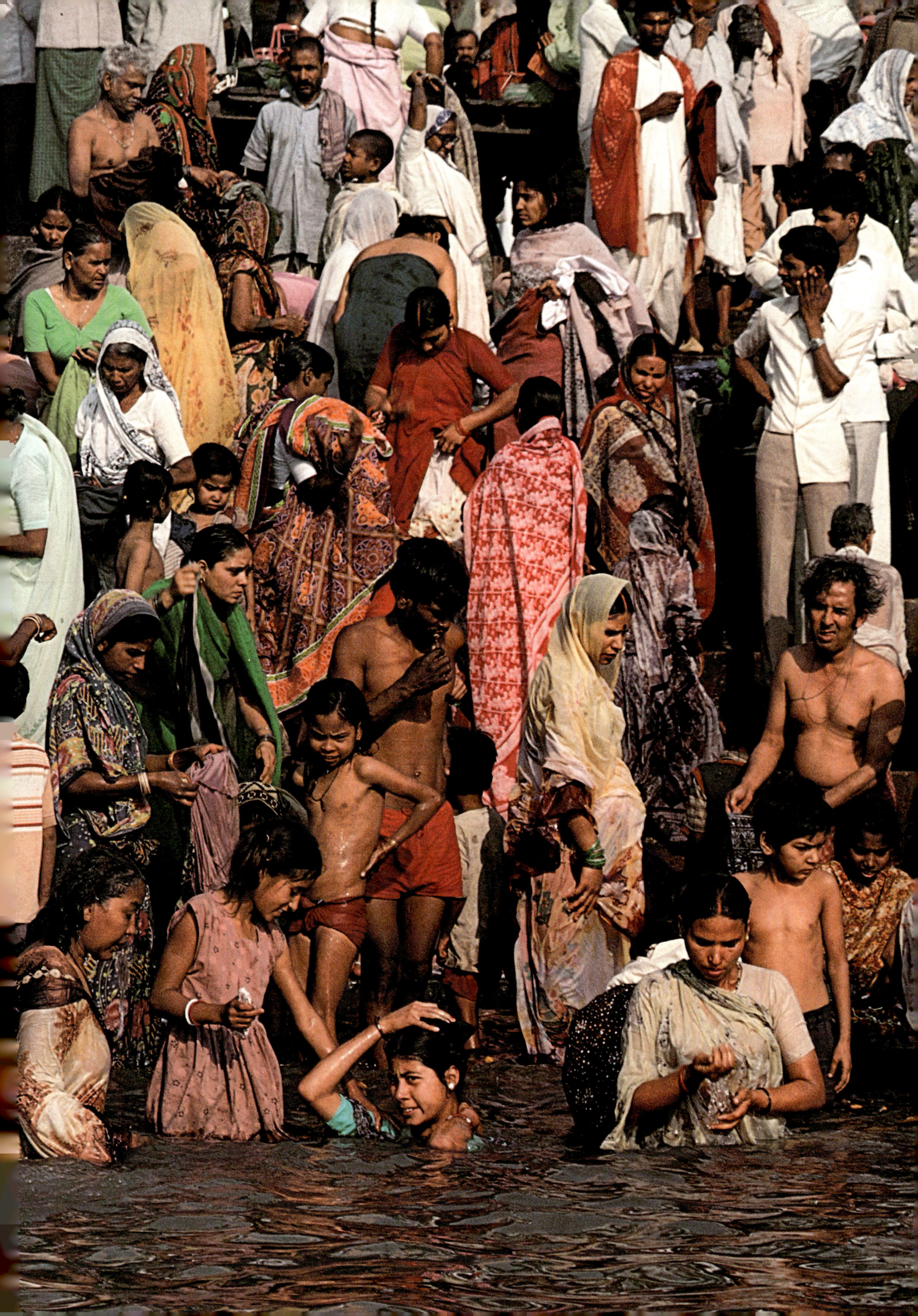

In Andacht versunkener Pilger beim Lingam nicht weit vom Gai Ghat. Der Lingam ist Shivas, des Schöpfergottes und Vernichters, Phallus und Symbol der Göttlichkeit des Lebens schlechthin.

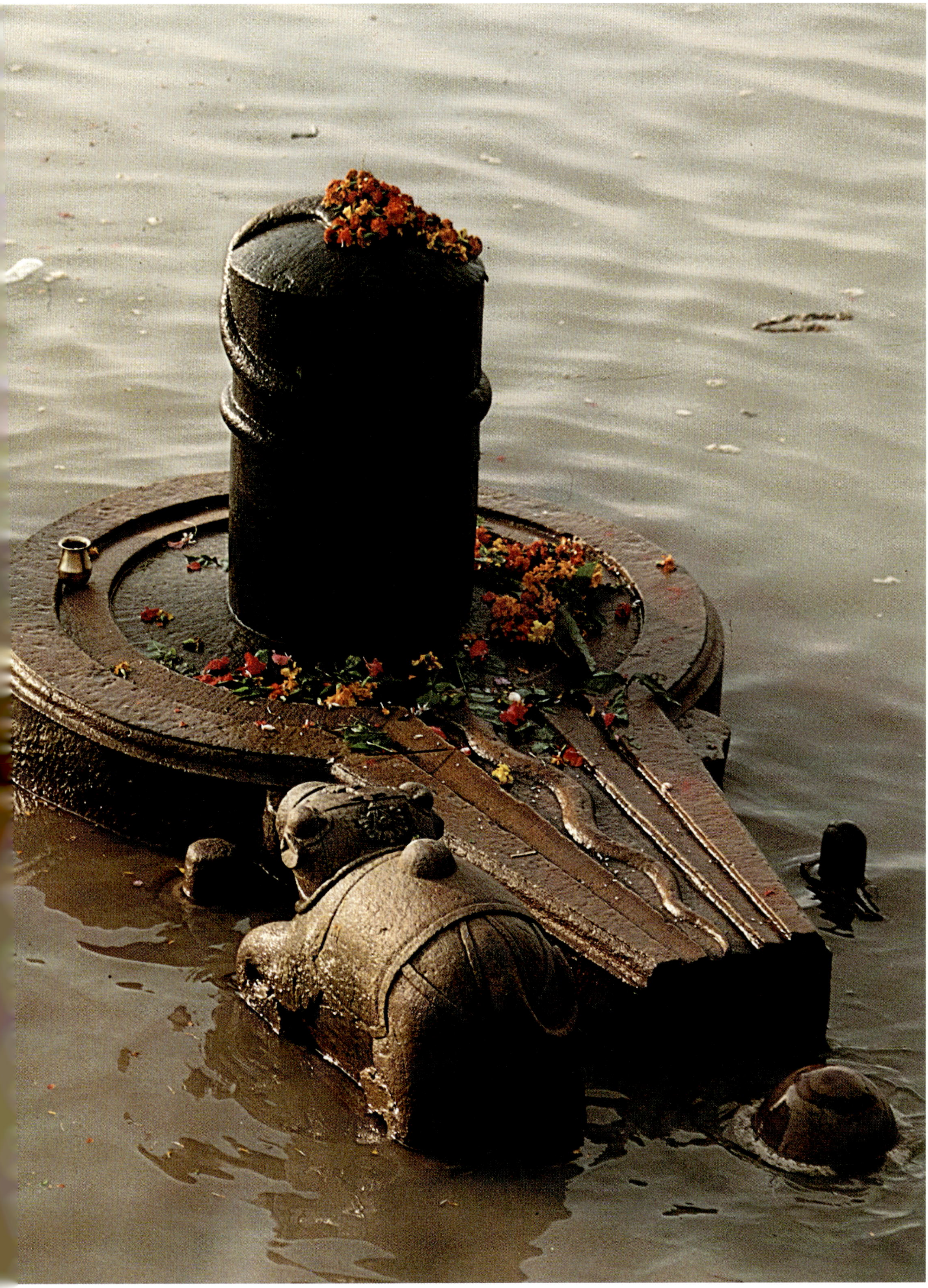

Wasser, Reis und Feuer (Kerze), getragen von betenden Händen: Symbole der Reinigung und Fruchtbarkeit.

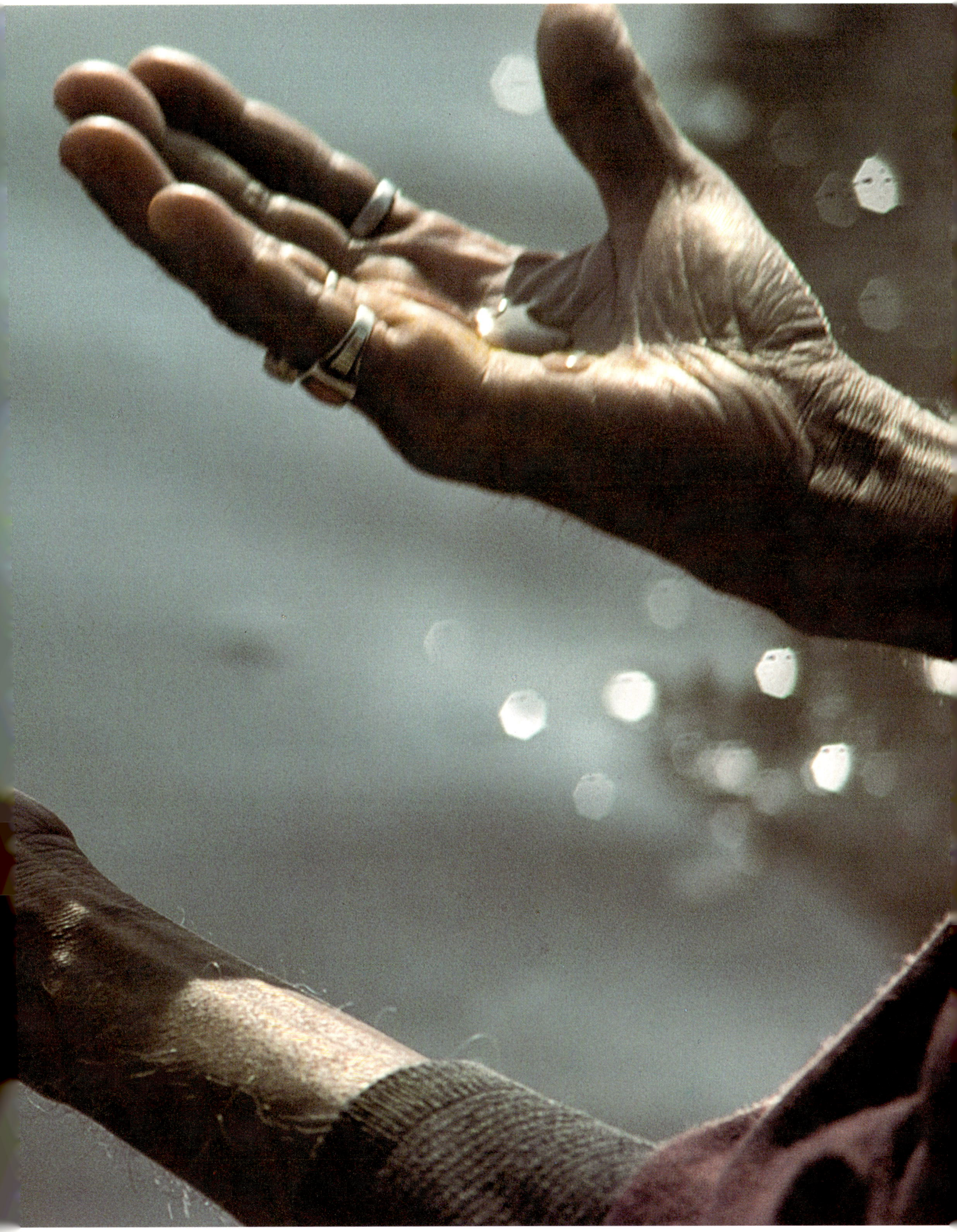

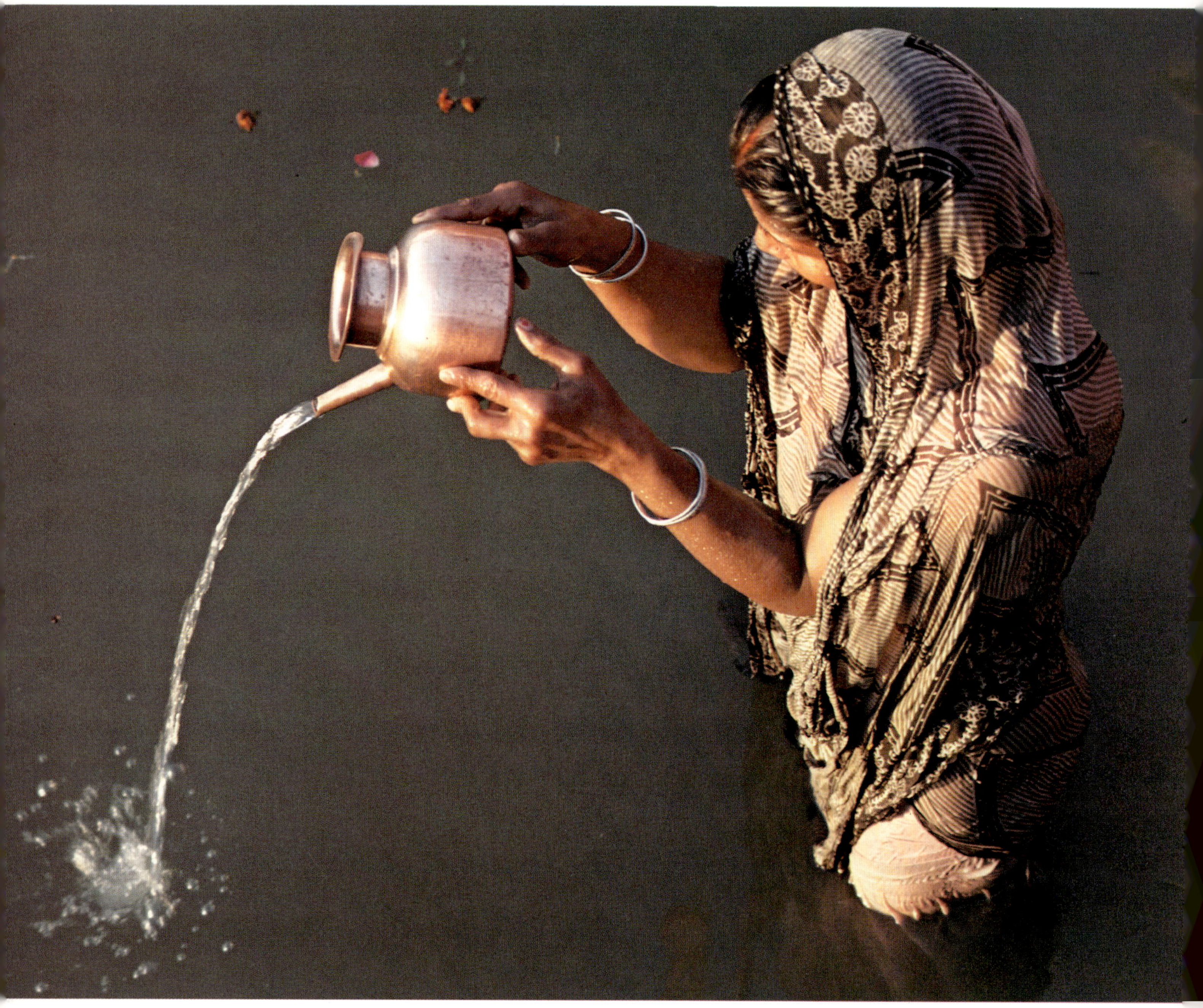

Täglich nehmen Pilger und Pilgerinnen ihre rituellen Waschungen vor; in weiße Dhotis oder farbige Saris gekleidet, tauchen sie tief in den Fluß, schöpfen Wasser mit ihren Händen, lassen es perlend durch die Finger rinnen; alle Kastenunterschiede fallen.

Mit Blumen umkränzt wird eine brennende Kerze der heiligen Mutter Ganga als Opfergabe dargebracht.
Während des ganzen Monats Kartik (Oktober/November) werden jeden Abend am Someshvar Ghat (Treppe des Herrn des Mondes) Kerzen in kleinen Körben hochgezogen; ihr Licht hilft den Geistern der kürzlich Verstorbenen, den Weg ins Jenseits zu finden.
Nächste Doppelseite: Heiratszeremonie am Ufer des Ganges (links); unter dem Schirm der Lehre vollzieht ein Brahmane das Ritual.
Vor allem Frauen treffen sich frühmorgens am Gai Ghat (benannt nach der steinernen Kuh), preisen die Götter mit Liedern und baden anschließend im Fluß.

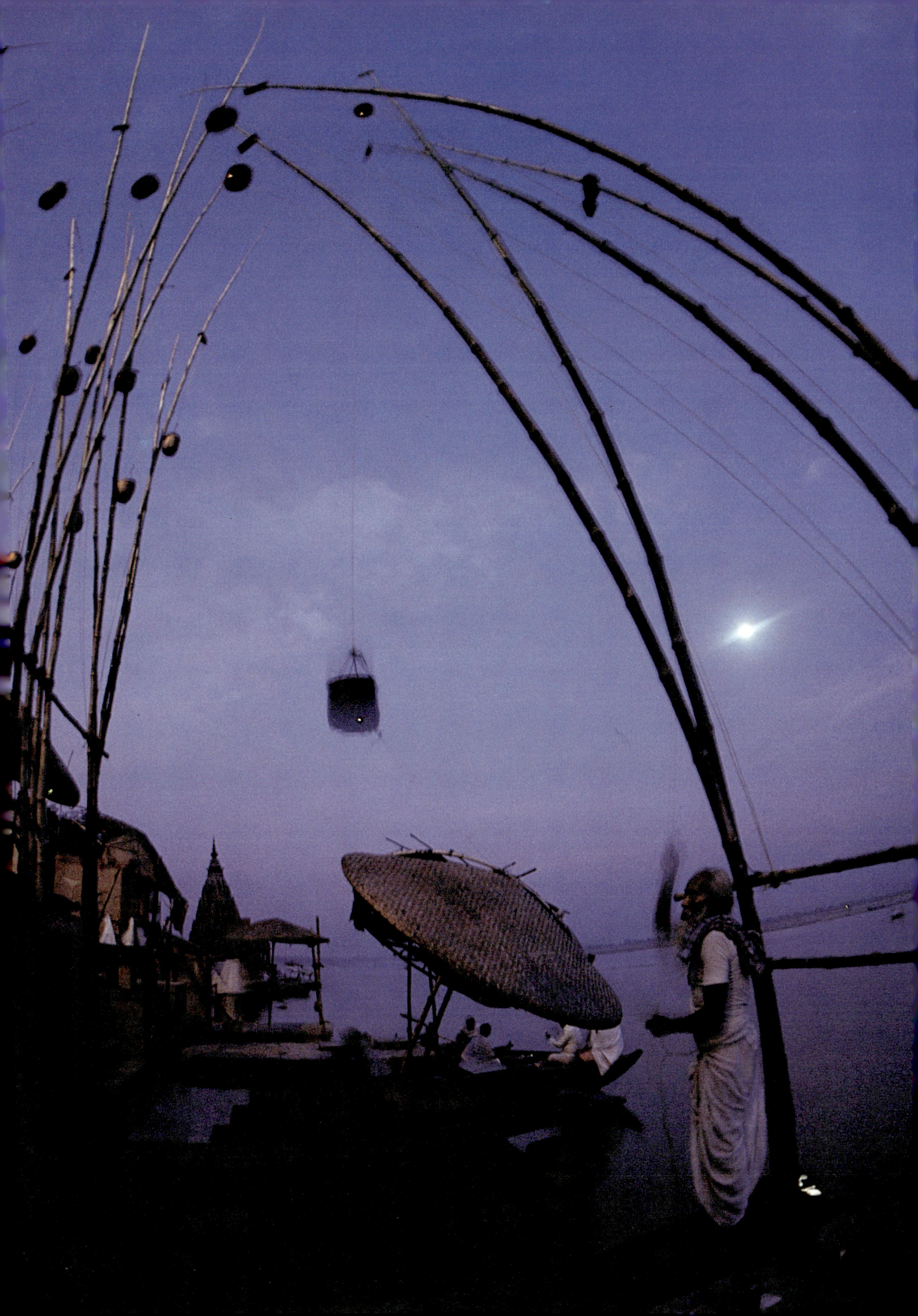

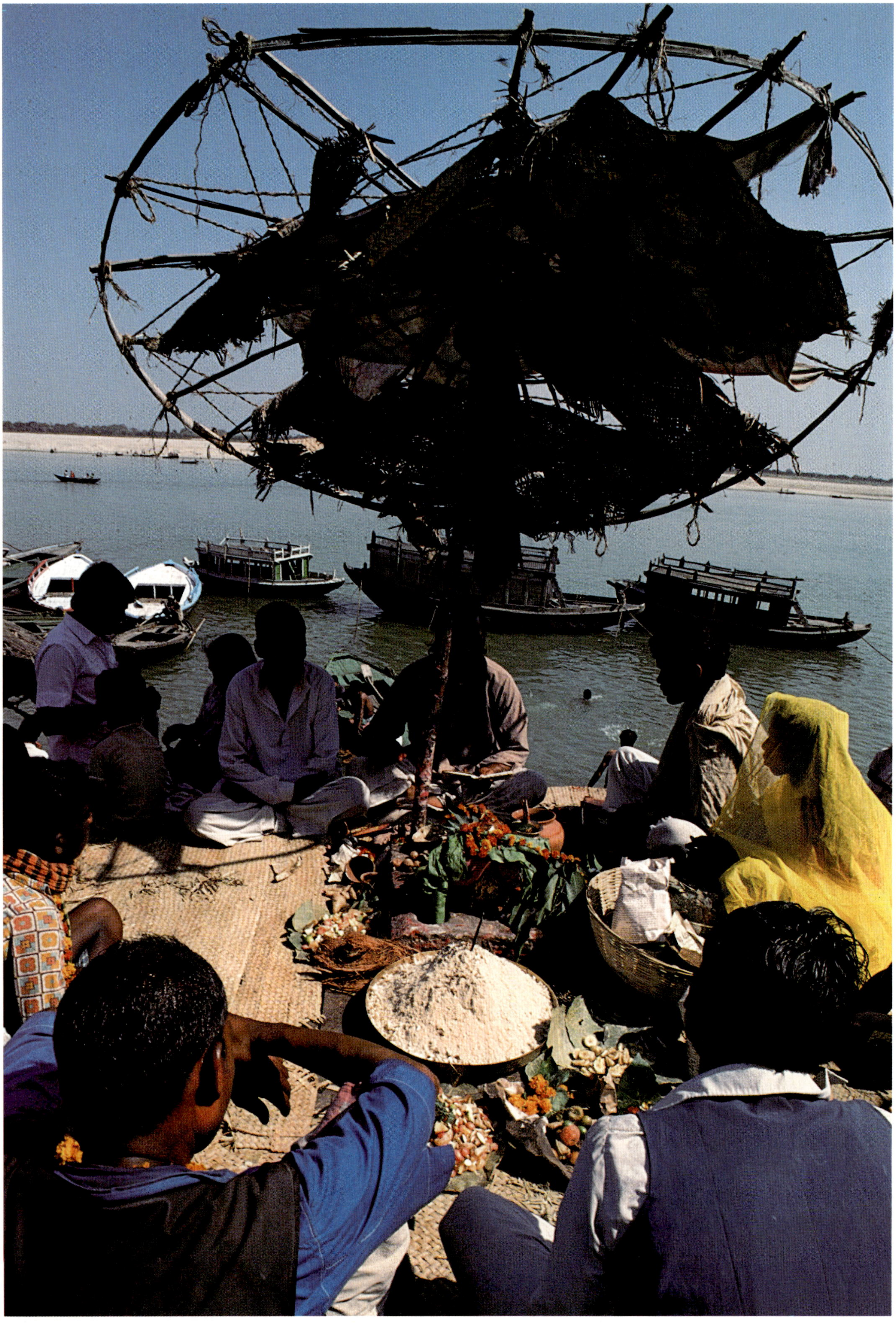

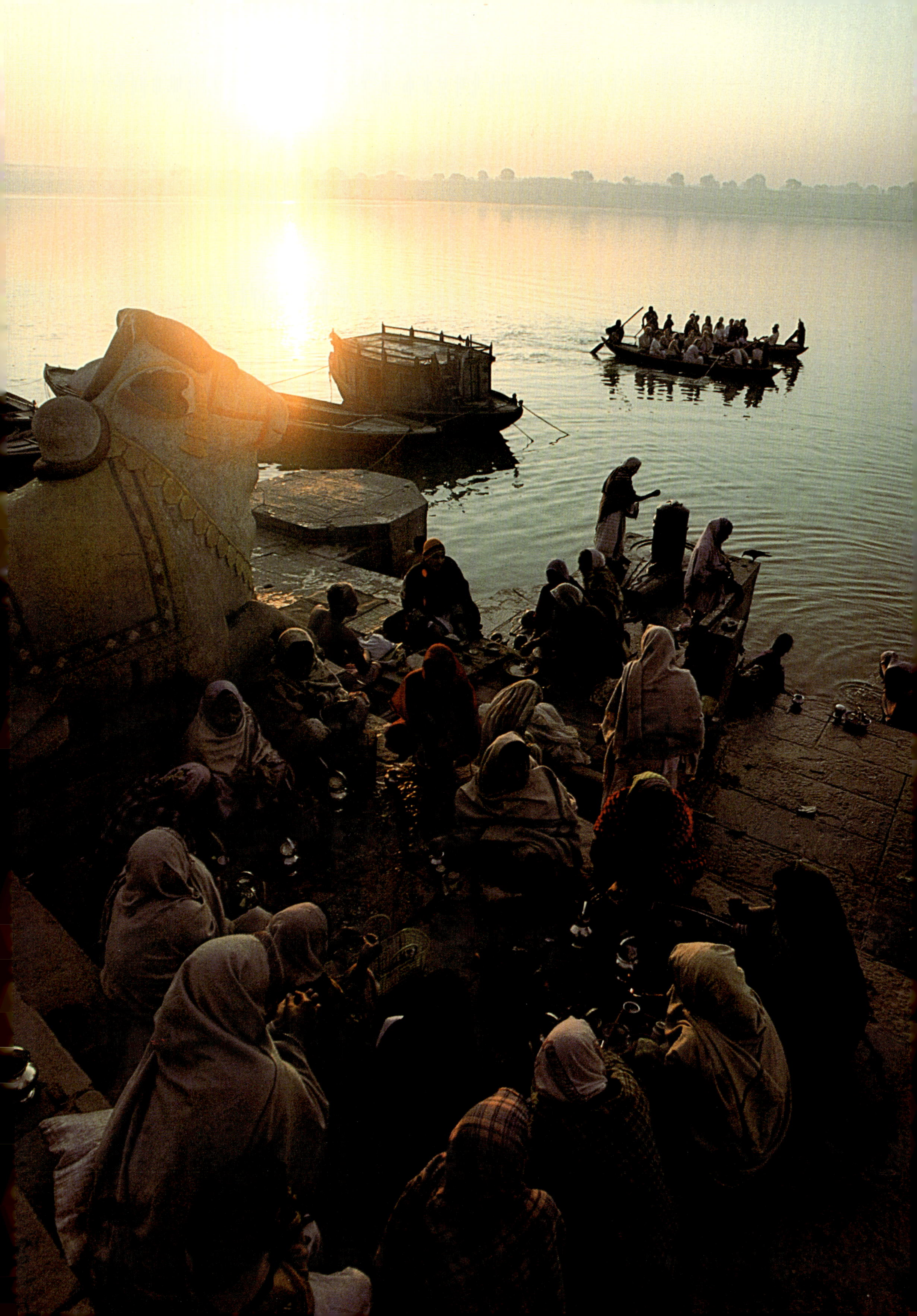

Auch Westler verbringen Jahre als Novizen (Chelas) von Sadhus im Himalaya; von Zeit zu Zeit begeben sie sich wie ihre Vorbilder nach Benares, dem Hauptsitz verschiedener Orden (Akharas). Anschließend an die Kumbh-Mela in Allahabad ziehen einzelne Nagas nach Benares, wo sie das nächste religiöse Fest abwarten. Links neben dem Naga sein Wassergefäß, in der Hand die Feuerzange, seine persönlichen und wichtigsten Ritualgegenstände; vor dem Feuer ist eine Bastmatte für Gäste ausgebreitet.

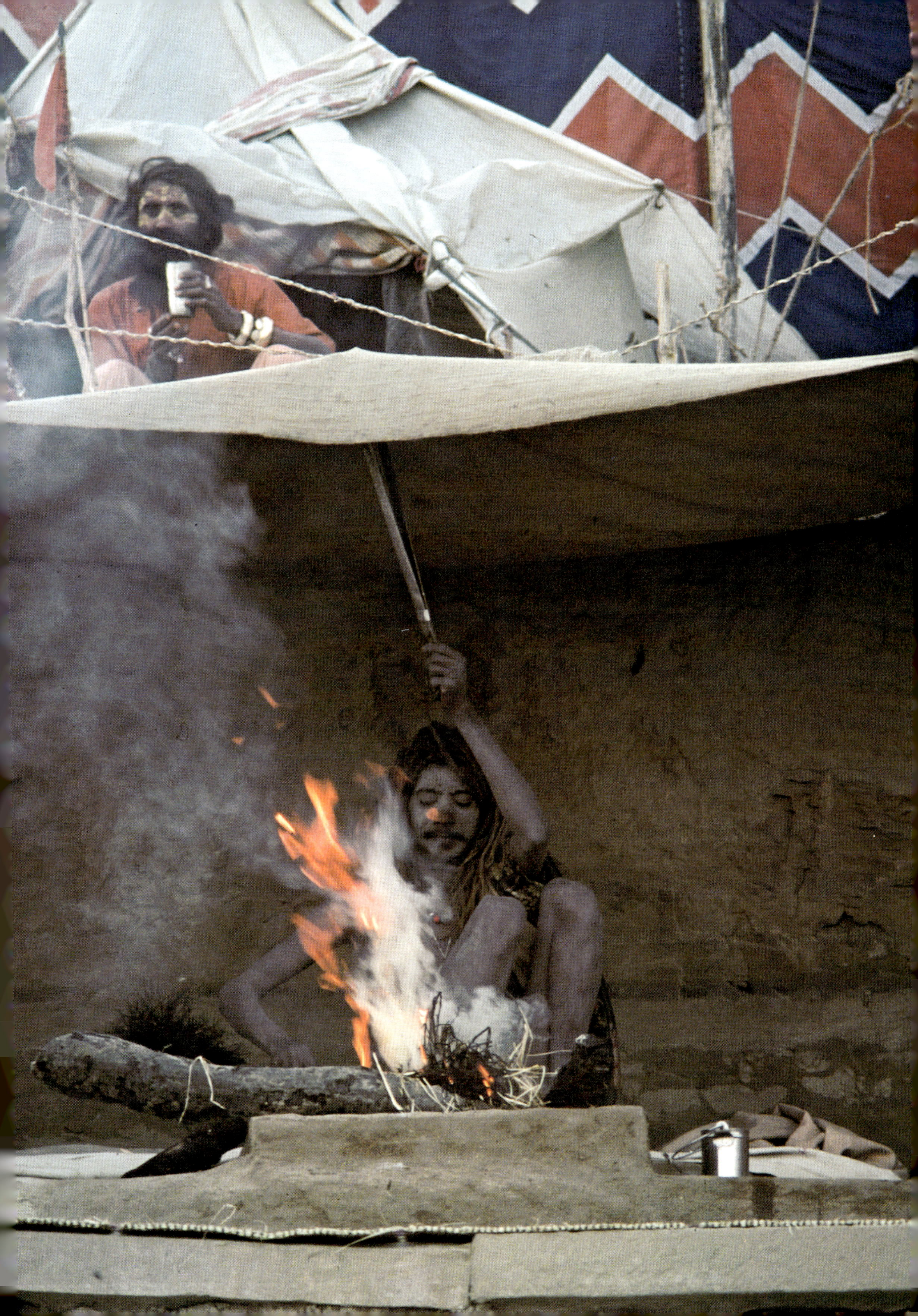

Zwei Pilger während der Mittagsrast am Ufer des Ganges, neben sich das heilige Wassergefäß. Der Primarschullehrer auf dem Bild rechts hat die lange Reise aus seinem Dorf in Südindien unternommen, um sich einmal im Leben am heiligsten Ort Indiens im Ganges zu reinigen.

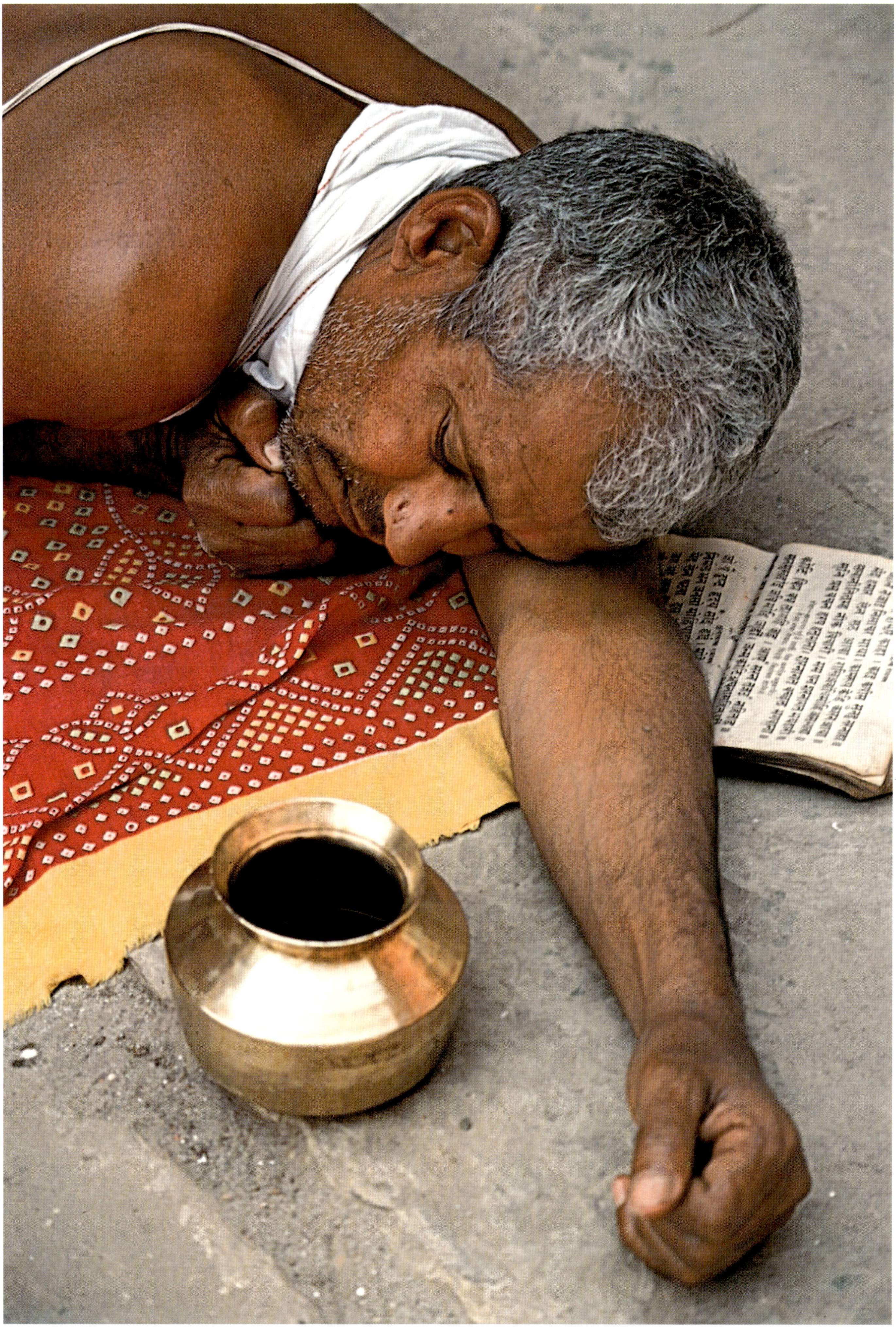

Blick vom oberen Gangesufer auf Varanasi/Benares; an dieser Stelle ist eine Kaste für die Wäsche zuständig; sie verrichtet keine andre Arbeit.

175

Die Verbrennungsplätze sind den Kasten zugeordnet: am Harishchandra Ghat werden nur untere Kasten kremiert, am Ritual nehmen nur Männer teil; bevor der Tote verbrannt wird, waschen sie ihn im Ganges. Nach einer kurzen Zeremonie setzt der älteste Sohn den Holzstoß in Brand. Ein süßer Geruch von Sandelholzrauch hängt ständig über dem Ghat. Ein neuerdings von der Regierung errichtetes elektrisches Krematorium leidet unter Strommangel.
Bild unten: Meditierender am Ganges.

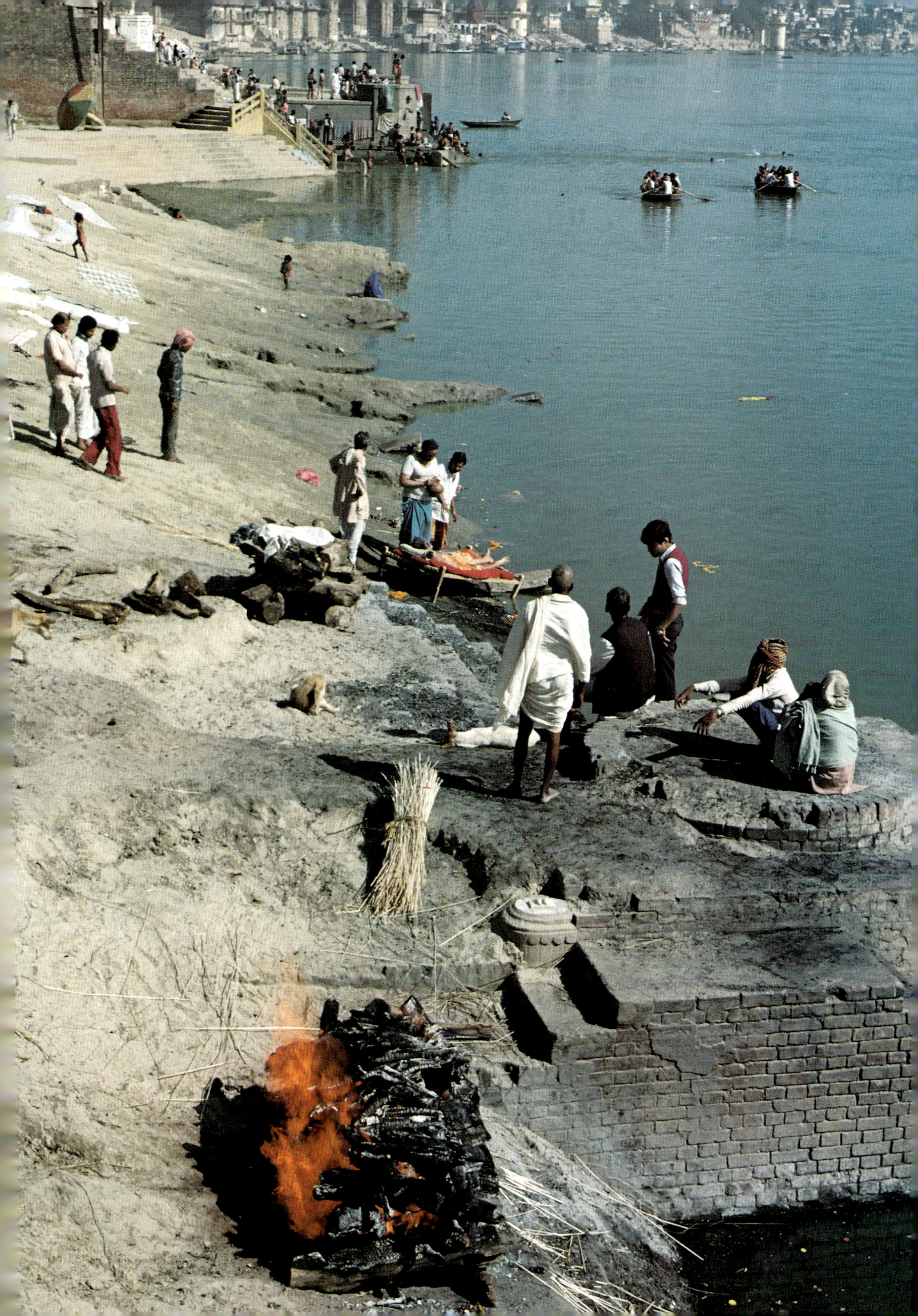

Durch die engen Gassen der Altstadt von Benares wird ein Toter zum Manikarnika Ghat, dem Verbrennungsplatz der oberen Kasten, getragen; Musikanten mit Trommeln und kleinen Pauken führen den Trauerzug an; die Blumen auf der Leiche weisen auf einen Mann hin; vom frühen Morgen bis spät abends sind die Toten unterwegs. Fromme Hindus ziehen sich zum Sterben oft nach Benares zurück.

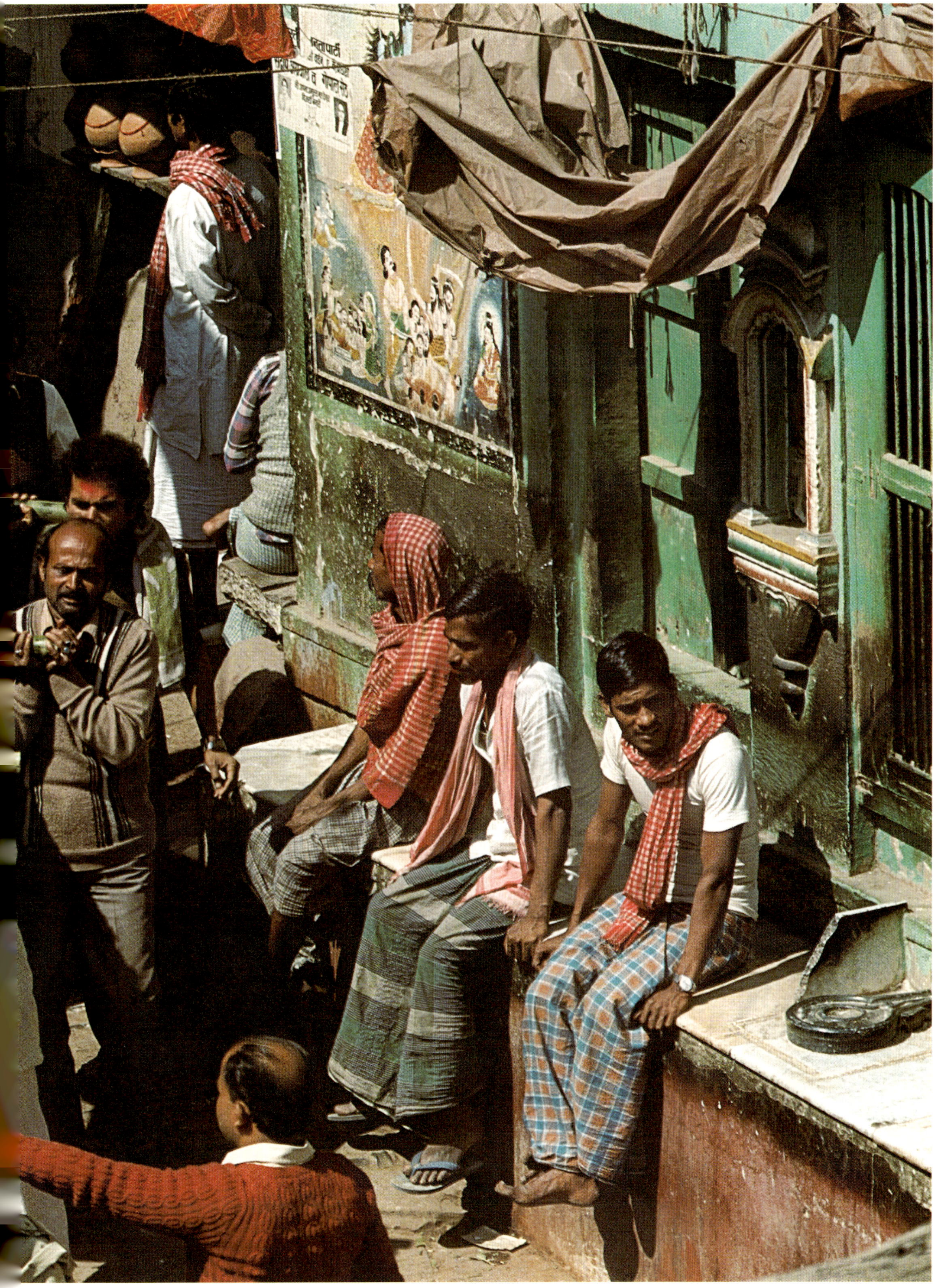

Heilige Kühe ziehen durch die Gassen von Benares, sie sind Allesfresser und die eigentliche Müllabfuhr; abends kehren sie zu ihren Besitzern zurück, um sich melken zu lassen.
Blumenverkäufer vor dem Goldenen Tempel; dieser, aus dem 18. Jahrhundert stammend, ist das heiligste Gebäude von Varanasi und Shiva geweiht; ¾ Tonnen Gold soll Maharadscha Ranjit Singh von Lahore für die Verkleidung der Kuppel gestiftet haben.

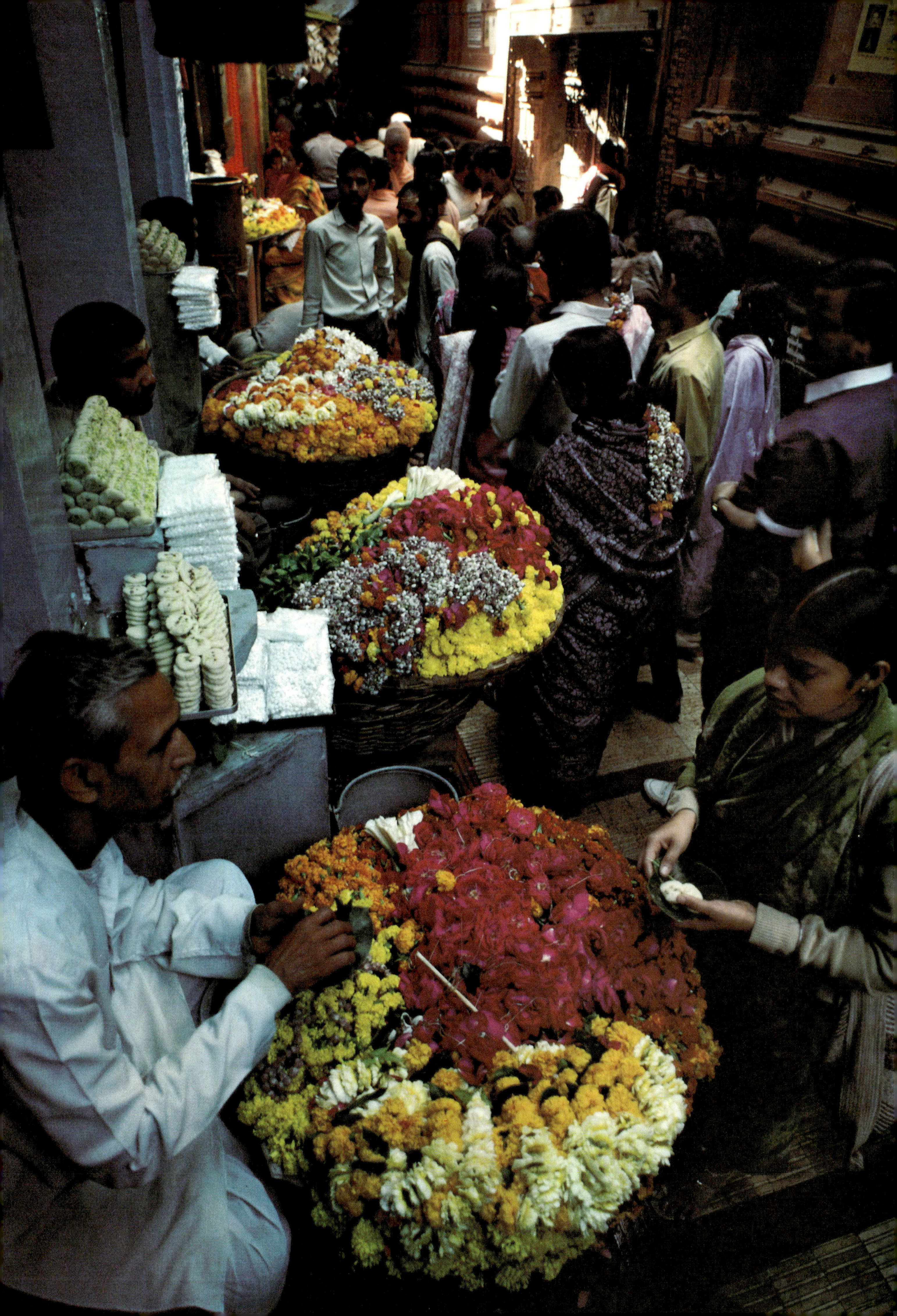

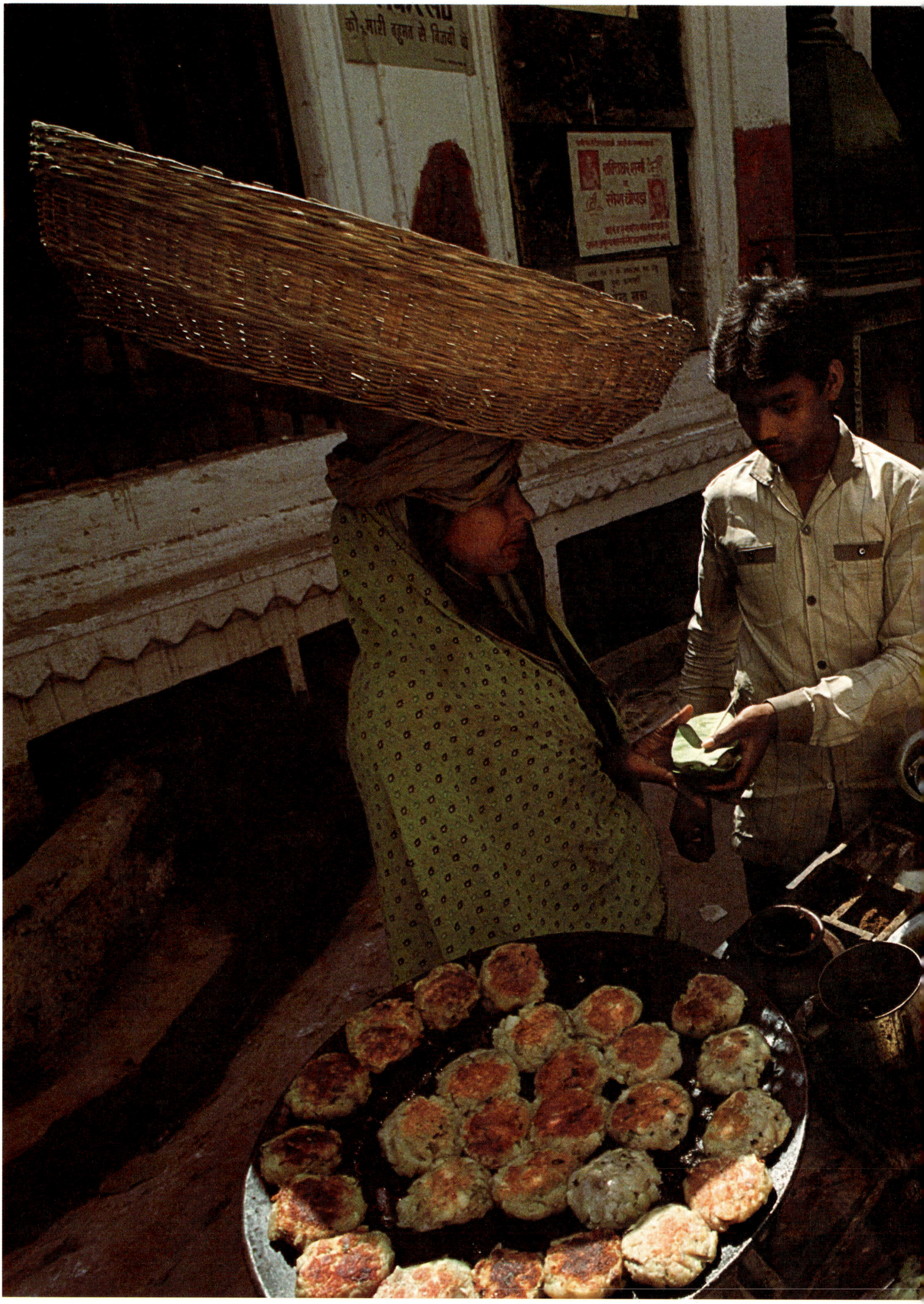

Stände, überquellend von frischgekochtem Essen, dienen der fliegenden Verpflegung: Reisklöße, Kartoffelspeisen und andre vegetarische Gerichte.

Benares ist durchsetzt von kleinen Tempeln und grellfarbigen Fresken. Im Basargewühl der Altstadt findet man Kleider, Gewürze, Ritualgegenstände, Helgen und jede Art Andenken.
Im Durga-Tempel aus dem 18. Jahrhundert im Westen von Varanasi schlägt jeder Besucher die Glocke an; ihr Klang reinigt die Luft von bösen, unreinen Geistern.
Nächste Doppelseite: Der Devi-Jagadambi-Tempel in Khajuraho. Hier hat sich der einzige alte Tempelkomplex Nordindiens der Zerstörung durch den Islam entzogen und teilweise erhalten; heute stehen noch rund 30 von den ursprünglich 85 Tempeln, welche die Chandella-Könige zwischen 950 und 1060 erbauen ließen: sie sind ein Bilderbuch der indischen weltlichen und religiösen Mythologie.
Letzte Seite: Detail mit Apsaras (himmlische Tänzerinnen) am Kandariya-Mahadeva-Tempel.

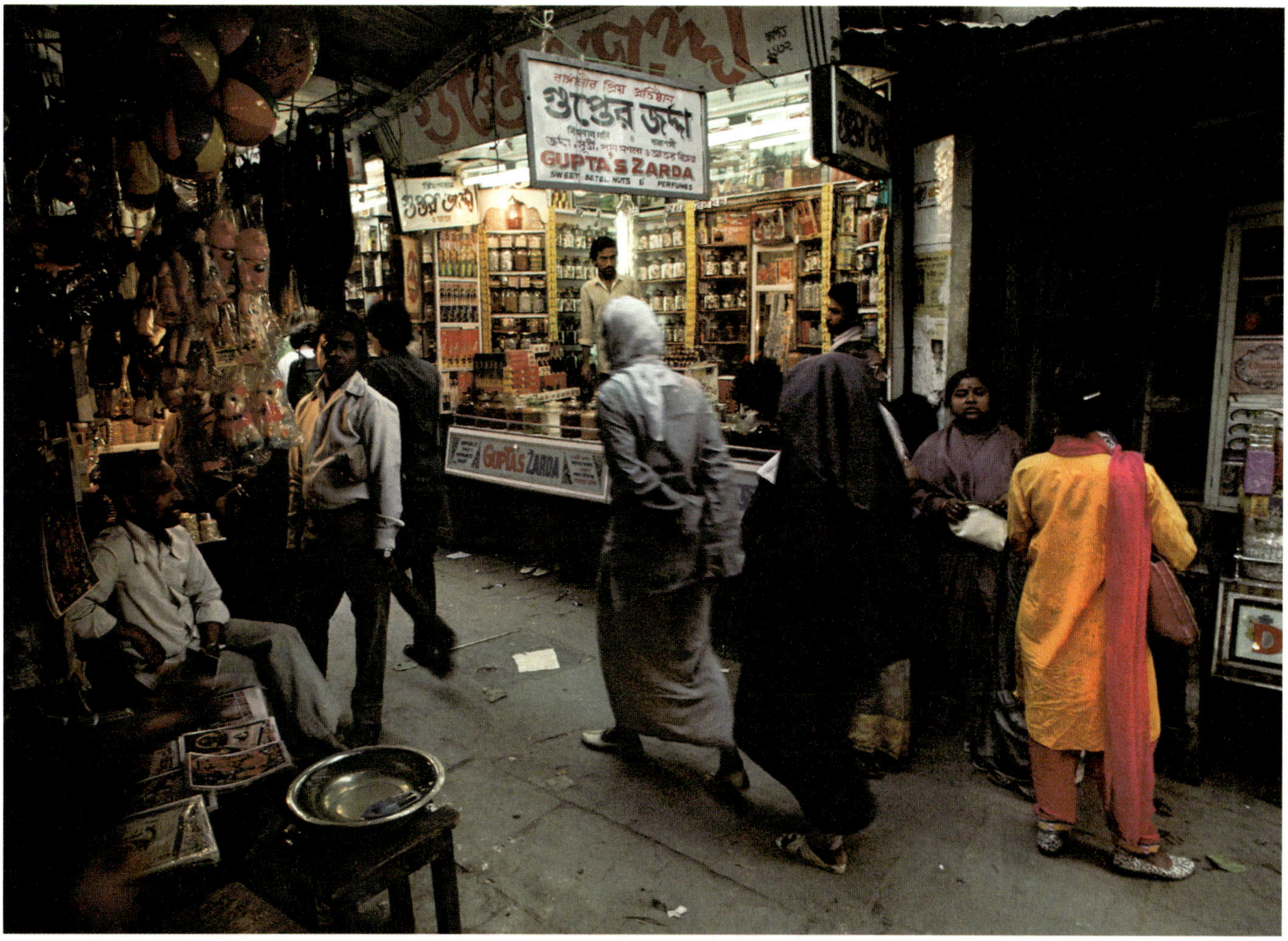

GUPTA's ZARDA
SWEET BETEL NUTS & PERFUMES

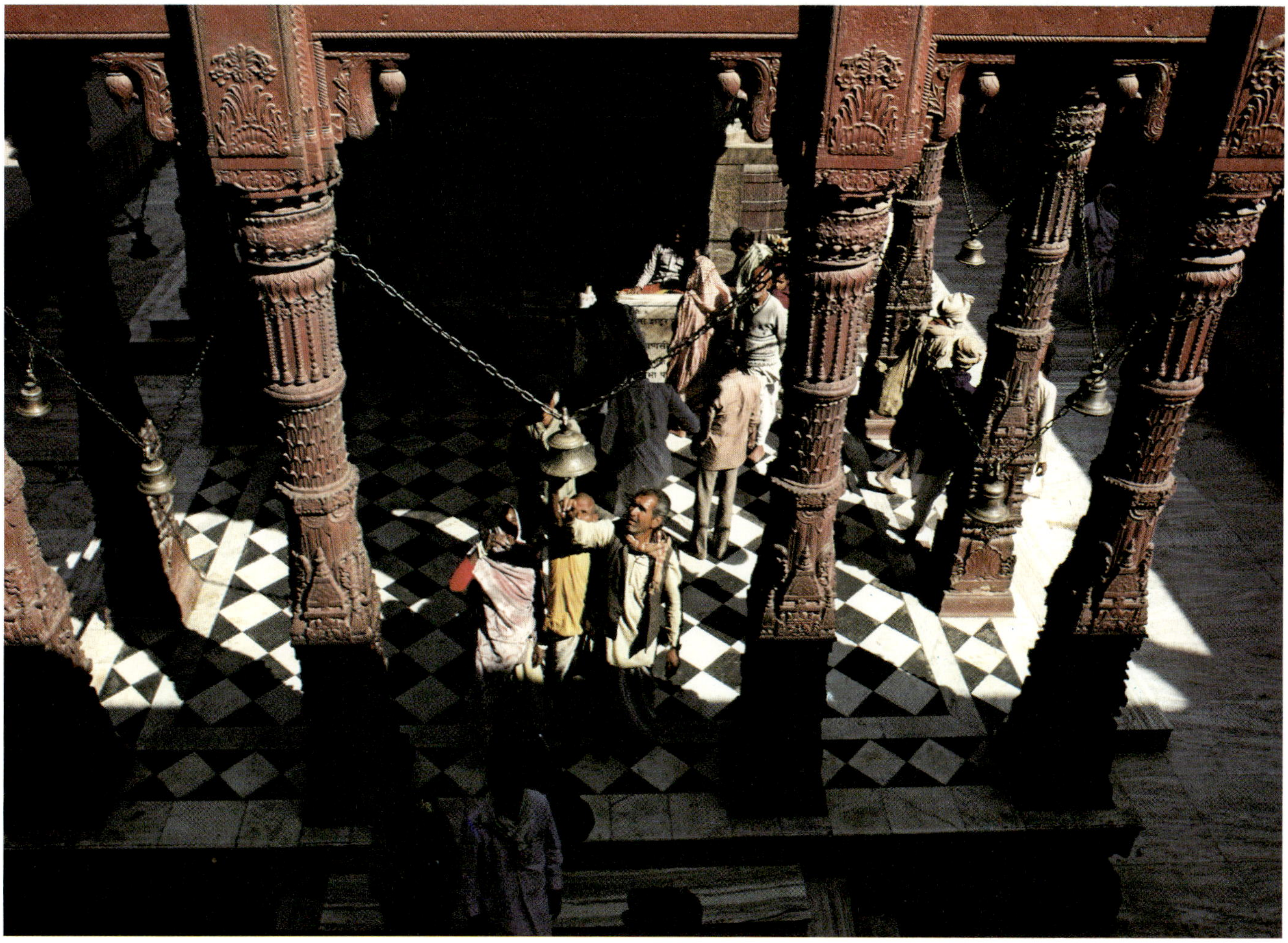

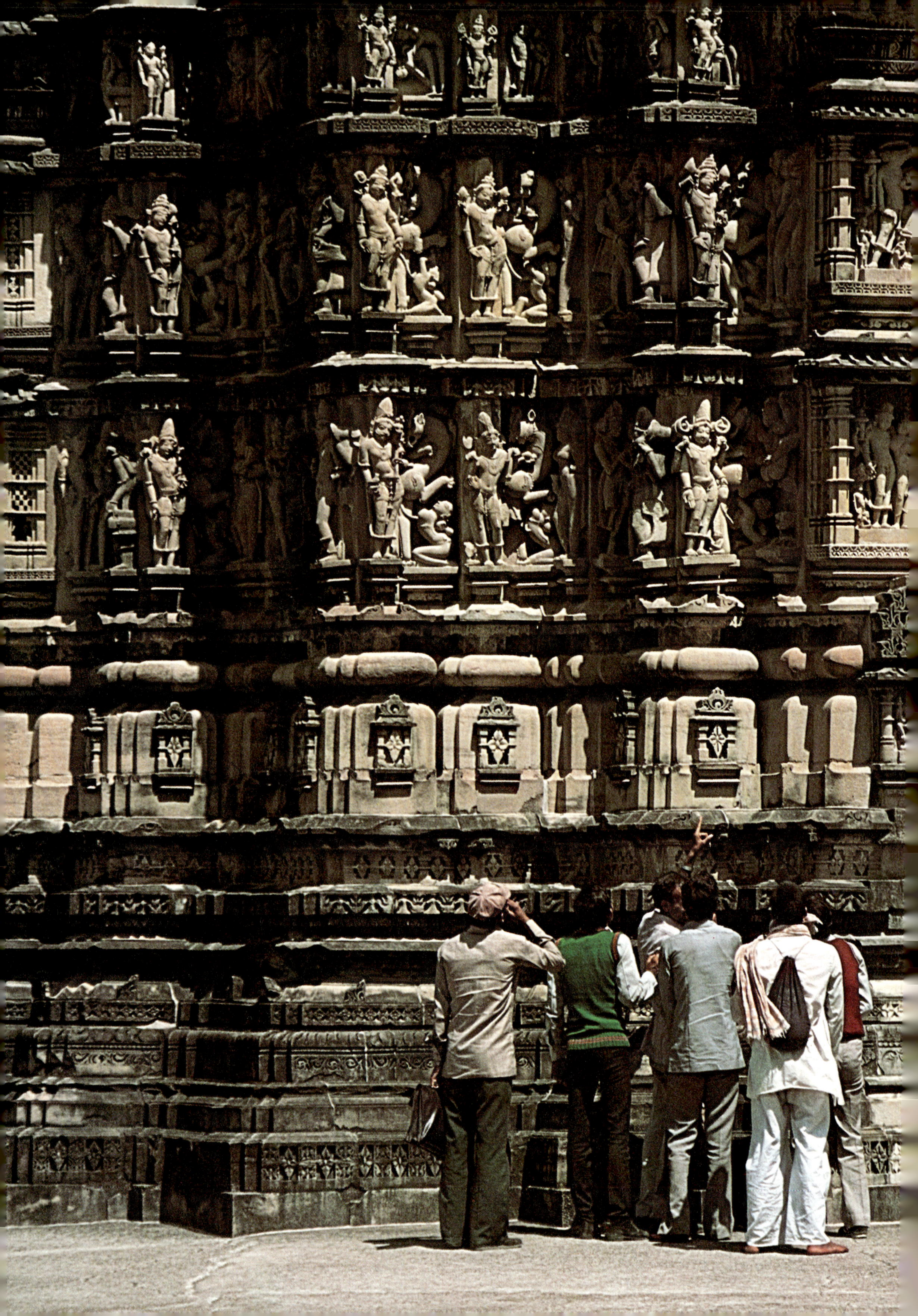

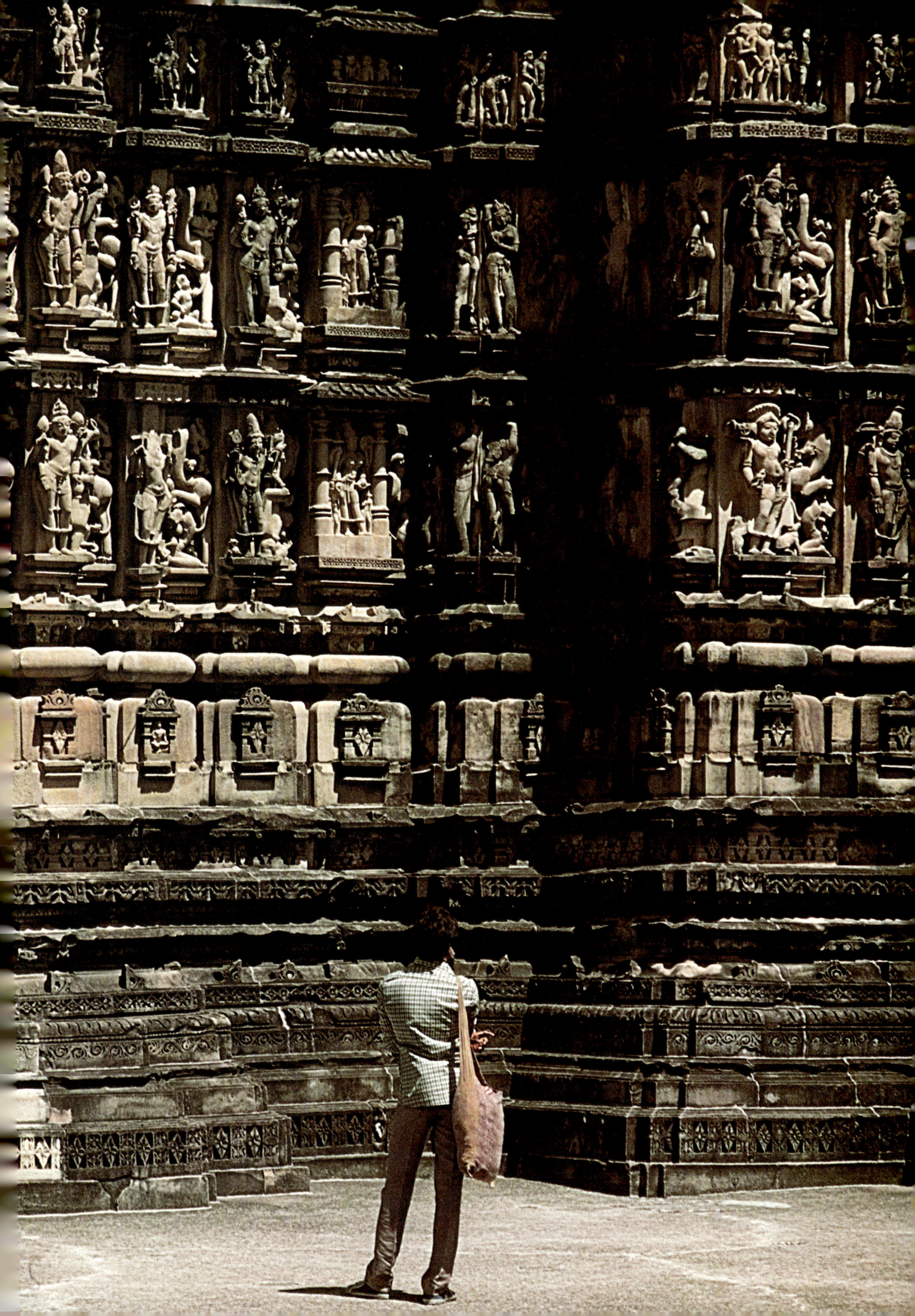

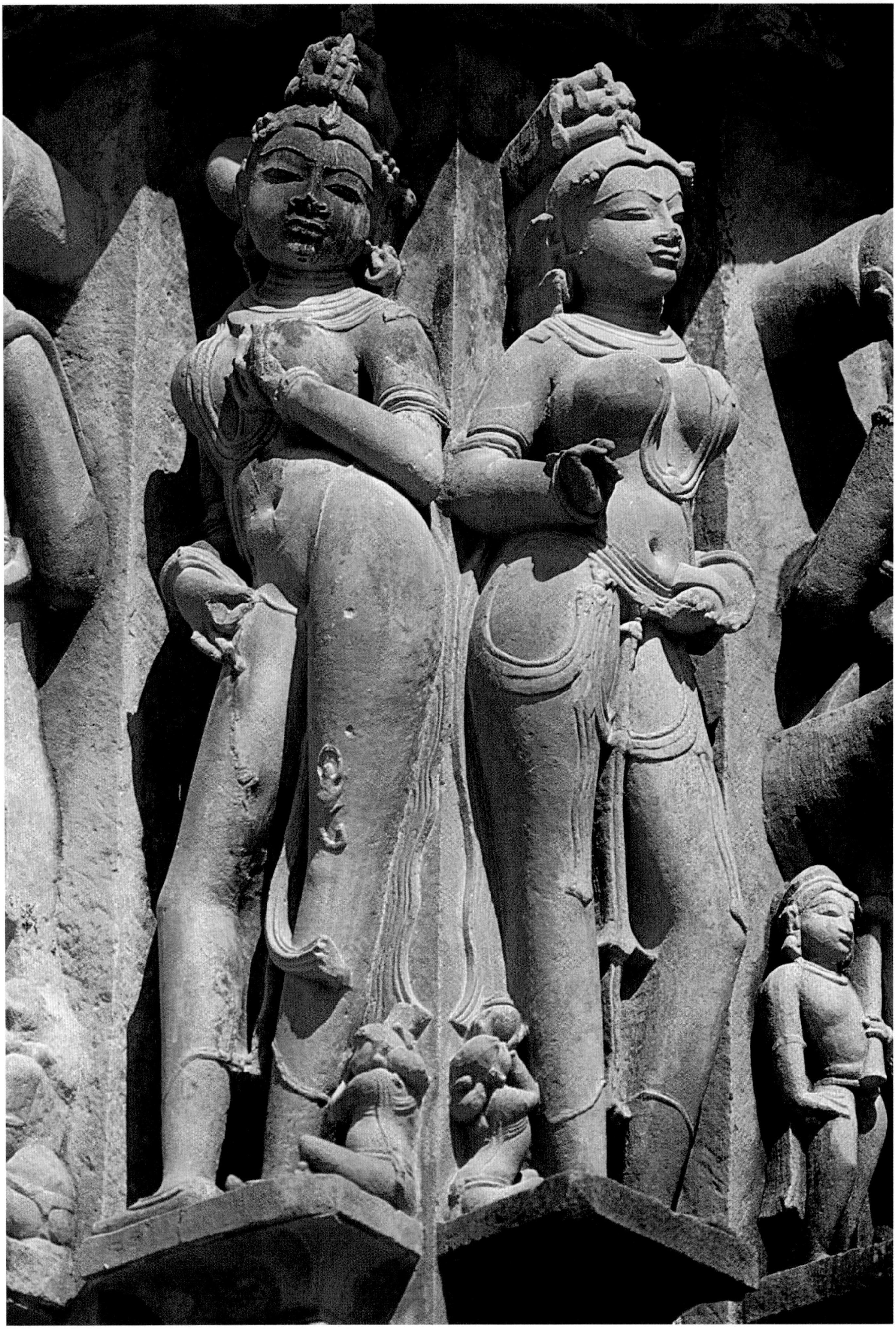

Andächtig steigen die Pilger in die Wellen, tauchen Frauen mit ihren Saris tief in das heilende Wasser. Sie verharren dort, reglos, entzückt, bis die ersten Strahlen der aufgehenden Sonne sie treffen. Dann heben sie ihre dunklen Hände zum Gebet, mit dem Murmeln von «Mantras» beschwören sie den Gott, der sich im Spiegelbild der Sonne als feuriger Lingam über Benares offenbarte.

Die Stadt bestimmt Denken und Tun der Hindus – Alltag und Festtag. Benares spielt auch bei den Hochzeitszeremonien eine entscheidende Rolle. Nicht die Braut entflieht, der Bräutigam will das Weite suchen. Kurz bevor der Priester das Hochzeitspaar offiziell verbindet, erklärt der junge Mann im letzten Augenblick dem Schwiegervater, er wolle der Welt entsagen und nach Benares pilgern, um dort die heiligen Schriften zu studieren. Auf diese traditionelle Drohung antwortet die Familie der Braut mit erhöhter Stimme und allen möglichen Versprechungen, Drohungen und Verlokkungen, Geschenken und Geld. Sie versucht den zukünftigen Schwiegersohn auf den Boden weltlicher Realitäten zurückzuholen. Der junge Mann, einen schweren Entschluß simulierend, gibt schließlich nach. Der Brahmane entzündet das rituelle Feuer. Benares wird zum fernen Ziel, das als Traum gegenwärtig bleibt.

Benares gehört zu den ältesten Städten der Welt – es ist so berühmt wie Jerusalem, Mekka, Athen und Rom. Vielleicht wurde die Stadt, wie Diana Eck in ihrem Buch *Banaras* meint, schon im 12. Jahrhundert v. Chr. gegründet. Jedenfalls war sie bereits um 500 v. Chr. berühmt, als Siddharta Gautama Buddha in Sarnath bei Benares seine erste Predigt hielt, das heißt vor 2500 Jahren, als «Babylon mit Ninive um die Oberhoheit kämpfte, als Tyros die Gründung seiner Kolonien plante, Athen an Stärke zunahm, bevor Rom bekannt wurde, Griechenland mit Persien kämpfte oder Kyros der Monarchie neuen Glanz zufügte, Nebukadnezar Jerusalem einnahm und die Einwohner von Judäa in die Gefangenschaft abgeführt wurden».

Mark Twain sagte von Benares: «Sie ist älter als Geschichte, älter als Tradition, ja sogar älter als jede Legende.»

Aus mythischen Zeiten stammt einer ihrer vielen Namen: der «Wald der Glückseligkeit». Wie kam es zu dieser Vorstellung? Eine Erklärung wird Shiva in einer «Mahatmya», einer Lobpreisung der Stadt, in den Mund gelegt:

«Meine Lingams sind überall dort,
wie kleine Sprosse, die sich aus
reiner Seligkeit senkrecht emporheben.
Sie bilden einen Wald aus frischen Sprossen,
wie im Frühling.»

Die Legende vom Lingam-Wald hat natürliche Ursachen, sie bezieht sich auf das prähistorische Waldparadies, das sich auf dem nördlichen Rajghat-Plateau ausbreitete, dort wo sich später, begrenzt von Ganges und Varana, der älteste Teil der Stadt Benares erhob. Im «Wald der Glückseligkeit» wohnten Yakshas und Nagas, vorarische Gottheiten, die mit Bäumen und Teichen identifiziert wurden, lokale Schutzgötter, die nach den Vorstellungen der Menschen Macht über Leben und Tod, Gesundheit, Fruchtbarkeit und Krankheit besaßen. Es waren die ersten indischen Götter, die dargestellt worden sind, und zwar von den Künstlern des Maurya-Reiches aus dem 3. Jahrhundert v. Chr. Lange bevor sich Brahma, Vishnu und Shiva profilierten, traten die Yakshas aus dem Schatten des unfaßbaren Numinosen in die Welt der Bilder. Was die vorarischen Naturgötter für die Gläubigen bedeuteten, ergibt sich aus ihrem Namen «Yaksha», er bedeutet wörtlich übersetzt: «die zu Ehrenden». Sie werden nicht nur in den *Puranas* der Hindus erwähnt, sondern auch in den buddhistischen «Jatakas». Das mag beweisen, daß sie auch in den Hochreligionen ihren Platz behielten. In einigen «Jatakas» werden verschiedene Yakshas und Nagas zu Bodhisattvas konvertiert, jenen zur Buddhaschaft auserschenen Menschen, die an der Schwelle zum Nirvana zurückkehren und schwören, nicht eher für sich selbst Erlösung zu suchen, bis sie die gesamte leidende Menschheit erlöst haben.

Die schriftlichen Zeugnisse der Hindus und der Buddhisten zeigen, wie sich Religionen und Kulturen verschränken. Selbstverständlich darf man die «Jatakas» nicht als Geschichtsbuch nehmen, aber man sollte, was sie erzählen, sorgsam prüfen. Es gewährt auf jeden Fall einen Einblick in das kulturelle Leben des uralten Benares. Manche «Jatakas» erzählen von früheren Wiedergeburten des Buddha. Er soll in Benares hintereinander als Würfelspieler, Asket, Akrobat, Gärtner, Schlangenbeschwörer und reicher Brahmane gelebt haben. Merkwürdige Vorstellungen, die nicht mit dem Bild des Siddharta Gautama Buddha als eines großen Weisen und Denkers übereinstimmen. Seine Suche nach dem Sinn des Lebens ist bekannt. Buddha leugnete die Götter und machte den Menschen, seinen Geist und seine Einsicht, zum Maß aller Dinge. Nach seiner Erleuchtung unter dem Bodhi-Baum von Bodh Gaya verließ Buddha die Stätte dieser absoluten Meditation. Er wanderte 320 km über die Nordroute, die von Bengalen nach Westen führt, setzte mit einer Fähre über den Ganges, um Benares zu erreichen. Im Gazellenpark von Sarnath traf Buddha seine alten Gefährten und lehrte sie den «Edlen Achtfachen Pfad», der zur Überwindung des allem Leben immanenten Leidens führt. Mit dieser ersten Predigt setzte Buddha das Rad des Gesetzes, das «Dharmachakra» in Bewegung, das seither niemals stillgestanden ist.

Tempelteich in Benares. Aus: Colonel Forrest: A Picturesque Tour along the Rivers Ganga and Jumna. 1824.

Der Park war schon lange vor dem historischen Buddha als Gazellenrefugium bekannt. Nach einer «Jataka»-Erzählung soll ein König von Varanasi den Park auf Wunsch eines früheren Buddha den von Jägern verfolgten Rehen als Asyl geschenkt haben. Sein alter Name «Mrigadaya», «Gabe an das Wild», bezieht sich auf diese schöne Legende. Der moderne Name Sarnath kann von Saranganatha, einem der vielen Namen Buddhas, abgeleitet worden sein, ein Name, der den Erleuchteten als «Herrn des Wilds oder der Gazellen» bezeichnete.

Immer wieder kehrte Siddharta Gautama Buddha nach Sarnath zurück, zumeist in der Regenzeit, in der Wandern und Wanderpredigen unmöglich waren. Nach Buddhas Tod wurde Sarnath zum heiligen Ort überhöht, der bis heute von Pilgern aus aller Welt besucht wird. Eine klösterliche Zuflucht, eine «Vihara», erinnert an den Rat des großen Meisters, in der Stille Erkenntnis durch Vertiefung in das eigene Selbst zu suchen. Im 3. Jahrhundert v. Chr. ließ Kaiser Ashoka eine große Stupa, einen buddhistischen Heiligenschrein, in Sarnath errichten. Unter den Guptas wurde Sarnath eines der großen Zentren buddhistischer Kunst. Es entstanden künstlerisch hochrangige Abbilder des Buddha und der Bodhisattvas. Der chinesische Reisende Hsüan Tsang, der Benares und Sarnath im 7. Jahrhundert besuchte, berichtete von 30 buddhistischen Klöstern und 3000 Mönchen.

Während Benares als Pilgerort der Hindus immer berühmter wurde, blieb Sarnath bis zum Einfall der Muslims im 12. Jahrhundert ein Zentrum des Buddhismus. Ebenso wie die Hindutempel von Benares wurden im 12. Jahrhundert die Klöster, Schreine und buddhistischen Lehrstätten in Sarnath von den Armeen des Qutb-ud-din zerstört. Erst in jüngster Zeit hat Sarnath als buddhistischer Pilgerort eine Renaissance erlebt.

Varanasi und Sarnath, die heiligen Stätten am Ganges, haben nicht nur Buddha und seine Anhänger angezogen, sondern auch Andersgläubige wie die Jainas. Die geistigen Führer der Jainas, die «Tirthankaras» (auch «Jinas», die «Siegreichen») erhielten ihren Namen, weil sie durch den Kreislauf des Lebens eine «Furt» – «Tirtha» – bereiteten. Die Linie der legendären «Tirthankaras» verliert sich im Dunkel der Vergangenheit. Nach der Legende der Jainas wurde der 7. «Tirthankara» – Suparshwar – in Varanasi geboren, und seine Mutter soll die Erde selbst gewesen sein. Der 24. und letzte der «Tirthankaras», Mahavira, der Stifter des Jainismus, gehört – wie sein Zeitgenosse Siddharta Gautama Buddha – zu den großen Gestalten der alten indischen Reiche.

Wie Buddhas und Bodhisattvas, wurden die «Tirthankaras» während der Gupta-Periode mit sublimer Künstlerschaft dargestellt. Viele Abbilder und Statuen sind im Bharat Kala Bhavan, dem Museum der modernen Hindu-Universität von Benares, zu finden.

Das schönste Abbild des lehrenden Buddha aus der Gupta-Zeit, eine Sandsteinfigur, steht im Museum von Sarnath; es gehört zu den besten Buddha-Darstellungen überhaupt. Wer eigentlich war Buddha, der von sich selbst sagte: «Ich bin kein Gott, ich bin der unvergleichliche Lehrer. Wessen Schüler sollte ich mich nennen?» Der ursprüngliche Buddhismus – das «Hinayana», das Kleine Fahrzeug, sprach ihm jede Göttlichkeit ab. Aber das spätere «Mahayana», das Große Fahrzeug, erkannte in dem entrückten Lächeln, in der Gestalt dieses Menschen, der Millionen zu seinen Anhängern machte und die Welt zutiefst veränderte, den Gott der Götter: «Devatideva.»

Als Gott der Götter ehren die Hindus den «größten Sohn» Indiens, Siddharta Gautama Buddha, wenn sie winzige bronzene Abbildungen von ihm mit anderen Votivfiguren, etwa von Shiva, Vishnu, Parvati oder Ganesha, in den Ganges bei Benares werfen.

Wer das Phänomen von Benares wirklich begreifen will, kann nicht genug Brahmanen, Pujaris (Tempelpriester), Pilger, Weise und Sadhus befragen. Er muß darüber hinaus Berge von klassischen Sanskrit-Texten lesen, das heißt, er muß «die Urkunden» der Stadt studieren, wie es zum ersten Mal mit wissenschaftlicher Akribie die Indologin Diana L. Eck getan hat, die an der Universität Harvard lehrt und das Buch *Banaras* schrieb.

Zu den wichtigen Quellen gehören die *Kashi Khanda* und die *Kashi Rahasya*. Diese Literatur dient im wesentlichen der Lobpreisung, der «Mahatmya». Manche Lobpreisungen enthalten auch Mythen, andere zeichnen historische Entwicklungen nach. Zu ihnen gehören jene Berichte, aus denen sich zum Beispiel die zunehmende Bedeutung Shivas erkennen läßt, die dominierende Rolle, die der Gott des Tanzes allmählich in Benares eingenommen hat, die Kraft, mit der er Vishnu integrierte und überholte.

Die rituelle Literatur, die auch Teil der «Mahatmya», der Hymnen, ist, enthält Vorschriften für Brahmanen und Pilger, vermittelt die Kenntnis ritualer Praktiken und verfehlt nicht, ihre Befolgungen als verdienstvoll anzumahnen. Diese religiöse Literatur betont einen Begriff, der zu einem Schlüssel für das Verständnis von Benares wird, den Begriff: sakrale Geographie. Sie beschreibt die Lage der berühmten Tempel: Vishvanatha, Omkara, Kedara und deutet sakrale Geschehnisse wie die «Pradakshina», die Umwandlung, erklärt die Verkörperung der sieben heiligen Städte Indiens in der einen Stadt: Benares. Alle diese heiligen Orte sind nach dem Glauben der Hindus gleichzeitig in ihrer ursprünglichen Heimat und in Kashi zu finden:

> *Ayodhya* (Uttar Pradesh), Geburtsort des Gottes Rama – am Rama Kund («Kund» – heiliger See oder «Tempeltank»)
> *Ujjain* (Madhya Pradesh), Sitz einer der 12 berühmten Shiva-Linga – in der Nähe des Kaleshvara-Tempels
> *Mathura* (Uttar Pradesh), Geburtsort Krishnas – am Bakaria Kund
> *Kanchipuram* (Tamil Nadu) – am Pancha Ganga Ghat
> *Dvaraka* (Gujerat), wo Krishna regierte – im südwestlichen Außenbezirk Shankhoddhara
> *Hardwar* (Uttar Pradesh) – am Asi Ghat

Die Duplizierung am Asi Ghat trägt besondere Merkmale. Findet ein Magh- oder Kumbh-Mela in Hardwar statt, baden gleichzeitig Tausende von Pilgern nach den gleichen Riten am Asi Ghat von Benares.

«Alle Tirthas und alle Städte», steht in der *Kashi Rahasya,* «und alle Wohnungen Shivas, Flüsse, Seen und Meere, alle Götter und alle Weisen befinden sich in Kashi. Bleibst Du in Kashi, mußt Du nirgendwoanders hin auf Pilgerschaft ziehen.» Die alte Sanskritliteratur hat sich mit diesem Thema der Inkorporierung der Welt in die heilige Stadt beschäftigt.

«O ihr Weisen», heißt es im «Tirthavivechana Kanda», «ich habe alle Tirthas an diesem Ort errichtet, den ich niemals verlassen werde. Er besteht aus heiligen Stätten, er ist das Geheimnis aller Geheimnisse, vor allen anderen ist er der Erstgeborene, der große Gott.»

Wer den «City Text», eine Art Reiseführer, mit der alten Sanskrit-Literatur, den «Mahatmya», vergleicht, erkennt, daß zum großen Teil nicht mehr existiert, was die klassischen Texte beschreiben. Tempel und Schreine wurden von einfallenden Muslim-Eroberern zerstört und an ihrer Stelle Moscheen errichtet. Die Hindus blieben nicht müßig; sie bauten ihre Heiligtümer an anderen Plätzen wieder auf. Es ist nicht immer einfach, das Alte im neuen Gewand wiederzuentdecken.

In Benares hat die Forschung noch eine Menge Aufgaben zu erfüllen. Nicht alles ist so geklärt wie die Geschichte des berühmten Vishvanatha-Tempels, der auch der «Goldene Tempel» genannt wird. Der im 18. Jahrhundert wiedererbaute Tempel des Shiva, der auch Vishveshvara heißt, der Herr des Alls, ist nicht so großartig wie die alten klassischen Hindu-Tempel in Orissa, in Tamil Nadu und in Kerala. Seine Bedeutung erhält der Vishvanatha-Tempel durch den Shiva-Linga, der zu den wichtigsten zwölf Linga in Indien gehört. Shiva wird in der Form des Linga dargestellt, eines vertikalen, abgerundeten Schafts aus Stein, der in ein kreisrundes Fundament, den Sitz der Shakti, der weiblichen Kraft, versenkt wird. Gewiß ist das sexuelle Moment nicht zu übersehen – aber es sollte nicht überbewertet werden, es geht vielmehr um eine differenzierte Symbolik. Der Linga, der Phallus, ist vor allem ein Sinnbild, das indische Philosophen und Theologen oft erklärt haben. Es steht für das ganze Universum, für die alles durchdringende Kraft des Einen, der sich in einem schöpferischen Akt in unendlich viele Formen und Wesen aufspaltet, die nach Wiedervereinigung mit dem Einen, dem Universum, streben.

Der Vishvanatha-Tempel bleibt, wie manches andere Hindu-Heiligtum, den Nicht-Hindus verschlossen. Was der Besucher sieht, sind die vielen Menschen, die sich mit Opfergaben, Blumen, Gebetsketten, Räucherkerzen und versiegelten Gefäßen mit dem Gangeswasser nähern, das jeden Tag mehrere Male über den Linga im Goldenen Tempel gespritzt wird. Aus der Tiefe des Heiligtums dringt die Stimme des Priesters. Er rezitiert ein altes «Mantra», das jene magische Einheit von Shiva, Benares und Ganges beschwört, die den Pilger verklärt:

> «Ich bin Vishvanatha, der Herr,
> Kashi ist das Licht der Erlösung,
> die Wellen des Himmelsflusses
> sind der Nektar der Unsterblichkeit.
> Was können diese drei uns eigentlich
> nicht geben?»

Der Vishvanatha-Tempel von heute hat viele Vorgänger, deren Geschichte ein Teil der Geschichte von Kashi ist. In den letzten tausend Jahren wurde die Stadt immer wieder zerstört. Am schlimmsten hausten die muslimischen Armeen im 13. Jahrhundert. Was sie anrichteten, bezeugen die Moscheen, die sie auf den Ruinen der alten Vishveshvara-Heiligtümer errichteten. Im 13. Jahrhundert baute Razia eine Moschee über Shivas Tempel, und im 17. Jahrhundert fügte Aurangzeb eine zweite hinzu. Heute herrscht, was Benares vor anderen Orten in Indien auszeichnet, religiöser Friede, auch zwischen den Hindus und den Muslims. Das heißt, in der Stadt des Shiva triumphieren die Hindus ohne Gewalt. Alle haben anzuerkennen, was das «Svetasvatara Upanishad» schreibt:

«Du offenbarst Dich in allen Jahreszeiten
und in allen Meeren. Ohne Anfang,
bist du doch überall. Du, von
dem alle Welten geboren wurden.»

Der alte Name der Stadt, die unlösbar mit Shiva verbunden ist, war Varanasi. Er wird bereits im Hindu-Epos *Mahabharata* und in den buddhistischen «Jatakas», in den Erzählungen von den früheren Existenzen des Buddha, erwähnt. In den Pali-Texten wird Varanasi zu Baranasi, so entstand der Name Baranas, der während der muslimischen und britischen Herrschaft zu Benares wird. Die Regierung der unabhängigen Indischen Union gab der Stadt wieder ihren alten Namen Varanasi.

Varanasi breitet sich zwischen zwei Flüssen aus, dem Varana, der im Norden in den Ganges fließt, und dem Asi, der sich im Süden mit dem heiligen Fluß vereint. Nach alten Erzählungen entstanden «Asi» – das «Schwert» – und «Varana» – der «Verhütende» – aus dem linken und dem rechten Fuß des Urwesens Purusha. Diese beiden Nebenflüsse des Ganges haben die Aufgabe, den Landstreifen, der zwischen ihnen liegt, vor Dämonen zu schützen. Wer nach der genauen Lage des mythischen Gebietes zwischen Varana und Asi fragt, wird hören, daß es der Treffpunkt von Himmel und Diesseits ist, der Punkt, wo Nase und Augenbrauen zusammenstoßen, dort wo sich das dritte Auge, das Auge der Weisheit, befindet.

Wissen wir mehr vom alten Benares, als die priesterlichen Brahmanen verlauten ließen? Aus alten Schriften und Berichten geht klar hervor, daß die Stadt Varanasi ursprünglich im Norden lag, auf dem hohen Rajghat-Plateau, dort, wo der Fluß Varana in den Ganges mündet. 2000 Jahre lang war Kashi, das in den «Jatakas» als Hauptstadt von ganz Indien bezeichnet wurde, das urbane Herz des Gangestales. Eine letzte Glanzzeit erlebt die Stadt auf dem Rajghat als Kapitale des Gahadavala-Königreiches im 12. Jahrhundert. Aus Inschriften erfahren wir, daß die Gahadavala-

Könige im Ganges, unterhalb des Adi-Keshava-Tempels, badeten, der heute noch auf dem Rajghat steht.

Die indische Archäologie begann erst 1940 mit ihren lange geplanten Ausgrabungen auf dem alten Rajghat. Man entdeckte Teile einer alten Stadtmauer, Töpfe und Artefakte aus dem 9. Jahrhundert v. Chr. Das läßt historische Schlüsse zu. War das alte Varanasi ein Stützpunkt der Arier, die am Ende des 1. Jahrtausends v. Chr. vom Nordwesten aus weiter nach Osten in die Gangesebene vordrangen? In der *Mahabharata* wird von einem Königreich Kashi aus dem Beginn des 1. Jahrtausends v. Chr. gesprochen. War Kashi der Name einer Dynastie oder eines arischen Stammes? Was auch immer durch die vedische Literatur überliefert wurde: nirgendwo steht, daß die Hauptstadt der Kashi-Könige dort lag, wo heute Benares liegt.

Das Eindringen der Arier gehört zur Legende der Stadt. Geschichte aber ist, was die Armee des Generals Qutb-ud-din am Ende des 12. Jahrhunderts auf dem Rajghat anrichtete, sie zerstörte das alte Varanasi fast vollkommen. Nur ein Heiligtum blieb erhalten, das, tief eingebettet in Büsche und Bäume, heute zu den friedlichsten Orten Indiens gehört: der Adi-Keshava-Tempel. «Keshava» ist einer der vielen Namen Vishnus. Er bedeutet aber auch: der langhaarige Gott, das heißt Krishna, der einer der zehn populärsten «Avataras», der Inkarnationen des Vishnu, ist. Adi Keshava steht an dem Ort, wo Vishnu als Abgesandter Shivas auf seiner Kashi-Mission zuerst anhielt.

Die unleugbare Bedeutung Vishnus für Benares wird durch die Legende seiner Mission erhärtet. Der Tempelwächter des Adi Keshava erzählt sie noch heute: «Vor langer Zeit war Divodasa König von Kashi. Er praktizierte strenge Askese. Shiva gewährte ihm daraufhin eine Gunst, und der König wählte Kashi als Gabe. Alle Götter mußten auf seinen Wunsch Kashi verlassen. Auch Shiva zog sich aus seiner heiligen Stadt zurück, um wieder auf dem Berg Mandara, dem Kailasha, zu leben. Für lange Zeit kamen keine Pilger nach Kashi, denn sie war aus der Stadt Gottes zu einer Stadt der Menschen geworden. Schließlich pilgerte Vishnu als Gesandter des Shiva in die verlassene Stadt und belehrte den König, daß Kashi in Wahrheit Shiva gehöre. Von Vishnu überzeugt, verließ Divodasa Kashi und zog nach Süden. Shiva nahm seine Stadt wieder in Besitz; doch zum Dank für den Erfolg von Vishnus Mission bestimmte der Gott der Götter, daß die Stadt von nun an ihnen beiden gehören würde.

Auf die Gunstbezeugungen Shivas antwortete Vishnu: ‹Wenn Du mit mir zufrieden bist, o Shiva, dann werde ich immer zu Deinen Füßen sitzen.› Daraufhin gewährte Shiva dem Gott Vishnu einen hervorragenden Platz im Goldenen Tempel und verkündete, daß alle, die Shivas Gunst erringen wollten, zu gleicher Zeit die Abbilder Vishnus anbeten müßten.»

Neben seinem Platz im Vishvanatha hat Vishnu zwei eigene Tempel in der heiligen Stadt: Bindu Madhava und Adi Keshava. In beiden hielt er an, nachdem es ihm gelungen war, als Buddhist verkleidet unbehelligt in die Stadt zu kommen.

Auf dem Rajghat erheben sich heute, nicht weit vom Adi Keshava, Gebäude aus jüngerer Zeit: das Annie-Besant-College, die Krishna-Murti-Stiftung und das Gandhi-Institut.

Die Verlagerung vom Rajghat-Plateau auf einen südlicher gelegenen Höhenzug am Westufer des Ganges hat den Charakter von Benares nicht verändert. Sie ist die heiligste der sieben heiligen Städte, der Sapta Puri, Indiens geblieben.

Diese sieben Städte gehören zu den «Tirthas», den Furten, Kreuzungen, Übergängen, den heiligen Orten, zu denen die Hindus auf Pilgerschaft gehen. Sie suchen «Darshana», die glückbringende Begegnung, die aus andächtiger Betrachtung und Berührung besteht. Als «Darshana» wird auch das Zusammentreffen mit einem starken Menschen bezeichnet, dessen Kraft auf den andern übergehen soll. In allen heiligen Städten kann der Pilger Erlösung erreichen: In Ayodhya, Mathura, Hardwar, Kanchipuram, Avantika und Dvaraka ist es allerdings nur eine vorübergehende Erleuchtung, die zur Wiedergeburt in Kashi führt, wo die endgültige Befreiung vom «Bhava Chakra», vom Rad des Lebens, erfolgt.

Kashi ist als «Tirtha» Teil der sakralen Geographie Indiens. Gibt es überhaupt eine vom Sakralen nicht berührte Landschaft auf dem Subkontinent? Für die Hindus sind alle Landschaften Indiens vom Himalaya über die Gangesebene bis zum Kap Comorin heilig. Das ist ein Phänomen, das wir erkennen müssen, um die symbolischen Dimensionen von Benares zu erfassen. Das Wort «Tirtha», schreibt Diana Eck, stammt aus dem Sanskrit und bedeutet «übersetzen, durchqueren, auf das andere Ufer gelangen». Viele bedeutende Pilgerorte liegen noch immer an den Ufern der großen Flüsse. Sie sind Furten im usprünglichen Sinn des Wortes. Als sakraler Platz jedoch ist ein «Tirtha» ein Übergang, eine Furt, eine Pforte im geistigen Sinn. Es ist ein Platz, wo man den Strom des irdischen Lebens überqueren muß, um das «andere Ufer» zu erreichen.

Das andere Ufer, die Region jenseits von Zeit und Raum, gehört zu den wichtigsten Vorstellungen der Hindus und der Buddhisten. Es ist das Ziel, das der meditierende Geist sucht. Ein «Tirtha» ist also ein Ort, der sich nahe der transzendenten Sphäre befindet, ein Ort, wo sich das Göttliche dem Menschen stärker, sichtbarer offenbart, wo es fühlbarer wird und mächtiger wirkt als an irgendeinem anderen Ort der Erde. Die Heiligkeit dringt in die Menschen ein, strahlt aus ihnen zurück. Alles, was sie tun, ist vom Numinosen, vom Heiligen überschattet. Was in Kashi in einem Tag vollbracht werden kann, die Annäherung an die Erlösung, würde anderswo Monate, Jahre, ja lebenslange fromme Übung verlangen. Jeder Schritt, jede Bewegung steht unter dem Schutz der Götter und öffnet den Weg ins Nirwana. Almosen werden zu großen Gaben, Mitleid zur allumfassenden Liebe.

Die heilige Stadt ist gleichzeitig die Pforte und das Transzendente selbst – der heilige Übergang «Tirtha» und das Ziel.

Zur sakralen Geographie von Bharat, dem Land der Inder, gehört die Markierung jener Orte, die «Dhamas», göttliche Wohnstätten, genannt werden. Sie fixieren mit den vier Himmelsrichtungen die Grenzen des Landes: Badrinath im Norden, im Himalaya, Puri im Osten, Dvaraka (in Gujarat) im Westen und Rameshvaram im Süden, an den Ufern des Ozeans.

Als heilig gelten auch die zwölf Orte, wo sich Shivas Emblem, der Linga, als stolze Säule aus Licht offenbart. Orte der Anbetung sind auch die 68 Plätze, wo Shivas Linga aus sich selbst geboren, «Swayambbhu», – der Erde entsteigt. Gleichermaßen heilig sind die 108 Sitze der göttlichen, weiblichen Kraft, der «Shakti», und schließlich die sieben heiligen Flüsse, die «Saptasindhava», in die sich der Ganges, als er vom Himmel fiel, spaltete: der Indus (Sindhu), der Yamuna, der Sarasvati, Godavari, Narmada, Kavari und der Ganges. Für die gläubigen Hindus hat eine gemeinsame Pilgerschaft zu den «Tirthas» eine einende Kraft. Sie ist ein Bekenntnis zu dem *Hindu way of life,* zum Indien der Hindus.

Zur visionären, sakralen Landschaft gibt es in Benares eine moderne Entsprechung im Tempel Bharat Mata (Mutter Indien). Er steht an der großen Straße zum Ganges; sein Sanktuarium ist kein Tempel im traditionellen Sinn des Wortes. Kein göttliches Abbild bietet sich zur Verehrung an, das Heilige das Bharat Mata ist eine riesige Reliefkarte des ganzen Subkontinents mit seinen Bergen, Flüssen, Ebenen, seinen «Tirthas». Es ist die Mutter Indien, die von den Pilgern wie eine geweihte Stätte umwandelt wird. Vom Balkon des zweiten Stocks können die Pilger in einer Art «Darshana» das große Relief mit einem Blick erfassen, in wenigen Sekunden die großen Entfernungen in sich aufnehmen, die ihre Ahnen zu Fuß zurücklegten. Der eine oder andere Pilger von heute mag vielleicht selbst nachvollzogen haben, was die Vorfahren unternahmen: die «Mahaparikrama», die große Umwanderung der Wohnstätten der Götter, in den vier Himmelsrichtungen. Er mag das alles heilende, erlösende und versöhnende Wasser des Ganges in kupfernen Gefäßen aus den Bergen des Himalaya bis nach Süden zum Tempel von Ramesvaram getragen haben, um es dort nach uralten Riten über den berühmten Shiva-Linga zu gießen. Vielleicht hat er auch – wie seine Väter – den Sand vom Meeresufer in Ramesvaram nach Norden getragen, um ihn dort in den Ganges zu schütten, damit sich der Kreis zwischen den «Wassern des Ursprungs» und den Wellen der ozeanischen Unendlichkeit schließe.

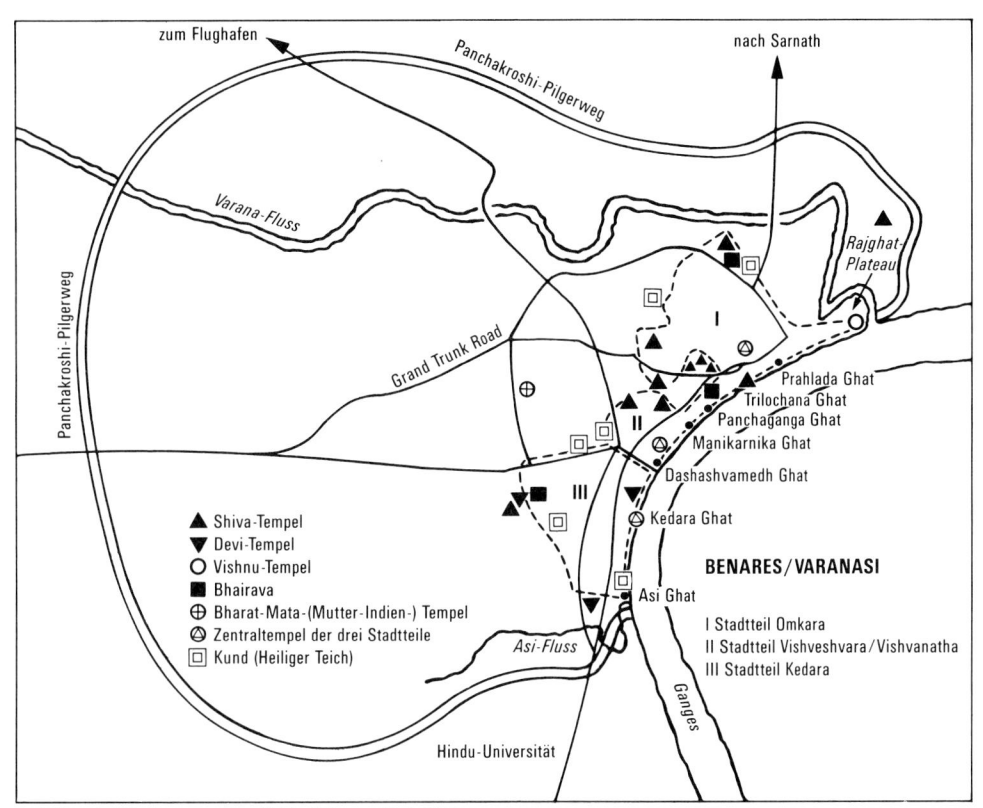

Nach Diana L. Eck: Banaras – City of Light. Princeton, N. J. 1982.

Das Denken im Kreis ist ein Charakteristikum der religiösen und philosophischen Vorstellungen der Inder. Der heilige Kreis – Sanskrit: «Mandala» – symbolisiert die ursprüngliche Ganzheit, er versinnbildlicht das Universum, den Makrokosmos wie den Mikrokosmos. Kashi ist zu einem solchen Sinnbild geworden, zu einem Mikrokosmos, in dem sich das ganze Indien und darüber hinaus das ganze Universum spiegelt. Das alte Benares mit seinen 2000 Tempeln und Schreinen wird von der Panchakroshi-Straße, dem berühmten Pilgerweg, umschlossen und so zu einem geheiligten Kreis. Er stellt ein Mandala dar.

Das Mandala Benares, der geheiligte Kreis, Symbol für die Zeit, in der alles, sich verwandelnd, wiederkehrt, hat seine Mitte im Madhyameshvara, im Tempel des Shiva, des allmächtigen Gottes, im Zentrum. Dem Panchakroshi-Pilgerweg rings um Kashi zu folgen, so sagen die Hindus, bedeutet, die Mitte, das Zentrum, die ganze Welt zu umkreisen, Teil ihrer universalen Kraft zu werden. Die Pilgerschaft dauert fünf Tage, sie verpflichtet zum Besuch der 108 Schreine, die an der Straße liegen, bedeutet Anbetung der vielen Abbilder des einen Gottes. Ihn rufen die Pilger mit einem «Mantra» an, in dem sich nach der Überzeugung der frommen Gelehrten, auf wenige Silben komprimiert, die ganze Weisheit der *Veden* offenbart. Das ganzheitliche Denken findet gleichermaßen Ausdruck in dem Glauben, daß sich in der vielarmigen Gottheit, die sie mit dem «Mantra» anrufen, das allumfassende Göttliche visualisiert. Wer die beschwerliche Pilgerreise über die Panchakroshi-Straße nicht machen kann, darf den Panchakroshi-Tempel umschreiten, der im Herzen der Stadt liegt. Er enthält in 108 Reliefs die 108 Stationen an der Panchakroshi-Straße. Auch wer nur diesen Tempel umschreitet, ehrt das ganze Kashi und damit die ganze, von Shiva erschaffene Welt.

Jahrtausendelang haben Brahmanen, Priester, Swamis, Gurus das religiöse Gedankengut der Hindus von Mund zu Mund, vom Lehrer an den Schüler weitergegeben. Sie garantierten die Kontinuität des Glaubens und des Verhaltens, den *Hindu way of life*. Es war nur logisch, daß in späterer Zeit religiöse Hindus und andere um die Tradition bemühte Inder versuchten, eine Hindu-Hochschule zu gründen. Es ist kein Zufall, daß Benares die bedeutendste Hindu-Universität des indischen Subkontinents beherbergt. Die Universität Benares entwickelte sich aus dem alten «Central Hindu College», das noch heute das Herz der Hochschule bildet. Das College wurde 1892 von der Engländerin Annie Besant gegründet, die eine führende Rolle in der indischen Freiheitsbewegung spielte. Bekannt wurde sie auch durch ihre Arbeit für die Theosophische Gesellschaft, die als Weltbruderschaft aller Religionen und Rassen 1875 in New York ins Leben gerufen wurde und später ihren Sitz nach Adyar bei Madras verlegte.

Am 14. Februar 1916 legte der englische Vizekönig, Lord Hardinge, auf einem Terrain von 25 Quadratkilometern den Grundstein zu dem großen Komplex, den die Universität heute mit ihren Colleges, mit Turnhallen und Stadion, mit Amphitheater, Museum und Bibliothek, mit einem großen Hospital, Laboratorien, Werkstätten und Wohnhäusern für die Professoren und Lektoren und Studentenwohnheimen darstellt. Ein Straßennetz von über 45 km führt durch das ganze Gebiet, auf dem inzwischen eine eigene kleine Universitätsstadt mit Häusern, Plätzen, Farmen und Parks entstanden ist. Die alten arischen Swastikas – umgekehrte Hakenkreuze – schmücken als rosarote Gipsornamente den neuerbauten Vishvanatha-Tempel. Sie setzen nur die Besucher in Erstaunen, die ihre Bedeutung für Indien nicht kennen. Ein großer Teil der Gebäude trägt deutliche Zeichen des pompösen viktorianischen Stils. Sanskrit, Indologie, alte Sprachen, Musik und schöne Künste, Philologie und Philosophie, Jura, Landwirtschaft, Technik, Maschinenbau, Hüttenwesen und Bergbau gehören zum Lehrstoff. Eine Lehrerausbildungsanstalt und die Frauenschule haben Spezialaufgaben.

Über die Ziele der Universität erfährt man aus dem Statut: Über allem steht die Bildung des menschlichen Geistes, der «jede Arbeit adelt und dem Frieden und der Verständigung unter den Völkern dienen soll». Als höchstes Ziel gilt, den Charakter von Jugend an zu bilden, indem man Religion

DHARAM
MITHUN
MANDAKINI
MOUSHAMI
AMRISH PURI
SWAROOP KUMAR
BAPPI LAHIRI
PYARKE KABIL
GOLD SILVER HOUSE (1952)
HONDA
CD100

Burra Bazar heißt das älteste Handels- und Geschäftsviertel von Kalkutta – nach einem der unzähligen Namen Shivas. Wenn man vom Filmplakat absieht, könnte das Bild vor hundert Jahren gemacht worden sein (erste Seite).
Kalkutta, Indiens Golgatha, zählt jeden Tag Tausende neuer Bettler. Eine einzige Brücke – die 1943 von den Engländern erbaute Howrah Bridge – verbindet die zwei Hälften Kalkuttas; täglich überqueren sie Tausende von Bussen und Taxis, Lastkarren und Rikschas, Zehntausende von Lastträgern und Millionen von Menschen.
Das Gassengewimmel hinter der Howrah Bridge wird von Fußgängern, Lastkarren und Rikschas beherrscht.

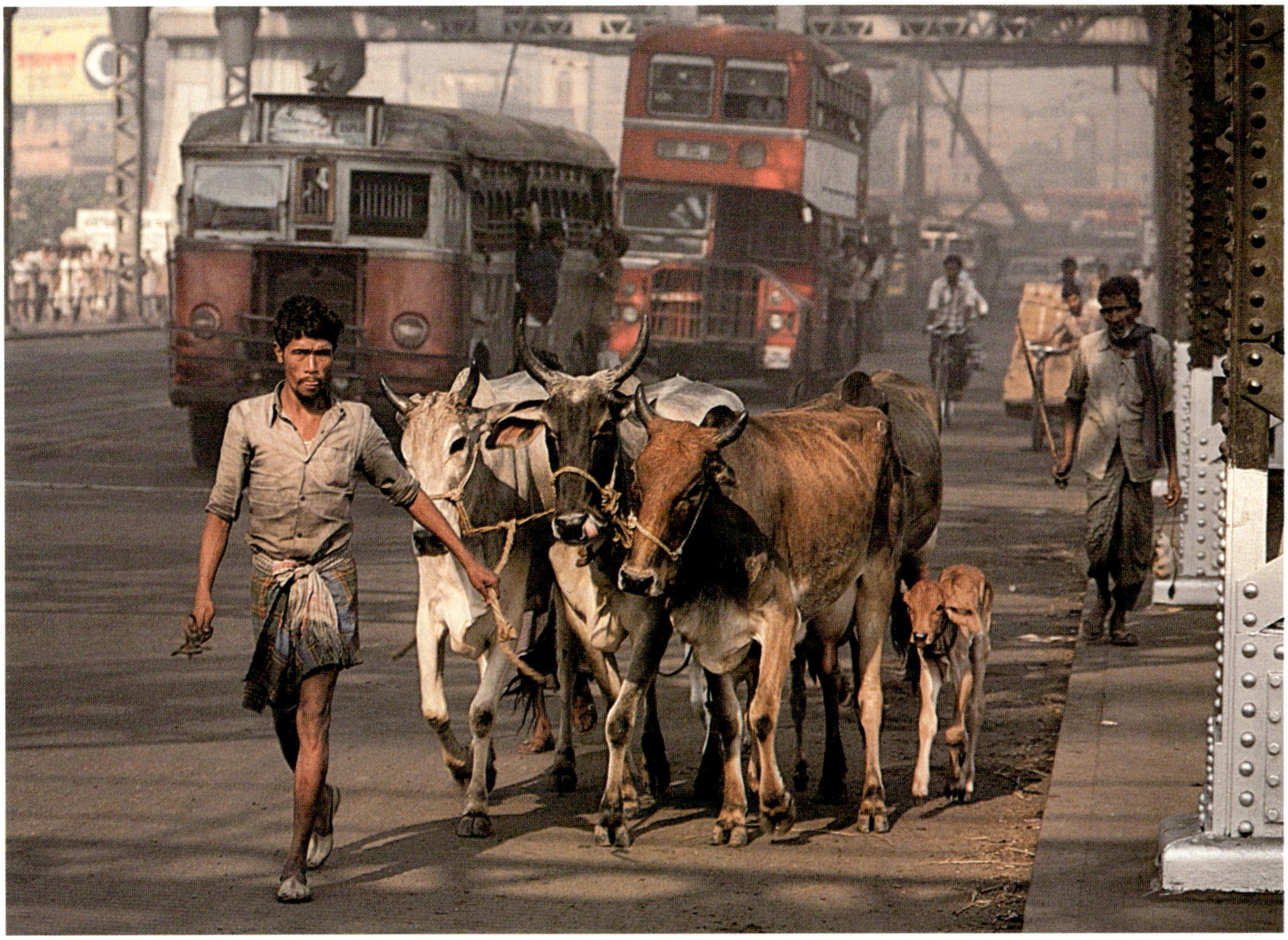

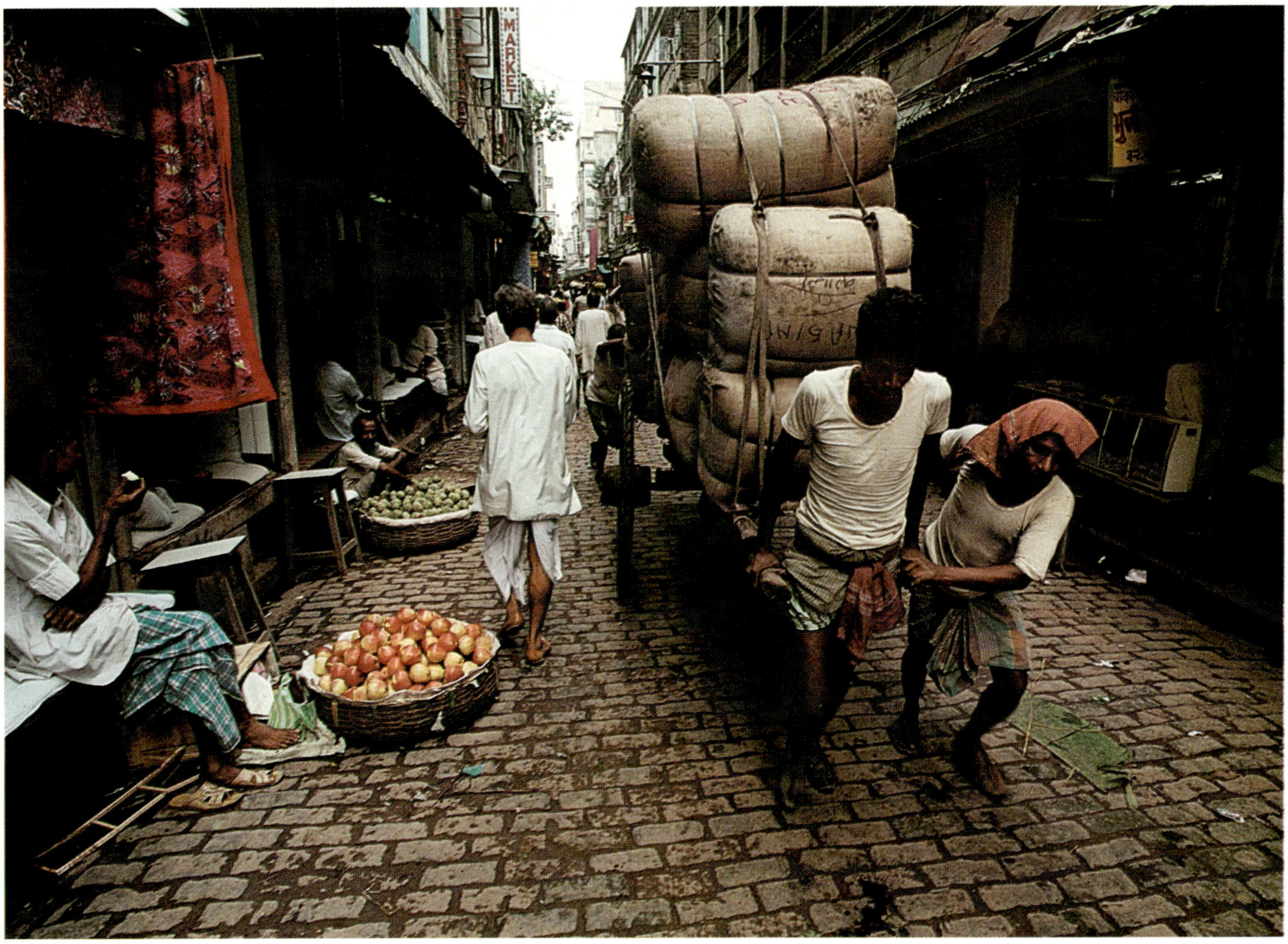

4th FEB.
EAGLE FILMS
PRESENT
जाल
F. C. MEHRA'S
JAAL
DIRECTED BY
PRODUCED BY
MUSIC
ANNU MALIK
LYRICS
Thum

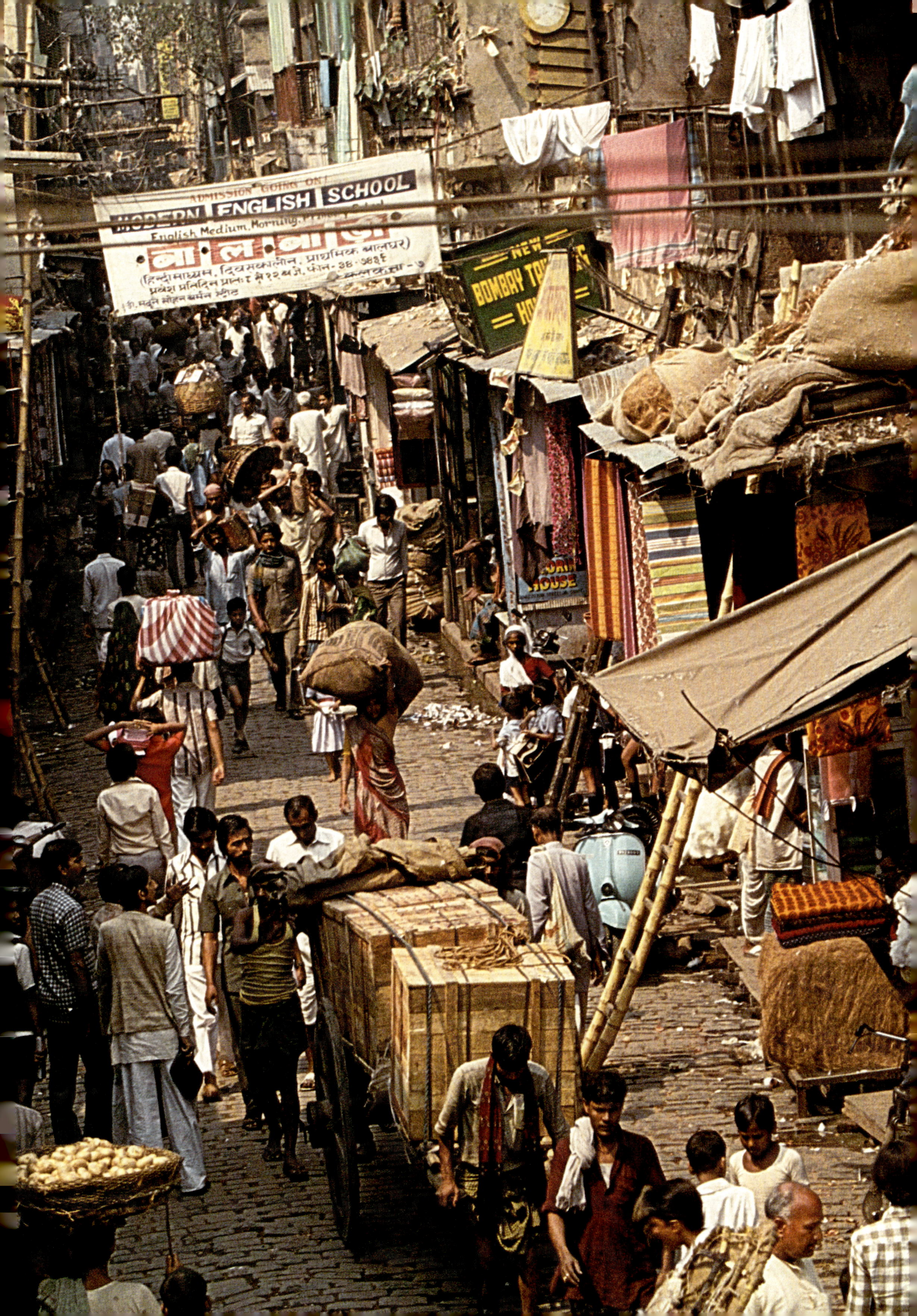
ADMISSION GOING ON
MODERN ENGLISH SCHOOL
NEW

Die Cotton Street, eine der Pulsadern von Kalkutta. Baumwolle und Jute waren die Hauptprodukte, die über den Hafen der ehemaligen Kapitale von Britisch Indien exportiert wurden (vorhergehende Doppelseite).
An der Kreuzung Cotton Street/Burmann Street befindet sich der Früchtemarkt: Hunderte von Lastwagenladungen Melonen, Mangos, Äpfel, Orangen werden täglich hier gehandelt.
Gewürzkrämer an einer Straßenecke in Kalkutta: Kreuzkümmel, Chili, Zimt, Gewürznelken, Koriander, Nüsse, Masaala...

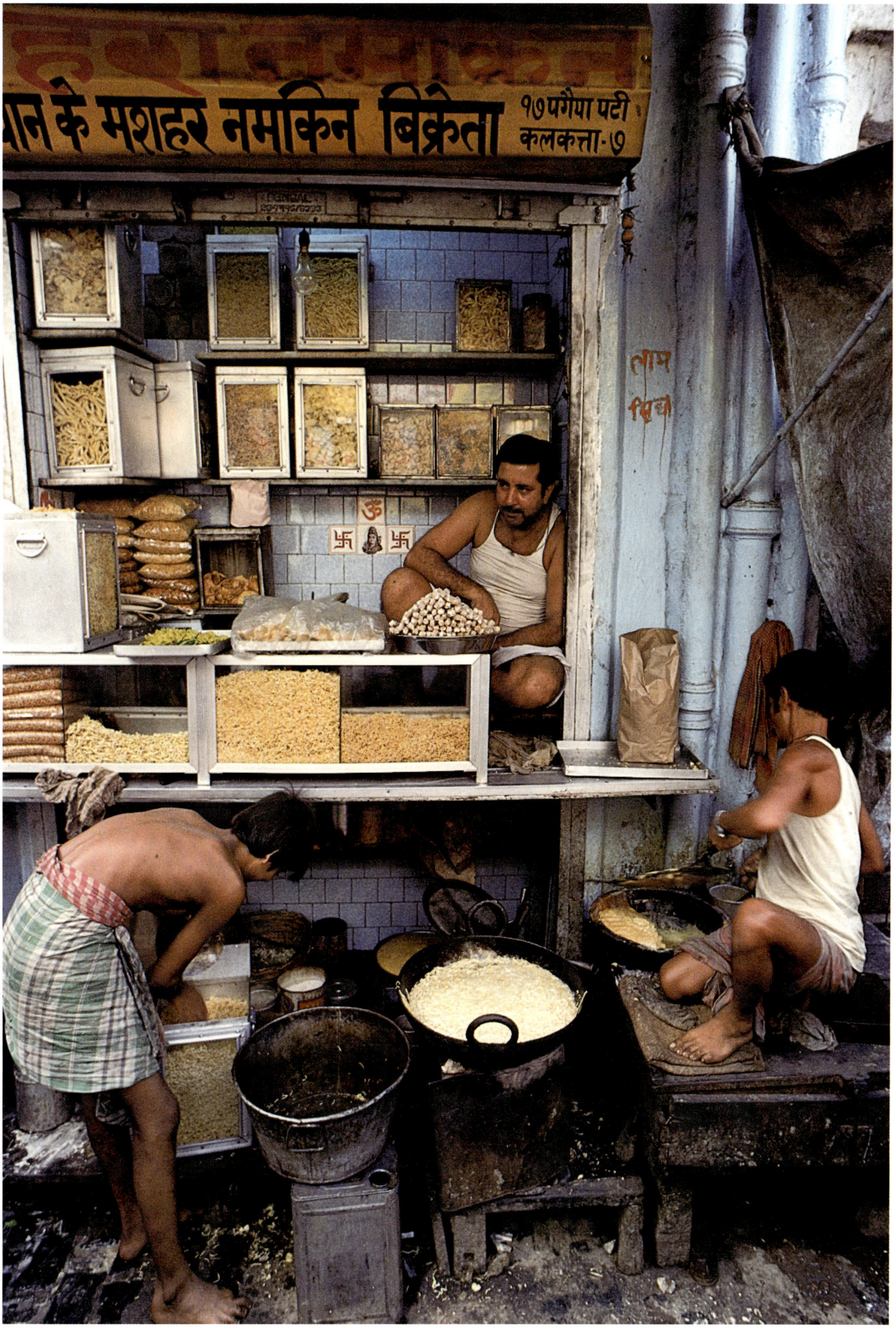
के मशहूर नमकिन बिक्रेता
१७ पगैया पटी
कलकत्ता-७

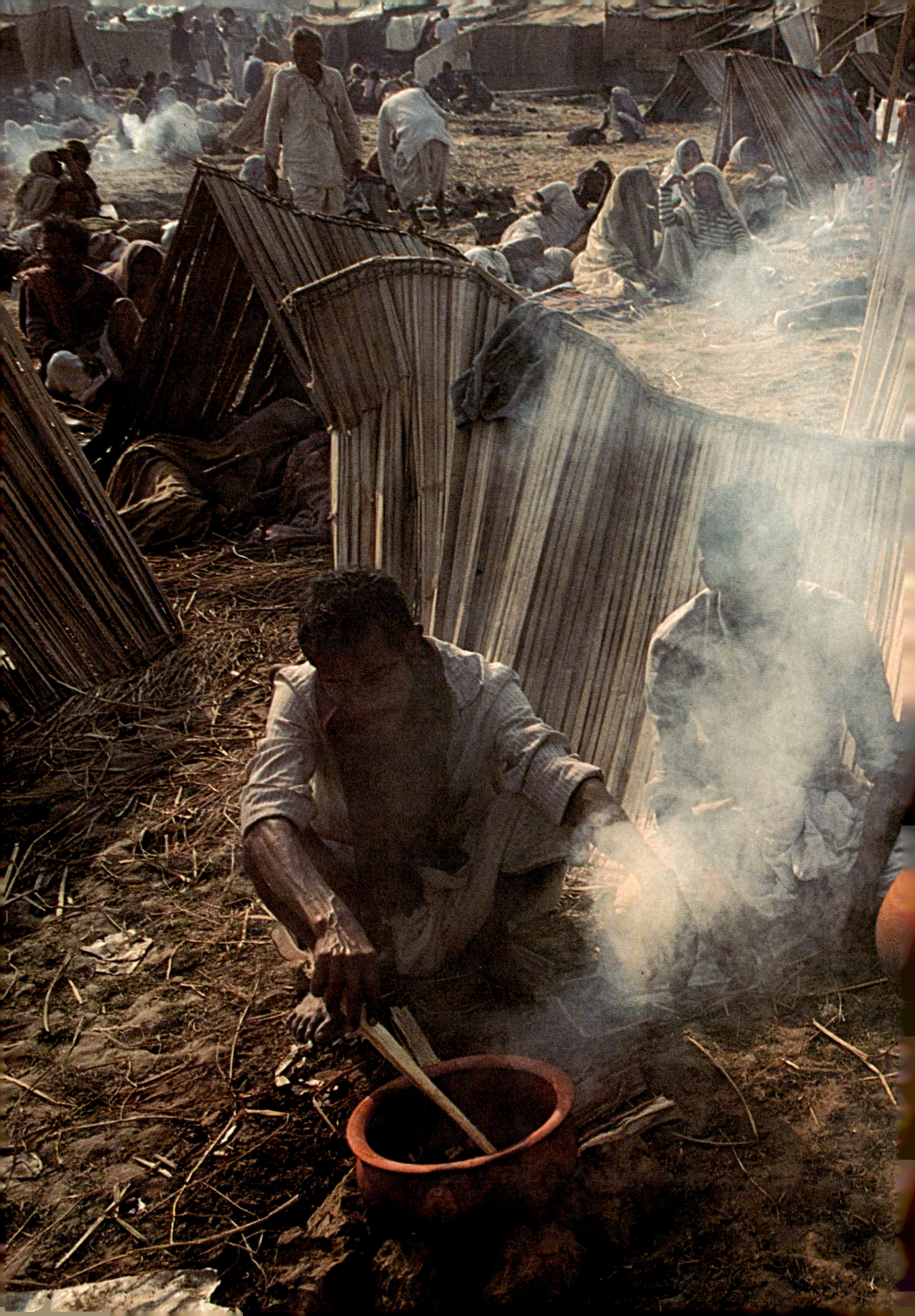

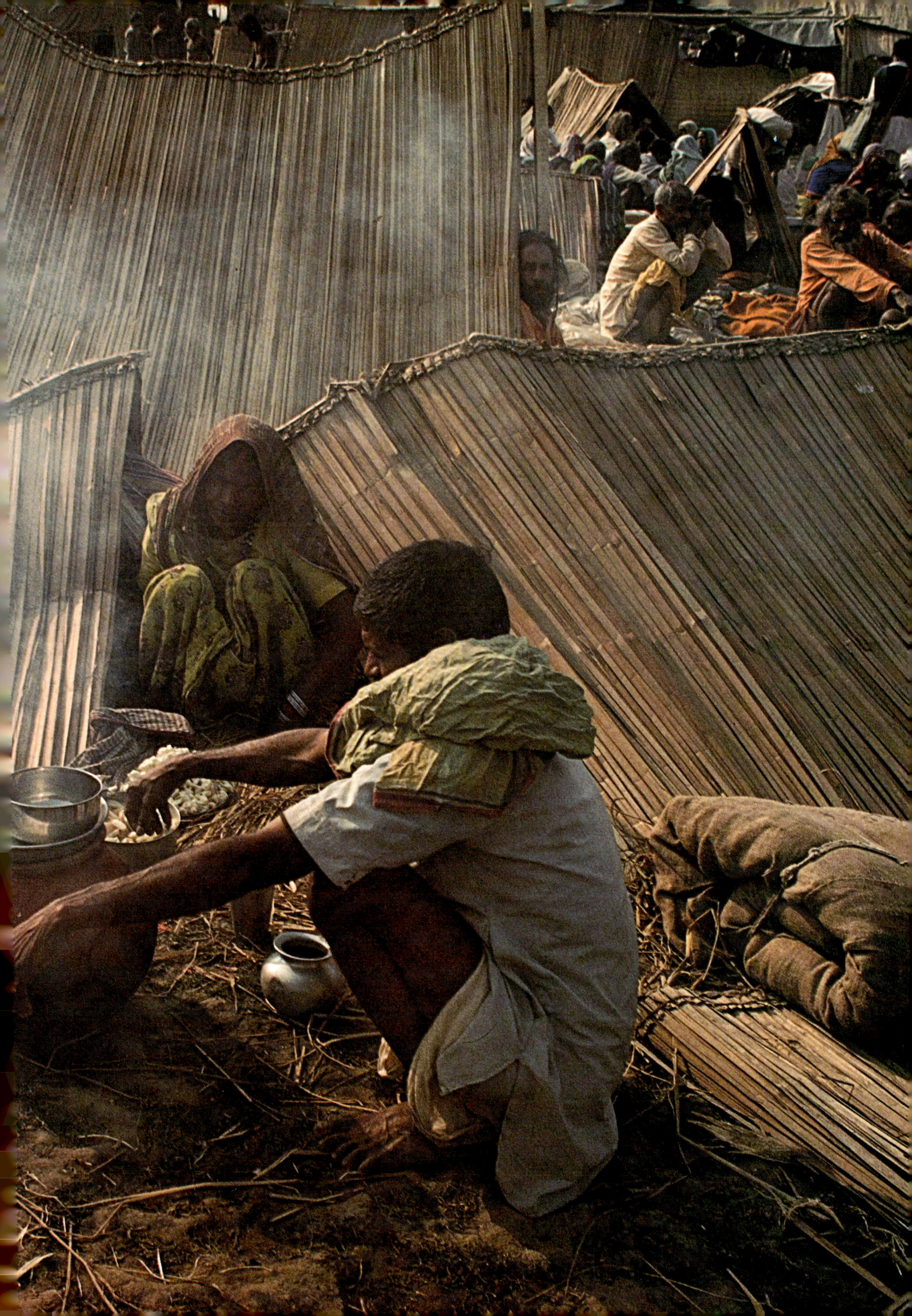

Anders als die Kumbh-Melas von Hardwar und Allahabad dauert die Sagar Mela (um den 13. Januar) nur einen oder zwei Tage, und die Pilger sind Bangalis. Nach stundenlanger Busfahrt und einer Flußüberquerung versammeln sie sich an der Südspitze der Insel. Krüge zum Kochen und Schilfmatten gegen die Nachtkälte werden an Ort und Stelle gekauft – und liegengelassen (vorhergehende Doppelseite).
Szenen von der Sagar Mela. Unten übergibt die Frau eine Kokosnuß, ein Symbol der Fruchtbarkeit, den Fluten. Rechts opfern drei weißgekleidete Witwen Blumen. Rechts unten: ein Opfergabenhändler.

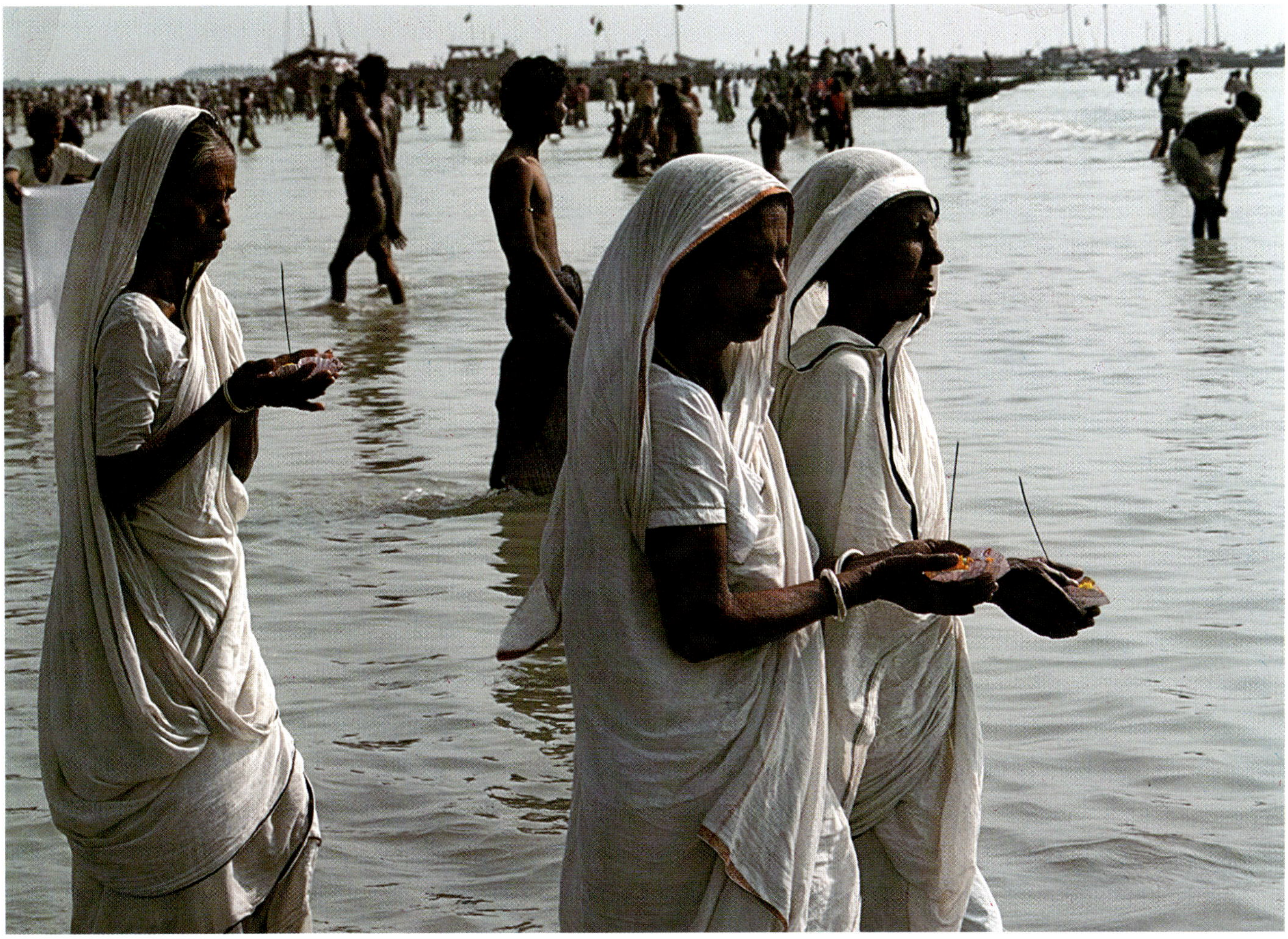

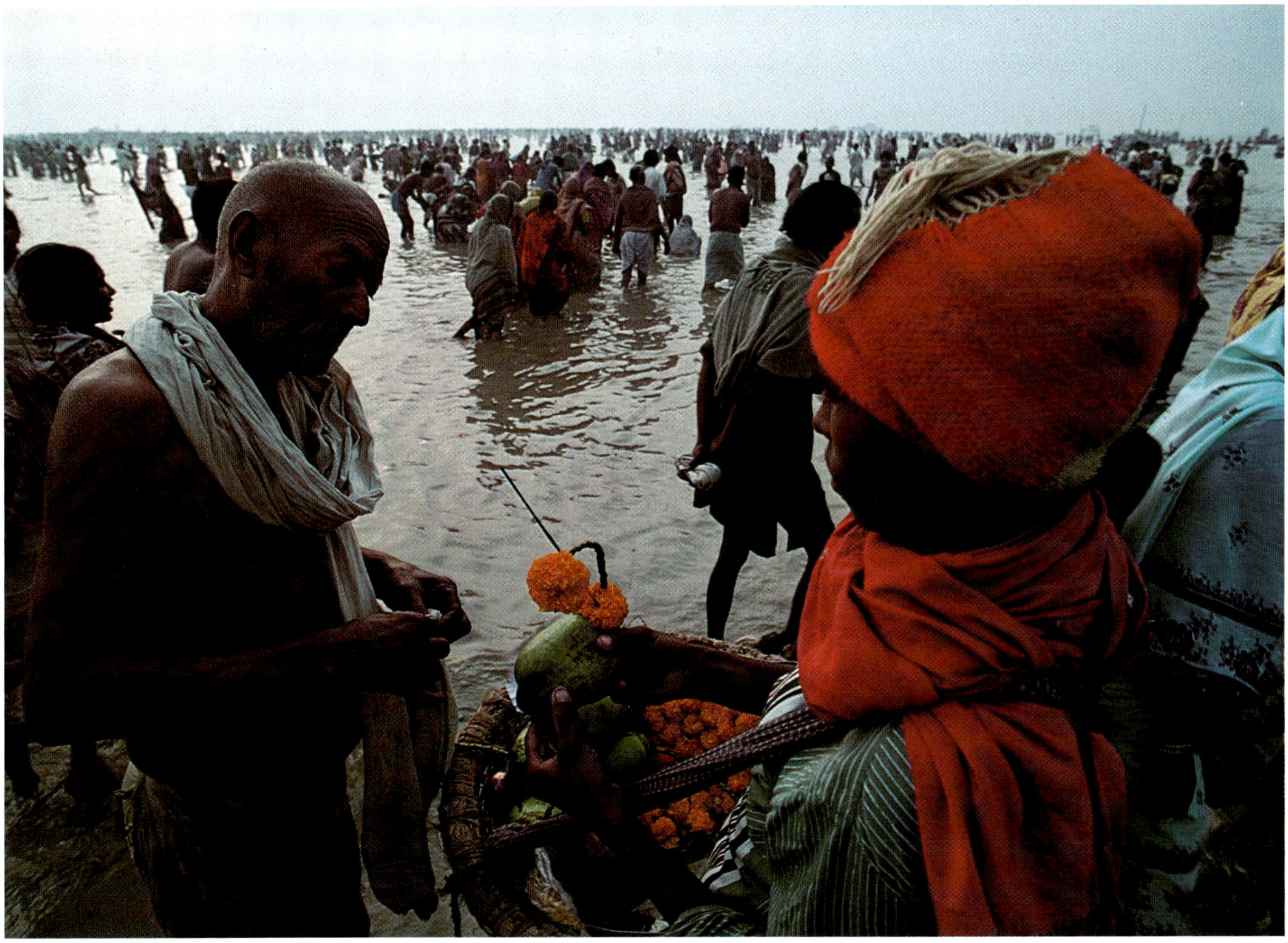

Ein Brahmane reinigt mit einem Guß heiligen Gangeswassers Pilgerinnen, die unter eine Welle getaucht sind.
Nächste Doppelseite: Vor Sonnenaufgang versammeln sich rund eine halbe Million Pilger; kein Lärm, nur das Rauschen der Wellen unterbricht die sakrale Stille. Als die Sonne auftaucht, geht ein Raunen durch die Menge; jetzt erst strömen die Pilger zum Bad und trinken vom Brackwasser.

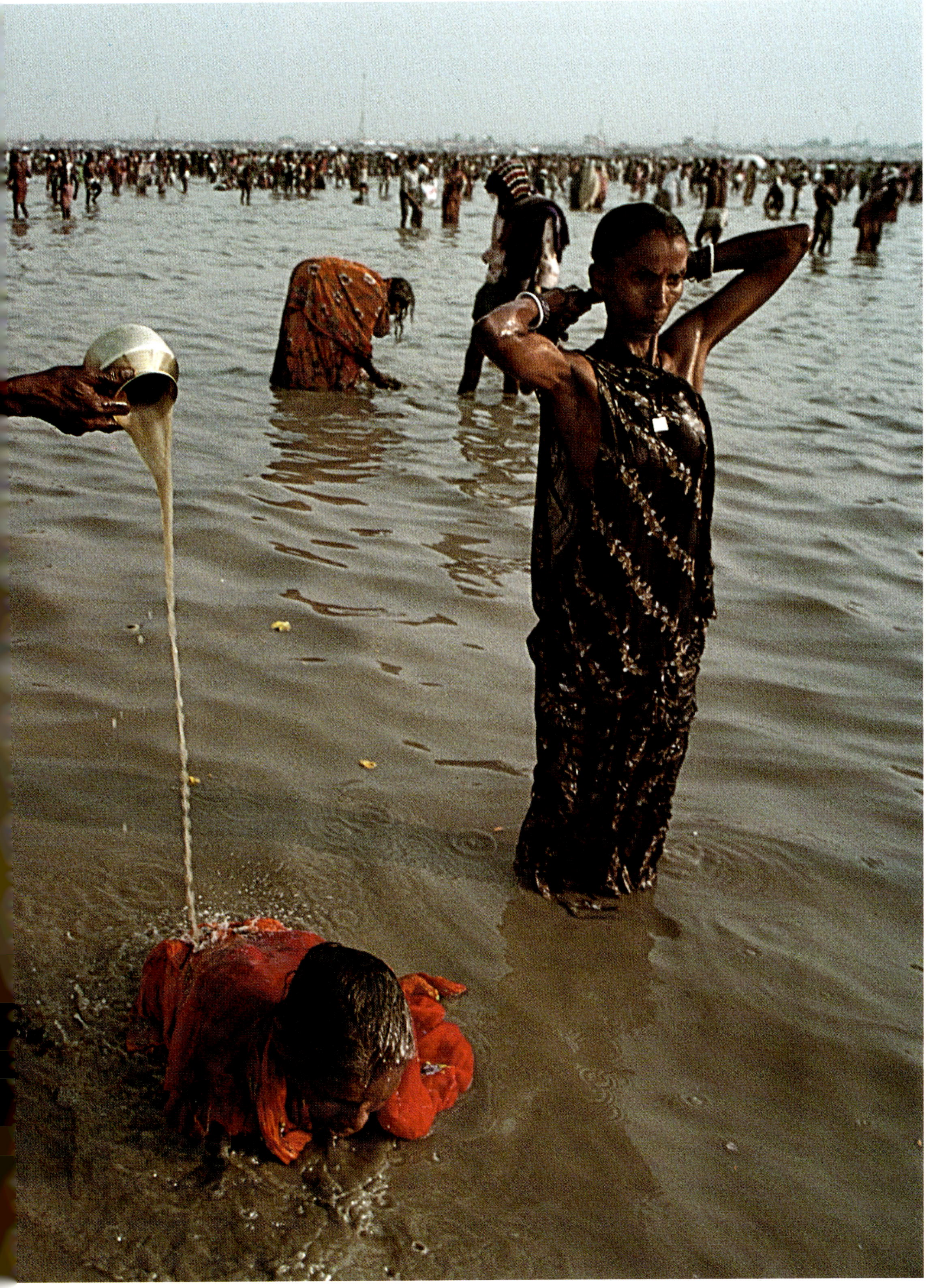

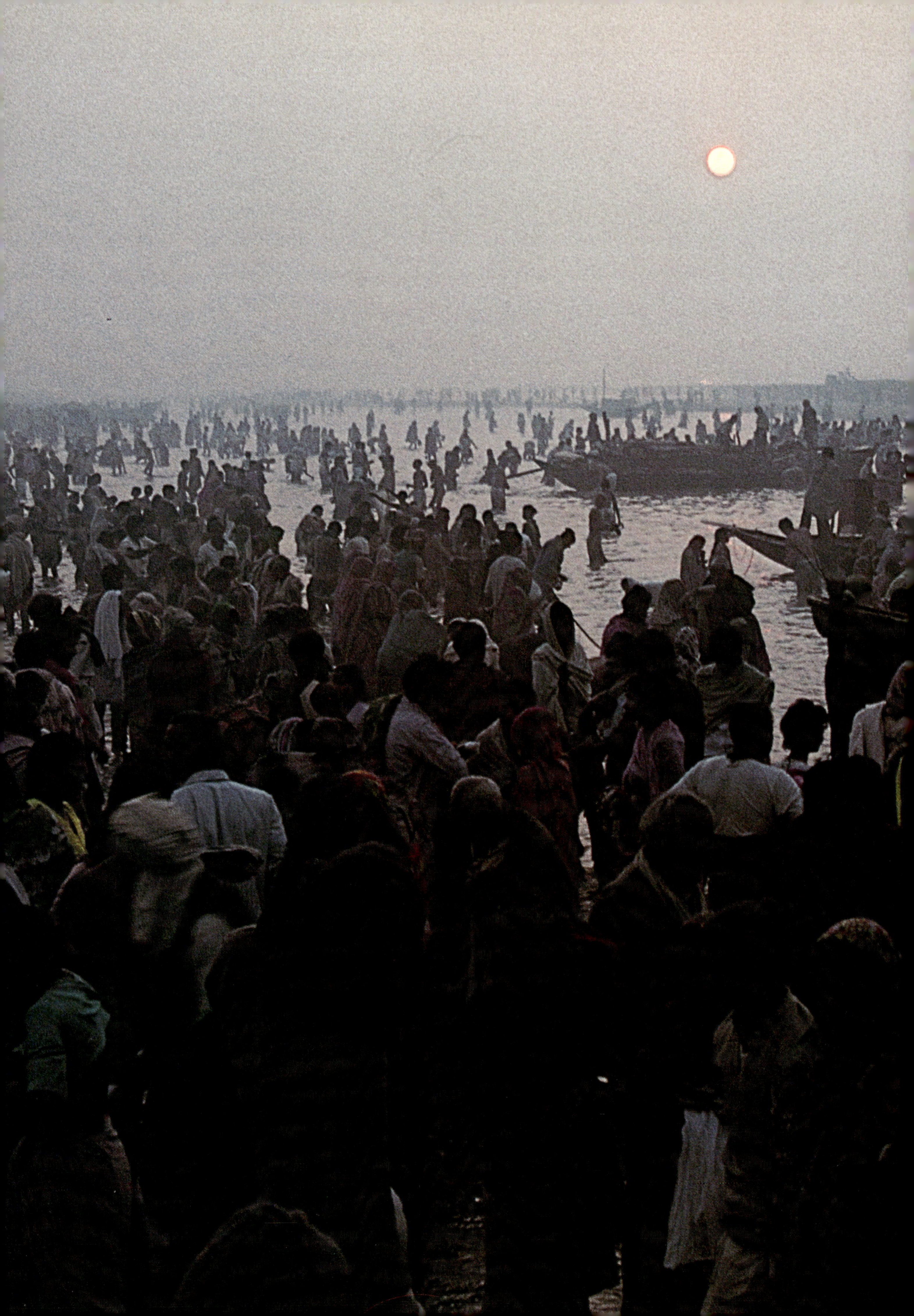

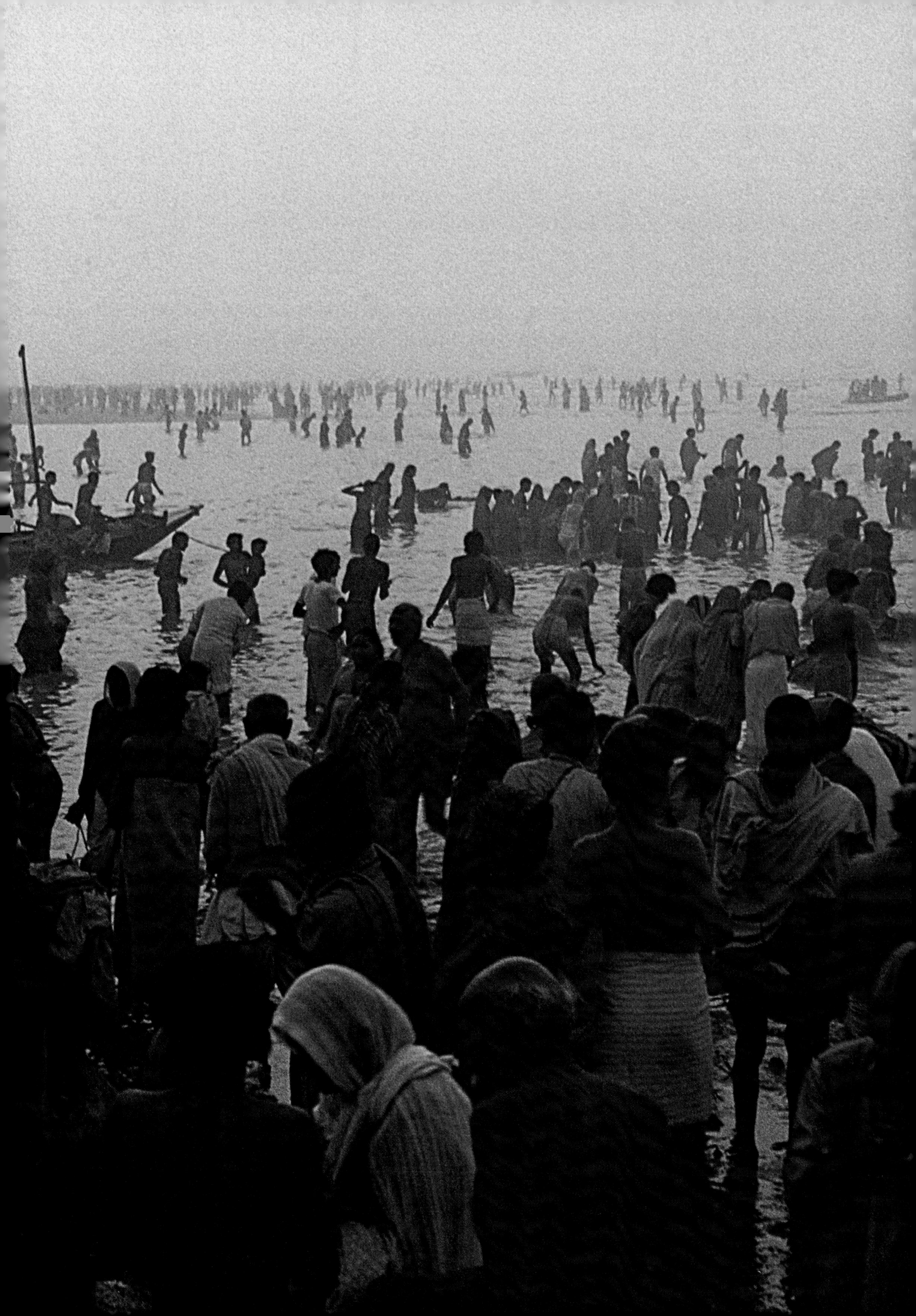

Eingeregnet vom Monsun: Hausboote von Wasserzigeunern, sogenannten Bedhinis, im Hafen von Mungla in Bangla Desh (siehe auch nächstes Bild); die Bedhinis leben von Fisch- und Krebsfang und betätigen sich auch als Kräuterdoktoren. Infolge fortschreitender Versandung der Wasserstraßen im Delta wurde Mungla als Hafen für die Hauptstadt Dhaka gebaut.

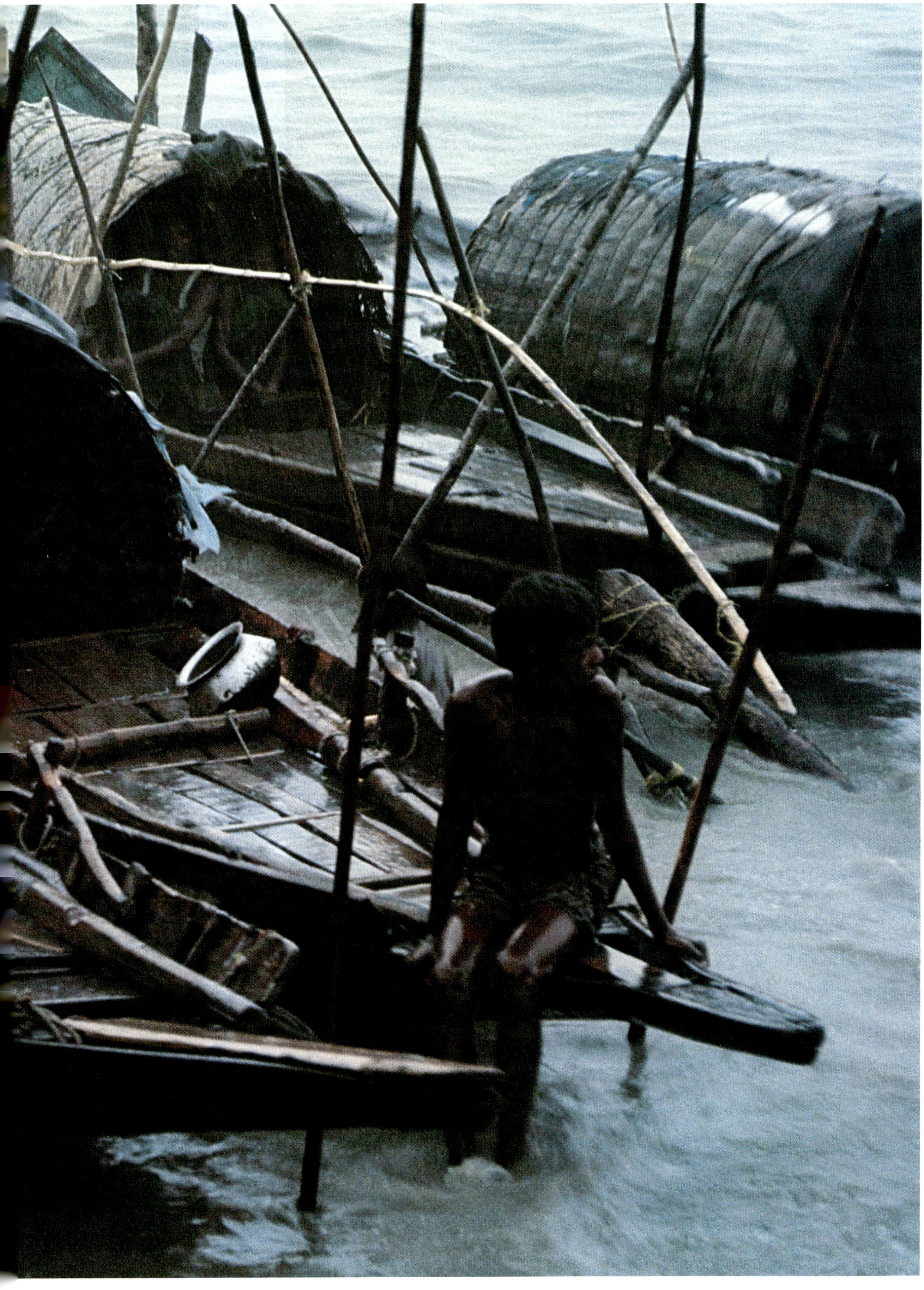

Hafen von Dhaka. In Bangla Desh bewältigen Schiffe und Boote den Löwenanteil des Personen- und Güterverkehrs; im Vordergrund Passagierfähren für den flußüberschreitenden Verkehr.
Nächste Doppelseite: Neue Inseln – kaum gebildet, bereits besiedelt, und die erste Flut spült Menschen, Vieh, Habseligkeiten ins Meer zurück. Die Entwaldung des Himalayas, die Ausdünnung der Mangrovenwälder lassen einerseits das Delta immer rascher wachsen, andrerseits die Sturmfluten immer katastrophaler wüten.
Übernächste Doppelseite: Im Gangesdelta erfolgt der Lokalverkehr mit Ruderbooten; von Insel zu Insel hüpfen uralte Dieselkähne; ab Dhaka fahren von Japan geschenkte dreistöckige Flußdampfer.
Schlußbild: Der erste Regensturm des Vormonsuns über dem Golf von Bengalen. Monsun – Segen und Fluch: Während der letzten beiden Monsunperioden standen zwei Drittel von Bangla Desh unter Wasser!

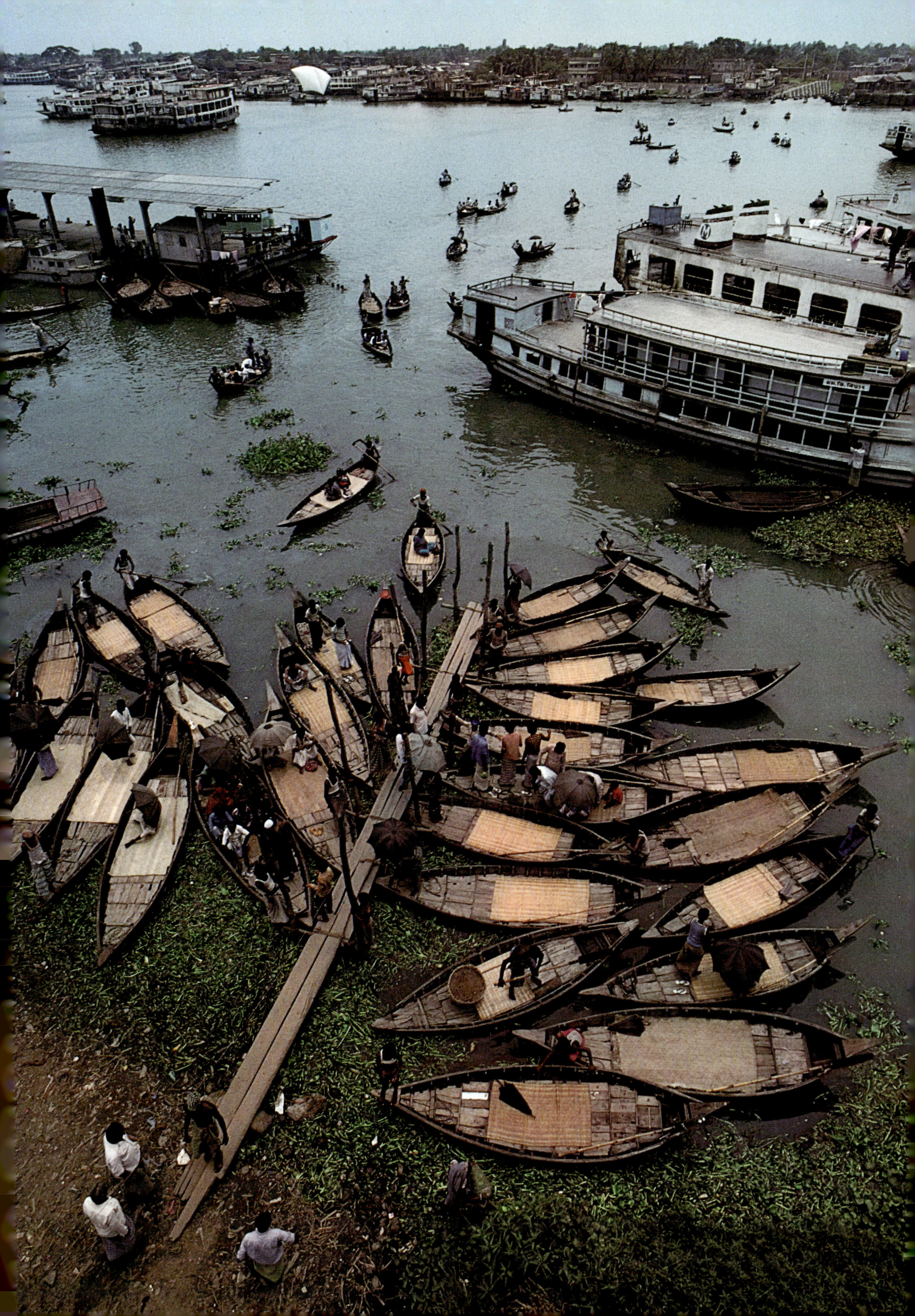

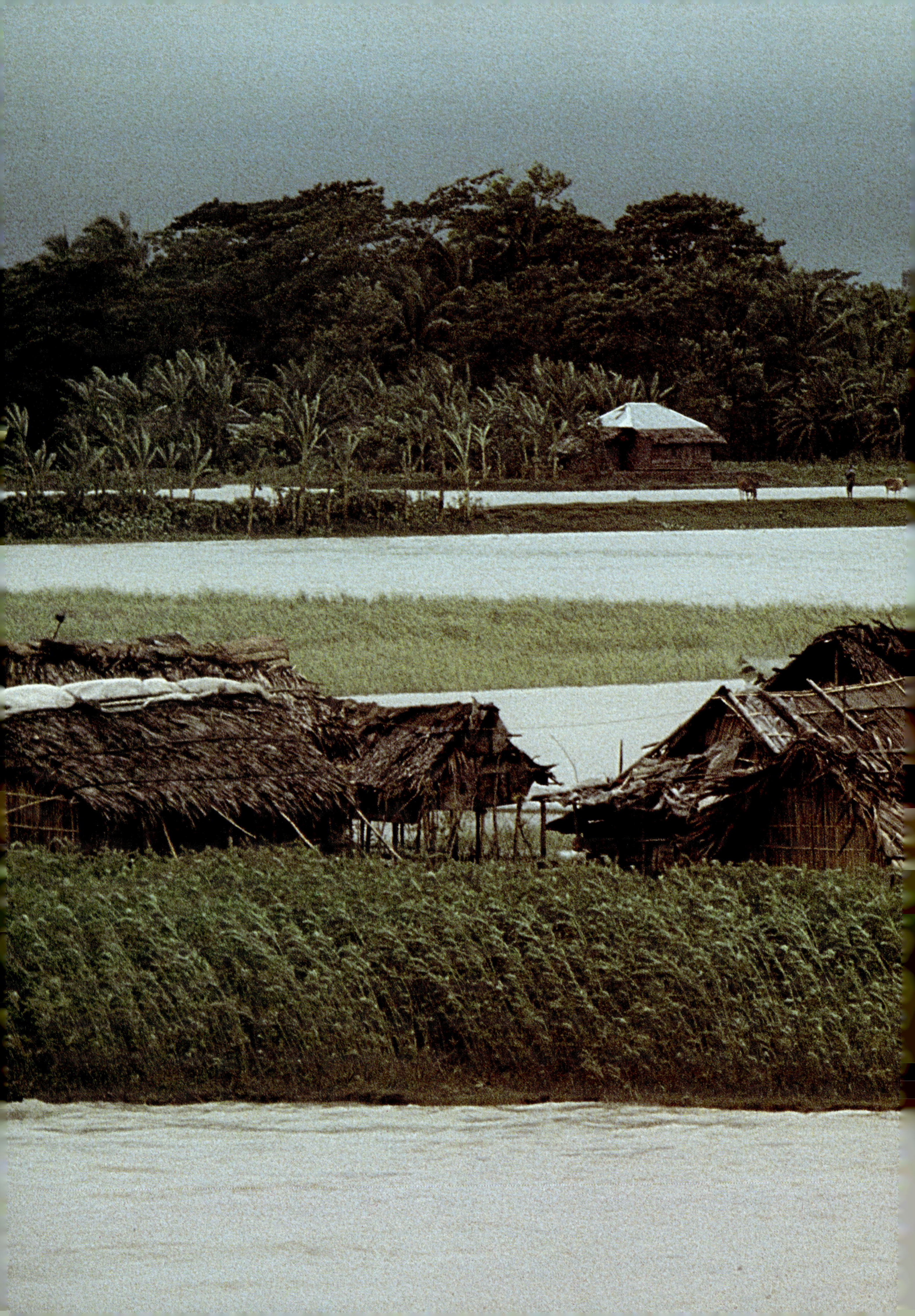

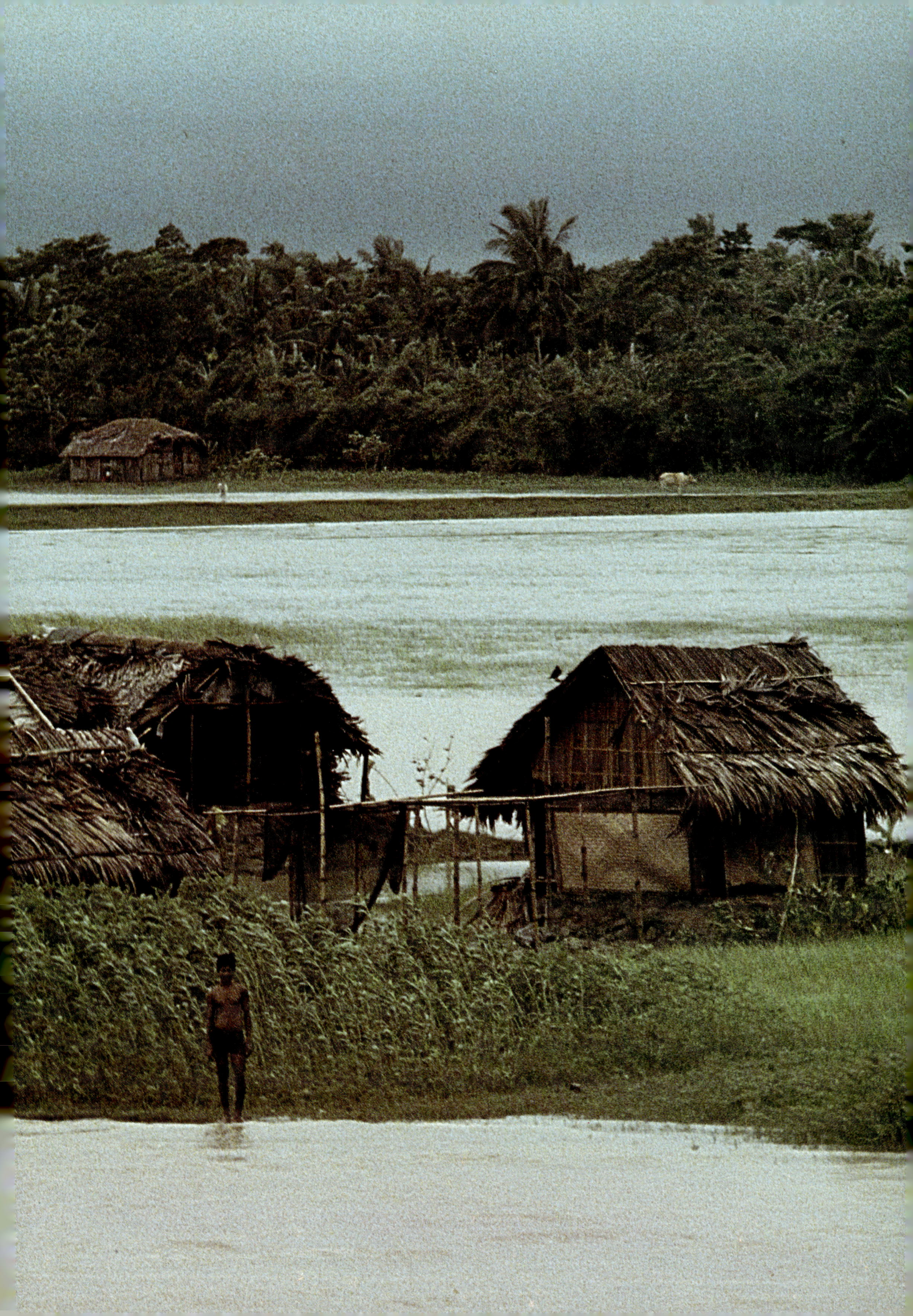

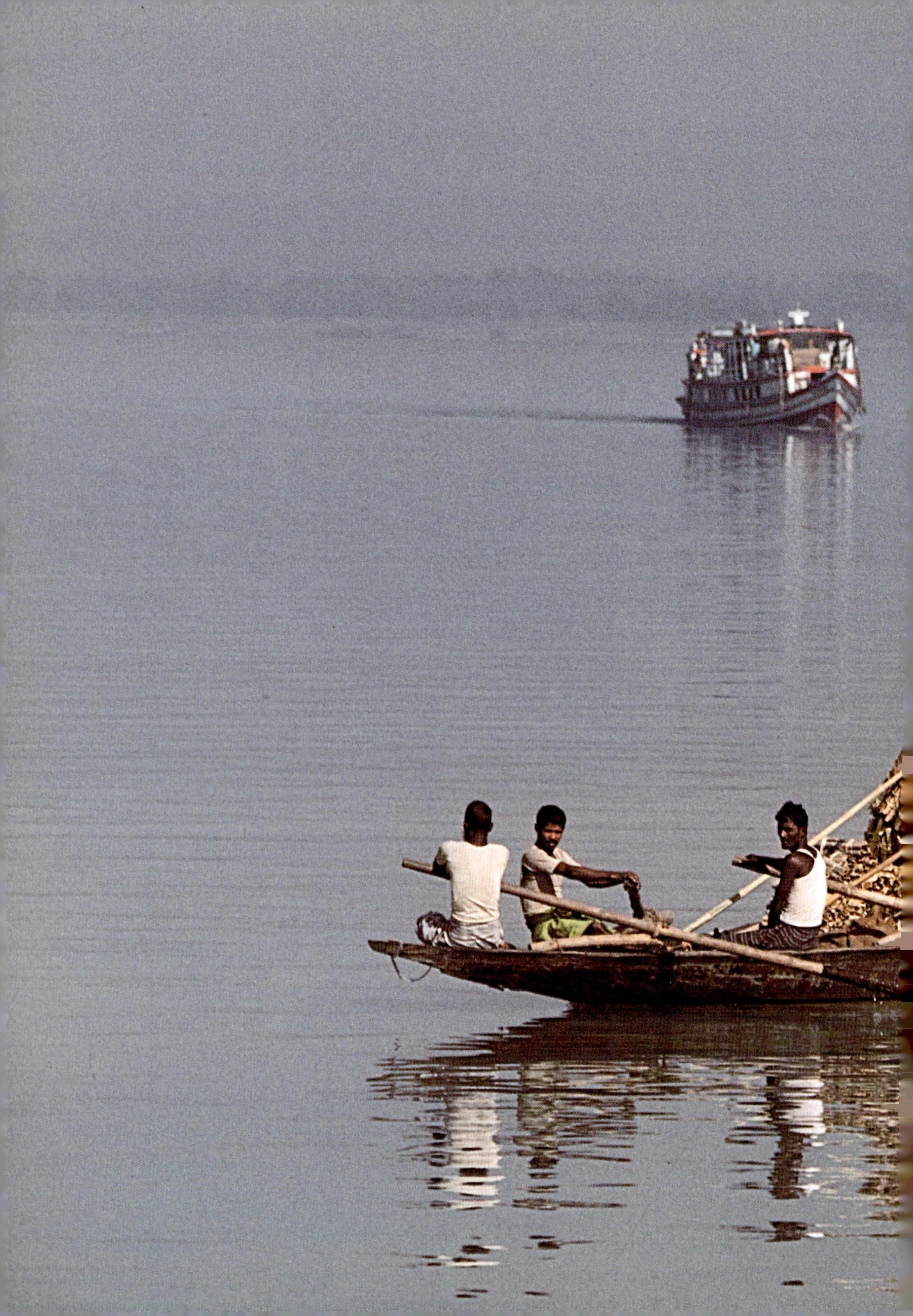

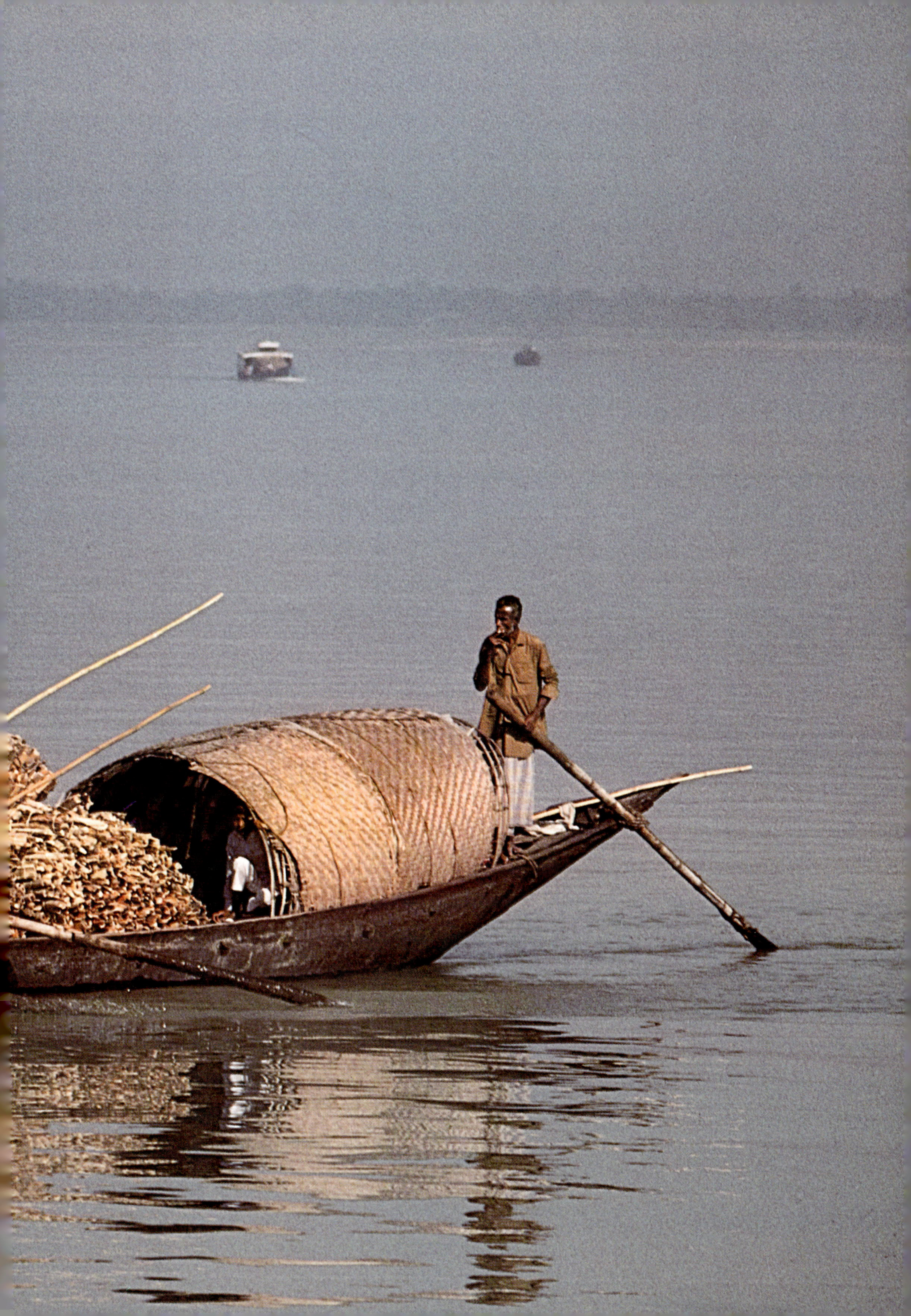

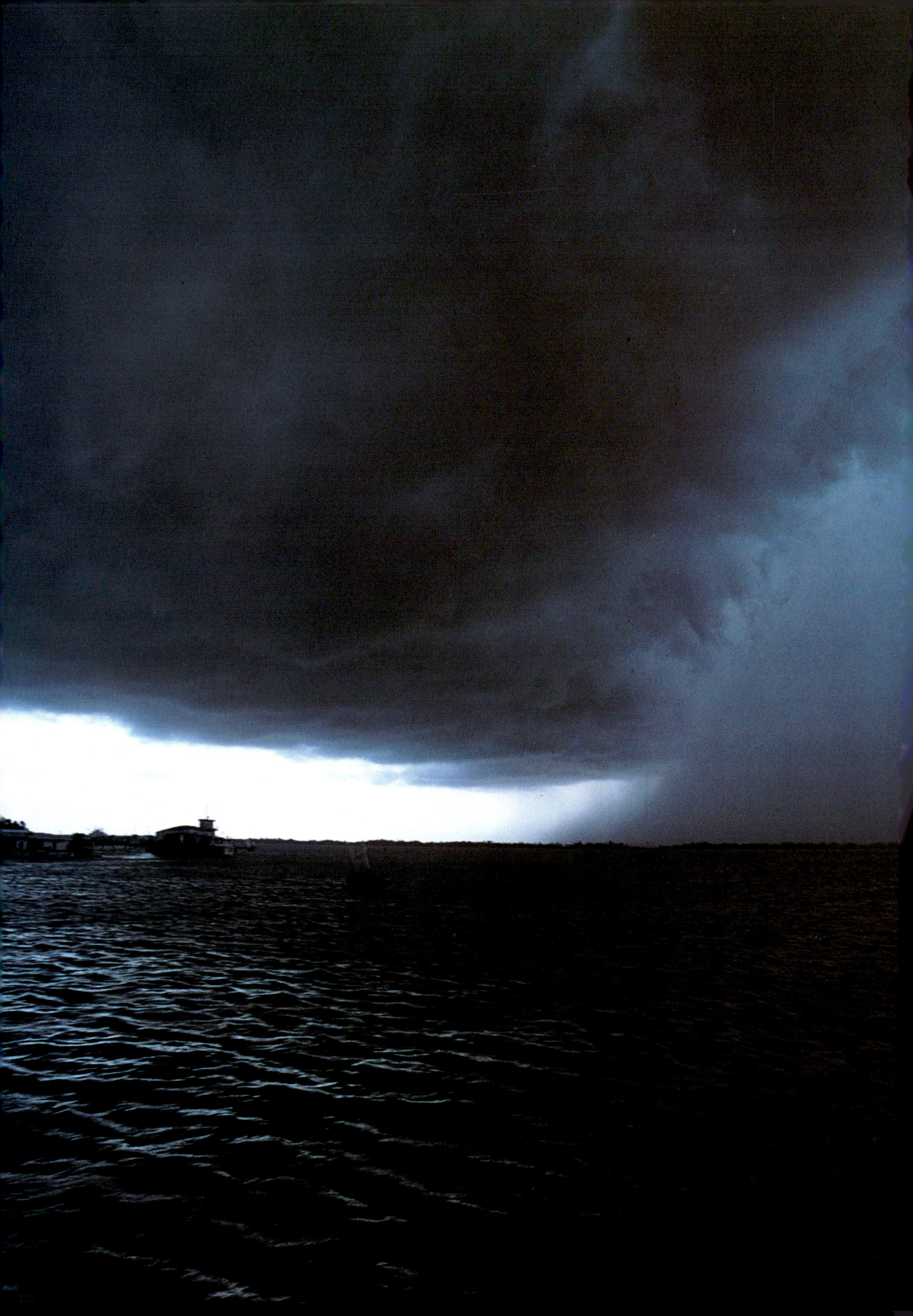

und Ethik, Ethik und Politik zu einem unzertrennbaren Teil der Erziehung macht. Das Studium der Hindu-Philosophie und der Sanskrit-Literatur soll das beste Gedankengut der alten Kultur für die Hindus bewahren und gleichzeitig der Welt sichtbar machen. Es wird ebensoviel Gewicht auf eine wissenschaftliche Allgemeinbildung wie auf die Erlangung wissenschaftlicher Spezialkenntnisse gelegt. Über ihre wissenschaftliche Qualität hinaus ist die Universität von Benares ein Symbol für die kulturelle und politische Einheit Indiens. «Sie ist der stärkste Ausdruck für Indiens Bemühungen um Selbstbestimmung und Eigenständigkeit», sagte der Maharaja von Mysore 1916 bei ihrer Gründung. Seither sind Jahrzehnte vergangen, und das Problem von damals, die Unabhängigkeit zu erlangen, ist gelöst. Es wich der brennenden Frage nach Einheit und Integrität der Union. Neben ihren Bemühungen, das Studium des Hinduismus und der hinduistischen Kultur zum Herzstück der großen Hochschule werden zu lassen, hat die Universität alle Anstrengungen gemacht, nach Erlangung der Freiheit den Zusammenhalt der verschiedenen Provinzen, Rassen und Religionen des Subkontinents zu fördern und ein gesamtindisches Denken über alles zu stellen. Sie wurde dadurch zu einer echten nationalen Institution.

1956 beschloß der Akademische Beirat von Benares, daß künftig Vorlesungen in allen Sprachen, die in der indischen Verfassung erwähnt sind, gehalten werden. Wenn man bedenkt, daß es allein 15 Hauptsprachen gibt, die sich alle voneinander unterscheiden, wie etwa Deutsch von Französisch oder Russisch von Englisch, so kann man ermessen, welche Aufgabe sich die Schule der Weisheit stellte.

Kashi trägt viele Namen: Linga aus Licht, Verkörperung der Weisheit und des Brahman, der höchsten Realität, die Stadt des Shiva, des guten Lebens, der Leidenschaft und der Lust, die Stadt der Liebe und des Gesetzes, der Zerstörung aller Sünden, aber vor allen Dingen die Stadt des Todes und der Erlösung.

In Kashi leben heißt, in der ständigen Gegenwart des Todes zu leben. Die beiden großen Treppen am Ganges, die Verbrennungsstätten Manikarnika Ghat und Harishchandra Ghat sind seine Boten. Hierher tragen die Trauernden ihre Toten mit leisen Klagegesängen. Hier werden die Scheiterhaufen aus aufgetürmtem Sandelholz entzündet. Dünne Rauchsäulen steigen während des ganzen Tages in den Himmel. Nachts verglimmen die Feuer, aber sie geben noch immer ein geheimnisvolles Licht.

Ganz Kashi ist eine Verbrennungsstätte, sagte einmal ein alter Brahmane. Was er meinte, wird während der feierlichen Totenzeremonie klar. Am Manikarnika Ghat enthüllt Kashi seine heiligste Kraft, es transformiert den Tod, verwandelt ihn in Wiederkehr oder in «Moksha», Loslösung, Erleuchtung, Nirwana. Die Eingeweihten wissen, daß die Kraft zur Transformierung des Todes für alle Verbrennungsstätten in Kashi gilt.

Der Verbrennungsplatz («Shmashana») liegt gewöhnlich außerhalb einer Stadt, oft im Süden, in der Richtung von Yama, dem Herrn des Todes, dessen Gericht die Verstorbenen fürchten. In Kashi hat der Totengott seine Macht verloren, er darf die Stadt nicht betreten.

Anderswo gilt die Feuerstätte als unglückbringend, als unrein. Wer an einer Verbrennung teilgenommen hat, muß sich, bevor er sein Haus betritt, Reinigungsriten unterziehen. Aber in Kashi gilt der Verbrennungsort besonders am Manikarnika Ghat als der glückbringendste aller Orte, denn hier murmelt Shiva jedem Toten das «Taraka», das Fährboot-«Mantra», ins Ohr, das den Menschen sicher durch das Totenreich geleitet. «Taraka» bedeutet, wie «Tirtha», übersetzen, sich retten, in Sicherheit bringen. Nicht das «Mantra» an sich garantiert eine glückliche Überfahrt, es ist vielmehr die Weisheit, die der Mensch durch das Begreifen von Shivas Wort erlangt.

Shiva ist am Marnikarnika Ghat gegenwärtig. Im Wirbel der Flammen scheinen sich Konturen zu bilden, wird das Flüchtige zur flackernden Form, zur Vision des göttlichen Welttänzers, der das Leben tanzend erschaffen hat und im Rhythmus des kosmischen Allegros wieder vernichtet. Feierlich hebt Shiva seine vier Arme und seinen linken Fuß, um, wie André Malraux in den *Anti-Memoiren* schreibt, «die Heimkehr zu dem ewigen Ursprung zu tanzen». Er ist der Mittler, dessen Abbild der Brahmane im nahen Tempel anruft:

«Hier stehe ich, um Dich anzubeten,
Du Gott, der Du nur ich selbst bist.
Da Du, o Shiva, die Stätten der Einäscherung liebst,
habe ich aus meinem Herzen eine Stätte der Einäscherung gemacht,
damit Du darin tanzest, Deinen ewigen Tanz.»

An der Bahre der mit weißer Seide oder Baumwolle eingehüllten Leiche murmelt der Priester:

«Du beweinst Leute, die Du nicht beweinen solltest,
und Du sprichst nutzlose Worte der Weisheit,
der Weise beweint weder die Lebenden noch die Toten,
denn die sind nie gewesen, weder ich noch Du, noch diese Könige,
und keiner von uns wird aufhören, von nun an zu sein.»

In den Worten des zweiten Priesters, der mit einem Boot weit auf den Ganges hinausfährt, um die sterblichen Überreste des Toten in den heiligen Strom zu versenken, werden nicht nur Gläubige die Stimme Gottes erkennen:

«Und alle Geschöpfe sind in mir,
wie in einem großen Wind, der endlos im Raume weht...
ich bin das Sein und das Nichtsein,
die Unsterblichkeit und der Tod.»

Auch Nicht-Hindus können beim Aufflackern und Verlöschen der Flammen am Manikarnika Ghat jene große Erfahrung machen, daß der Tod nichts anderes ist als ein Tanz in wirbelnden Flammen, ein kosmisches Allegro, ein Übergang zum ewigen und unerklärbaren Jenseits von Raum und Zeit. Kashi ist seine Verheißung. Und mehr noch: die heilige Stadt nimmt für sich in Anspruch, selbst jenseits von Raum und Zeit das Verheißene zu sein: «Mit dem Tod in Kashi ist die Erlösung erreicht.»

Siddharta Gautama Buddha ist nicht von ungefähr nach seiner Erleuchtung in Bodh Gaya zu den Ghats an den Ufern des Ganges gewandert. Auf der Suche nach dem Glauben der Vorfahren, mit denen ihn mehr verband als die Erkenntnis von der Vergänglichkeit und Verflochtenheit allen Geschehens, hat er immer wieder hier angehalten. Er wußte, daß der Mensch als Teil eines größeren Ganzen dem «Dharma», dem ewigen Weltgesetz, unterworfen ist, das sich im ununterbrochenen Strömen der Flüsse ebenso manifestiert wie im Rhythmus der Jahreszeiten wie an der Bahn der Sterne, an der Existenz des Menschen, an den Stationen zwischen Geburt, Leben, Tod und Wiedergeburt. Mit seiner Predigt unweit von Benares, im Tierpark Rishipatana von Sarnath, wollte Buddha die ganze Menschheit erreichen. Was in jener Stunde im Garten von Sarnath geschah, löste Entwicklungen von weltweiten Dimensionen aus. Heute bekennen sich 550 Millionen Asiaten und nicht wenige aufgeklärte, der westlichen Zivilisation verpflichtete Menschen zur Lehre des Großen Meisters.

Indiens Frühreligionen, Brahmanismus und Hinduismus, waren längst zu einer Einheit verschmolzen, als der Buddhismus seinen Siegeszug von der Gangesebene aus über ganz Indien begann und zu einer der großen Weltreligionen wurde. Die Botschaft des Himalaya-Prinzen Siddharta Gautama, der allem Glanz entsagte, um sich und die Menschheit zu erlösen, die Botschaft der Toleranz, des Mit-Leidens, der Vernunft und des Friedens, hat über Asien hinaus die Welt bewegt und zu einer Revolutionierung des Denkens geführt.

Es gehört zu den Merkwürdigkeiten der Geschichte, daß die Lehre Buddhas in ihrem Ursprungsland Indien fast völlig verloschen ist. Buddhistische Wandermönche, Abenteurer, Eroberer, Flüchtlinge und Weltumsegler haben sie in andere Länder Asiens getragen: nach Ceylon, Burma, Kambodscha, Laos, Thailand, Sikkim, Bhutan, China, Japan und Tibet. Überall dort haben Tausende, die Erleuchtung suchten, der Welt entsagt und die gelbe oder rote Toga buddhistischer Mönche gewählt, um die andere Lehre aus der Metropole des Shiva, aus Kashi, der Stadt des unendlichen Lichts, zu verkünden. Die Lehre von der Überwindung des Leidens, das der Welt auferlegt worden ist.

Die Botschaft des Buddha gilt in Benares noch immer. Der Friede zwischen den verschiedenen Religionsgemeinschaften, andernorts in Indien immer wieder bedroht, hat in Kashi die heftigen Stürme der Jahrtausende überdauert.

Die Stadt am Ganges ist zum Beispiel für die Toleranz zwischen Hindus, Jainas und Buddhisten geworden, für alle Besucher und Pilger, die nachvollziehen können, was sich an den Ghats offenbart: ein einzigartiger Weg zur höchsten Glückseligkeit. Die brahmanischen Priester rühmen ihn noch immer mit einem Vers aus der *Kashi Khanda,* der Chronik der Stadt:

«Gibt es nicht viele heilige Plätze auf Erden?
Aber welche glichen auch nur einem Stäubchen von Kashi?
Gibt es nicht viele Flüsse, die in das Meer fließen?
Jedoch keiner ist dem Fluß des Himmels von Kashi vergleichbar.
Gibt es nicht viele Orte der Erlösung auf Erden?
Jedoch keiner gleicht auch nur dem kleinsten Teil von der Stadt,
die Shiva niemals aufgeben wird.
Die Dreieinigkeit von Ganges, Shiva und Kashi
hält an den Ufern Wache.
Kein Wunder, daß hier die Gnade waltet,
die einen Menschen zur vollkommenen Glückseligkeit führt.»

Die Stimme aus dem modernen Indien ist nicht weniger eindrucksvoll. Was Jawaharlal Nehru in seinem Buch *Die Entdeckung Indiens* über das Phänomen des Ganges schrieb, hat allerdings andere Dimensionen als die priesterlichen Lobpreisungen vergangener Zeiten. Er appelliert an den Menschen von morgen: «Mehr als alle anderen Flüsse Indiens hat der Ganges die Herzen der Inder gewonnen. Vom Morgen der Schöpfung an bis heute sind Millionen Menschen zu seinen Ufer gepilgert. Seit uralter Zeit ist die Geschichte des Ganges von seiner Quelle bis zur Mündung im Meer die Geschichte der Zivilisation und der Kultur Indiens, des Aufstiegs und Verfalls von Königreichen, von großen und stolzen Städten und vor allem die Geschichte vom unfaßbaren Abenteuer, Mensch zu sein.»

Der tanzende Shiva. Nationalmuseum Delhi.

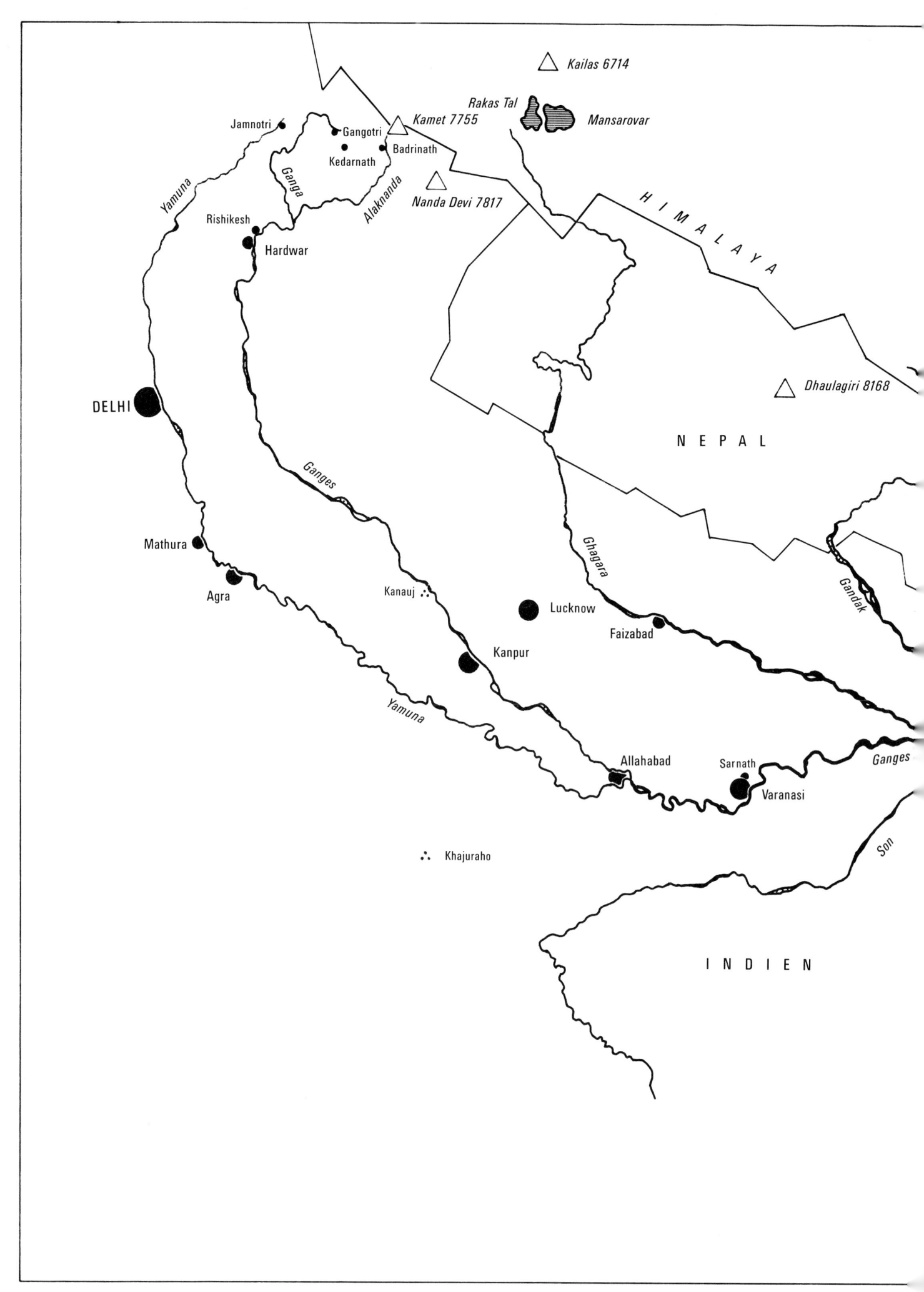

TIBET

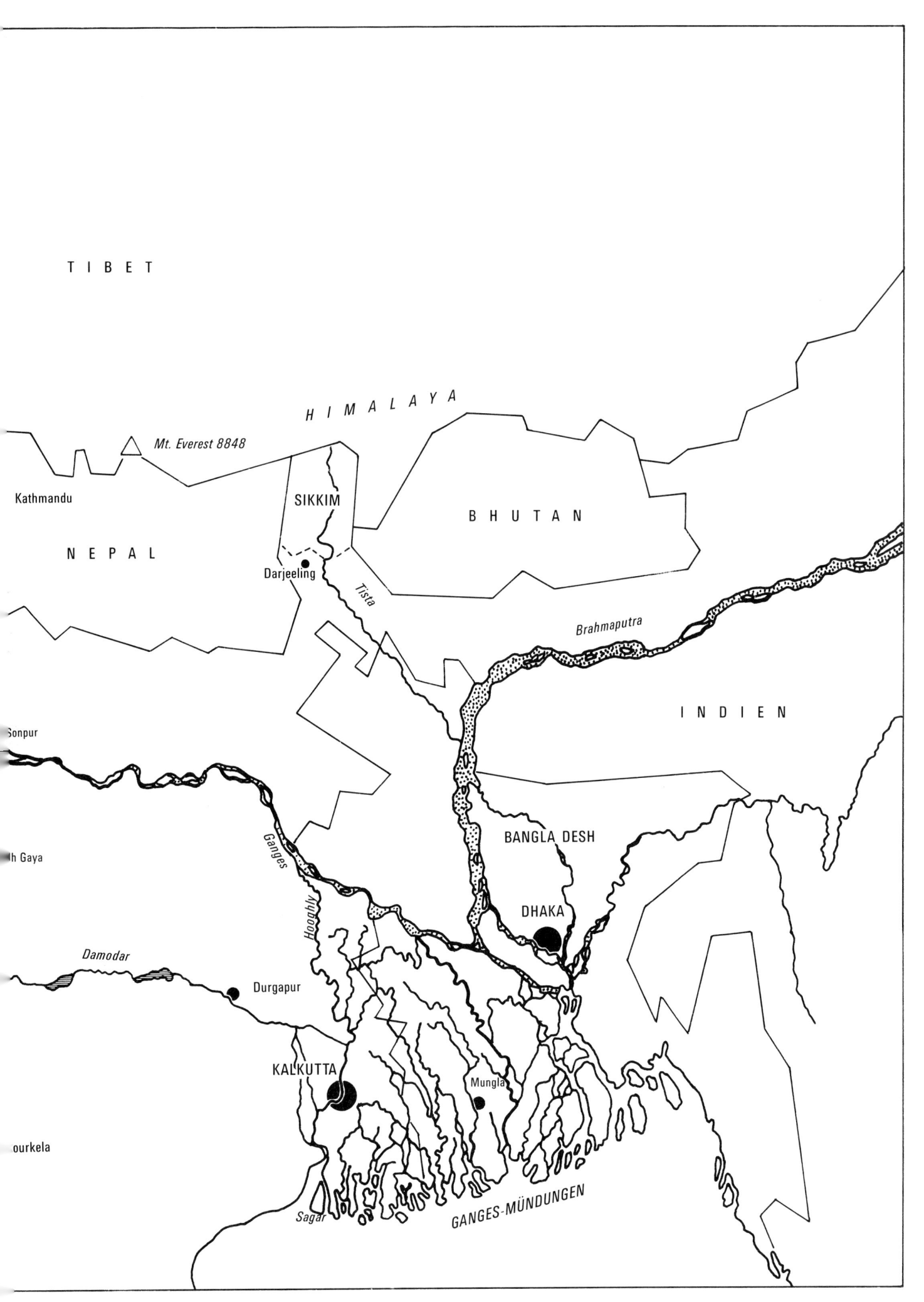

HIMALAYA

△ Mt. Everest 8848

Kathmandu

SIKKIM

NEPAL

BHUTAN

Darjeeling

Tista

Sonpur

Brahmaputra

INDIEN

h Gaya

Ganges

BANGLA DESH

Hooghly

Damodar

DHAKA

Durgapur

KALKUTTA

Mungla

ourkela

Sagar GANGES-MÜNDUNGEN

Bibliographie

Bonn, Gisela: Neues Licht aus Indien. Wiesbaden 1963.
Bonn, Gisela: Die indische Herausforderung. Stuttgart/Bonn 1985.
Bonn, Gisela/Hans Weber: Nepal – Bilder aus dem Kathmandu-Tal. Köln 1985.
Bonn, Gisela: Bhutan – Kunst und Kultur im Reich der Drachen. Köln 1988.
Darina, Steven: A Ganges of the Mind – A Journey on the River of Dreams. New Delhi 1988.
Eck, Diana L.: Banaras – City of Light. Princeton, N. J. 1982.
Louis, Jean-Louis/Bonn, Gisela: Indische Feste. Köln 1982.
Mahajan, Jagmohan: The Ganges Trail – Foreign Accounts and Sketches of the River Scene. New Delhi 1984.
Nehru, Jawaharlal: An Autobiography. London 1936.
Nehru, Jawaharlal: The Quintessence of Nehru. London 1961.
Nehru, Jawaharlal: The Discovery of India. New Delhi 1980 (Neuaufl.).
Nehru, Jawaharlal: Glimpses of World History. New Delhi 1982.
Newby, Eric: Slowly Down the Ganges. London 1966.
Pant, Pushpesh/Dilwali, Ashok: Ganga – Origin and Descent of the River Eternal. New Delhi 1987.
Pochhammer, Wilhelm von: Indiens Weg zur Nation. Die politische Geschichte des Subkontinents. Bremen 1973.
Rice, Edwards: The Ganges – A Personal Encounter. New York 1974.
Singh, Raghubir/Newby, Eric: Ganga – Sacred River of India. Hongkong 1974.
Thomas, P.: Festivals and Holidays of India. Bombay 1971.

Klassische indische Literatur:
Mahabharata
Ramayana
Kashi Khanda (KKH)
Kashi Rahasya (KR)
Tirthavivechana Kanda (TVK)